辽宁省都市圈空间结构及其演化研究

闫广华　著

科 学 出 版 社

北　京

内 容 简 介

本书综合运用人文地理学、城市地理学的理论和方法，以辽宁省都市圈为研究对象，以都市圈空间结构为切入点，从经济联系的角度阐述辽宁省都市圈空间结构及其演化的理论框架，并对辽宁省都市圈空间范围的界定方法，以及辽宁省都市圈空间结构现状、特征、演化规律及演化趋势等进行分析，在此基础上提出辽宁省都市圈空间结构的优化目标和优化方案。

本书可以作为综合性大学、工科院校、师范院校地理系和规划系本科生，以及地理学、城市规划学、经济学、社会学研究人员的参考书，也可以供城市与区域规划、国土规划和经济发展战略规划工作者参考和借鉴。

图书在版编目（CIP）数据

辽宁省都市圈空间结构及其演化研究 / 闫广华著. —北京：科学出版社，2021.5

ISBN 978-7-03-062307-2

Ⅰ. ①辽… Ⅱ. ①闫… Ⅲ. ①城市群－空间结构－发展－研究－辽宁 Ⅳ. ①F299.273.1

中国版本图书馆 CIP 数据核字（2019）第 204539 号

责任编辑：孟莹莹 赵 晶 / 责任校对：樊雅琼
责任印制：吴兆东 / 封面设计：无极书装

科学出版社 出版
北京东黄城根北街 16 号
邮政编码：100717
http://www.sciencep.com
北京中石油彩色印刷有限责任公司 印刷
科学出版社发行 各地新华书店经销
*
2021 年 5 月第 一 版 开本：720 × 1000 1/16
2021 年 5 月第一次印刷 印张：13 1/4
字数：267 000

定价：99.00 元

（如有印装质量问题，我社负责调换）

前　言

20 世纪 50 年代以来，都市圈这种新型城市结构相继在各国出现并逐步完善，已成为各地区社会经济发展的先导区域，国内外学者越来越多地关注并研究都市圈，都市圈研究的成果也被政府决策部门所重视。本书以辽宁省都市圈为研究对象，以建制乡镇为都市圈最小的地理单元，采用定量与定性相结合的方法，准确界定辽宁省都市圈的空间范围，构建辽宁省都市圈城镇体系，并从城镇空间、人口空间、城际联系、经济空间的角度分析辽宁省都市圈空间结构特征，运用相关模型对辽宁省都市圈空间结构的演化进行分析，进而提出辽宁省都市圈空间结构优化的措施，其对于推动辽宁省整体区域发展乃至东北地区经济的再次振兴具有十分重要的意义。本书共七章：第一章为绪论，主要阐述本书的研究背景和研究意义，并介绍本书研究的问题和在研究过程中所用到的主要方法；第二章为都市圈空间结构及其演化研究综述，主要对本书在写作过程中涉及的相关概念以及与都市圈相似的空间结构类型进行界定和辨析，并梳理都市圈空间结构及其演化理论；第三章为辽宁省都市圈空间范围及空间结构的界定，主要介绍都市圈空间范围界定的原理与方法，构建和确定形成辽宁省都市圈的指标，并以建制乡镇为都市圈最小的地理单元，计算辽宁省都市圈的空间范围并划分其圈层结构；第四章为辽宁省都市圈空间结构的现状研究，主要分析辽宁省都市圈空间结构分布现状以及辽宁省都市圈空间结构形成的影响因素，并分析辽宁省都市圈空间结构的特征及效益；第五章为辽宁省都市圈空间结构的演化研究，主要从圈层结构的角度介绍辽宁省都市圈空间结构的演化并总结其演化的规律，预测辽宁省都市圈空间结构演化的趋势；第六章为辽宁省都市圈空间结构优化及措施，主要分析优化辽宁省都市圈空间结构的必要性、原则及价值取向，以及辽宁省都市圈空间结构优化模式与优化方案，并提出辽宁省都市圈空间结构优化的措施；第七章为结论，分析总结本书研究得出的主要结论、特色与创新之处。

本书获长春师范大学学术著作出版基金资助。

作者在写作过程中参考了许多专家学者的论著，书中对所引用的文献资料做了详细的注明。由于作者能力有限，书中不足之处在所难免，恳请广大读者批评指正。

闫广华

2020 年 11 月 5 日

目 录

第一章 绪　论

第一节　研究背景与意义

一、研究背景

（一）全球背景

全球经济一体化是区域经济一体化的最高阶段，是指人类经济活动和产品的生产过程、服务所涉及的地域范围不断向全世界扩散，从而实现资金、技术、信息、劳动力等生产要素流在全球范围内优化配置的过程。随着 21 世纪全球地区城市化速度的日益加快，越来越多的国家和地区出现了区域城镇群体空间。都市圈是由一个或多个中心城市和与其具有紧密经济及社会联系的周围城镇所组成的，是典型的区域城镇群体空间。都市圈内部的城镇具有较高的一体化倾向，并呈现圈层状的空间结构。都市圈是当今国家、区域参与全球劳动地域分工、经济协作与竞争的基本单元，是各国区域经济发展的载体。在世界经济全球化的格局中，经济竞争已进入群体竞争的时代，单个城市不能在未来的经济竞争中获得更多机会，经济竞争更多地表现在区域与区域之间。都市圈经济一体化明显，是参与世界经济竞争的重要区域空间形式。

（二）国家背景

国家“十三五”规划纲要中明确指出要大力推动东北地区老工业基地的振兴。辽宁省一直在努力发展沈阳市，使其成为国家级中心城市，这对辽宁省甚至是东北地区老工业基地的振兴具有重大意义。以沈阳市、大连市等众多城市为中心的辽宁省都市圈已初具规模，辽宁省都市圈的形成和发展是区域经济发展的结果，也是塑造区域内城镇间分工与协作的有效手段。面对越来越激烈的竞争环境，单一城镇在经济竞争中表现出明显的劣势，而区域内经济联系比较紧密的城镇之间的“联合”所形成的都市圈是辽宁省经济竞争的基本单元，其在发展过程中能够获得更多的机会，从而提高辽宁省的整体竞争力，成为东北地区经济发展的核心和增长极。由此可见，在全球经济一体化、城市区域化的背景下，辽宁省都市圈的建设与发展已经上升到国家战略层面，辽宁省都市圈空间结构及其发展已成为国内外学者及政府关注的热点问题。

（三）区域背景

20世纪90年代以来，中国的经济进入快速发展时期，对市场经济规律更加重视，大城市通过集聚-扩散的作用，形成了各具特色的都市圈空间结构。辽宁省都市圈中的沈阳都市圈和大连都市圈形成的时间比较早，是国家重点引导和培育的城市密集区之一，也是东北地区重要的城镇密集区之一，在国家实施中长期区域发展战略中处于重要位置。在当前新形势背景下，迫切需要对以辽宁省都市圈为代表的东北城镇密集区进行理论与实践的研究，准确把握都市圈空间结构的特点、形成的动力机制及演化过程，有效配置资源，实现辽宁省都市圈空间结构的优化，以期为辽宁省都市圈迎接未来区域挑战和加速东北地区老工业基地的振兴提供一定参考。

二、研究意义

随着我国城镇化速度的加快，都市圈凭借其独特的优势和强大的经济功能，已经成为我国城市化水平较高和经济发展水平较快的核心区域。深入探讨我国都市圈空间结构的特点及其演化规律有较强的现实意义和理论意义。

本书选取辽宁省都市圈为研究对象，以建制乡镇为都市圈最小的地理单元，根据国内外都市圈的相关理论和研究成果，首先，运用相关模型计算出辽宁省都市圈的空间范围；其次，根据辽宁省各都市圈空间结构的现状，对各都市圈空间结构特征及其演化规律等进行分析与总结；最后，根据都市圈空间结构优化的原则和模式，对辽宁省都市圈空间结构的优化提出政策建议，这对我国都市圈空间结构研究具有现实意义，具体体现如下。

第一，对我国其他地区都市圈建设具有指导意义。都市圈的形成具有一定的指标，并不是任何地区都可以形成都市圈；另外，都市圈的发展遵循一定的规律，不是朝夕之功可以实现的。对于都市圈的建设，我们应该遵从其形成和发展的规律。本书从都市圈的本质内涵出发，构建形成都市圈的指标，以建制乡镇为都市圈最小的地理单元，确定都市圈的空间范围，分析都市圈空间结构特征及演化规律，为我国其他区域的都市圈建设提供理论支撑和实践指导。

第二，对我国区域经济发展有促进作用。都市圈是国内外一种重要的区域空间形式，与传统的区域空间形式存在明显的差异。都市圈经济模式是国内外区域经济发展常见的一种模式，其整体效益已得到普遍认可。本书对辽宁省都市圈空间结构的分析与归纳，将促进辽宁省区域经济，甚至东北地区和国家经济发展。

第三，为我国区域城市化进程提供借鉴。虽然我国城市化整体水平较发达国家还有很大差距，但我国城市化正处于加速时期。从都市圈的角度出发，发现城市化和经济发展的关系，对提高我国其他地区的城市化水平有借鉴意义。

本书的学术价值如下。

第一，加深对都市圈本质内涵的认识和理解。当前对都市圈本质内涵的认识还没有达成共识，对其内涵的理解还不够深入。很多学者将城市群、都市群（带）、城镇密集区等空间类型与都市圈混淆，对都市圈内涵理解的偏差，造成研究结果不真实、不准确。本书的研究可以进一步加深对都市圈内涵的理解与认识。

第二，深化都市圈空间结构理论与实践的发展。探讨都市圈空间结构及其演化理论与实践的研究，发现都市圈形成与演化的规律与特征，探索其形成和发展的机制，能拓展并加深都市圈空间结构研究的内容，丰富都市圈空间结构研究的理论体系。

第三，结合辽宁省都市圈空间结构演化规律，评估未来辽宁省都市圈空间结构发展趋势。本书在对辽宁省都市圈空间结构及其演化规律分析的基础上，发现未来辽宁省都市圈空间结构的发展趋势，为推动辽宁省都市圈空间结构的优化提供政策建议。

总之，从都市圈空间结构及其演化的角度入手，深入研究辽宁省都市圈空间结构形成与发展的规律，对我国其他区域的都市圈发展有着现实意义和理论意义。

第二节　研究的问题和方法

一、研究的问题

20 世纪 50 年代以来，都市圈这种新型城市结构相继在各国出现并逐步完善，已成为各地区社会经济发展的先导区域，国内外学者越来越多地关注并研究都市圈，都市圈研究的成果也被政府决策部门所重视。在我国快速城市化的过程中，都市圈在我国的研究日益成熟，已经成为推进区域城市化的主要形态和区域经济发展的有力支撑，也日渐成为现代城市体系新的发展方向。因此，理清都市圈空间结构及其演化特征，对于制定区域城镇发展战略具有重要的理论意义与现实意义。本书主要研究以下几个都市圈空间结构问题。

（一）都市圈及其空间结构的本质内涵

都市圈是城市群体空间分布的一种形式，与城市群、（大）都市区、都市连绵区（带）等有很多相似之处，对它们进行比较分析后，总结都市圈及都市圈空间结构的本质内涵，成为本书前期研究的基础。

（二）辽宁省都市圈的判定及其空间范围的界定

根据界定都市圈空间范围的原则与原理，构建辽宁省都市圈中心城市指标体系，确定辽宁省已形成了6个都市圈。运用断裂点模型、经济联系强度模型、场强模型以及经济隶属度模型，确定辽宁省6个都市圈的空间范围。根据辽宁省都市圈中心城市与核心城镇间的经济联系强度大小、经济距离远近和场强强弱，构建辽宁省都市圈城镇体系，并划分出圈层结构。

（三）辽宁省都市圈空间结构现状特征研究

在分析辽宁省都市圈空间分布特征的基础上，又从人口、城镇、城际联系和经济联系的角度，分析辽宁省都市圈空间结构的现状特征，并揭示影响辽宁省都市圈空间结构的因素。

（四）辽宁省都市圈空间结构演化研究

根据都市圈圈层结构特征，从城镇、人口、城际联系、经济联系的角度出发，对辽宁省都市圈圈层结构的演化进行分析。其中，核心圈层选取各都市圈中心城市的建成区面积、人口密度、市区非农业人口和经济变异系数来分析辽宁省都市圈核心圈空间结构的演化特征；紧密圈层和机会圈层选取紧密圈层内和机会圈层内的城镇体系、人口密度、城镇网络均衡度，分析辽宁省都市圈紧密圈和机会圈空间结构的演化特征，进一步揭示辽宁省都市圈空间结构发展规律。

（五）辽宁省都市圈空间结构优化研究

都市圈空间结构的优劣会影响都市圈整体效益的好坏，合理的都市圈空间结构能提升区域经济一体化发展。本书根据辽宁省都市圈空间结构现状特征及其演化的特点与趋势，提出辽宁省都市圈空间结构优化的原则、价值取向、目标、模式及政策建议。

二、研究的方法

都市圈是非常复杂的巨大系统，对都市圈空间结构特点及其演化规律的研究涉及众多学科，包括人文地理学、城市地理学、区域经济学、管理学等，需采用科学的方法进行研究。本书所涉及的方法主要有以下几种。

（一）文献分析法

对辽宁省都市圈空间范围的界定、对空间结构的特点及其演变规律的研究，无论是从时间轴的横向比较，还是纵向比较，都需要对众多历史文献资料进行分析和总结。只有通过对较长时间段的辽宁省都市圈资料进行收集和系统分析，才能确定与辽宁省都市圈空间范围和空间结构相关的数据。

（二）定性分析与定量研究相结合的研究方法

定性分析和定量研究相结合是本书研究过程中最常用的一种方法，也是其他研究领域普遍采用的方法。本书对辽宁省都市圈空间结构的现状特征进行定性分析，对辽宁省都市圈空间范围、空间结构特征及演化进行定量研究，并运用相关模型进行分析和评价。

（三）地图研究方法

辽宁省城镇发展历史悠久，都市圈内城镇空间结构发生很多变化，包括都市圈空间范围、经济联系强度的改变，城际联系强弱的改变等。只有把辽宁省都市圈不同时期的地图叠加起来，才能够看出辽宁省都市圈的动态变化，总结出其空间结构的演化规律。

（四）分析归纳法

辽宁省都市圈空间结构特征及其演化规律的分析总结涉及影响大小不一的众多影响因子，对所有影响因子进行研究费时费力、不现实，也不容易把握影响事物的主要矛盾。只要分析归纳出影响事物的主要影响因子，研究这些主要影响因子的贡献率，就可以分析总结出辽宁省都市圈空间结构特点及其演化规律。

第二章　都市圈空间结构及其演化研究综述

第一节　都市圈空间结构相关概念

一、都市圈的基本概念

（一）国内外关于都市圈概念的探讨

1. 国外关于都市圈/区的概念

（1）美国国家普查的大都市区

为了便于统计城市人口数量，美国在 1910 年首次提出了大都市区的概念（此时的大都市区英文为 metropolitan district）[1]，美国人口普查局在 1930 年界定了大都市区，即“集聚 10 万人或更多人口，并且其中含有一个或多个具有 5 万人或更多人口的中心城市”的城市单元（urban unit）[2]；1940 年又将中心城市人口规模提升到 50 万人。这一时期都市圈的概念只注重人口规模这一单一要素，并没有涉及其他要素[1]；此后又分别改称为标准大都市区（standard metropolitan area，SMA）、标准大都市统计区（standard metropolitan statistical area，SMSA）、基本大都市统计区（primary metropolitan statistical area，PMSA）、联合大都市统计区（consolidated metropolitan statistical area，CMSA）和都市圈统计区域（metropolitan statistical area，MSA）等概念[2]；1990 年称为大都市区（metropolitan area，MA），至今依然使用这个称谓。尽管不同时期对大都市区的称谓有所不同，但其内涵基本相同，都认为大都市区应该以一个或多个大城市为核心，且大城市的人口规模需达到一定的数量，并包含多个与中心城市有密切通勤来往的城镇[3]。中心城市与周围腹地来往密切，使得大都市区成为城市化水平比较高的区域，中心城市发挥城市功能吸引周围城镇的劳动力，此时的大都市区具有了经济联系、城市功能的本质内涵[4]。加拿大把大都市区定义为普查大都市区（census metropolitan area，CMA），其内涵近似于美国的大都市区[5]。北美的国家地域面积大，通过统计大都市区数据就可以获悉全国范围内城乡社会经济发展的标准化数据。

（2）欧洲以首都和特大城市管治为核心的大都市区

20 世纪 80 年代以后，经济迅速发展，大城市成为欧洲（主要指欧盟国家）经济发展的主体，使得欧盟国家间的经济发展水平差异较大。在此背景下，欧盟需要均衡协调发展的空间机制来解决欧洲经济发展的不平衡。为此，欧洲在1999年提出了欧洲空间发展展望（European Spatial Development Perspective，ESDP），用以协调欧盟各国未来空间发展[6]。欧洲空间发展展望把区域和地方政府作为空间发展政策的主角，而大都市区成为欧洲空间发展展望政策选择的主要对象。欧洲通过区域管治来实现对各国的协调和沟通，用以提升欧洲国家的竞争力。欧洲区域管治有4～5个空间尺度，即国家（state）、区域（region）、大都市区（metropolitan area）、城市（city），有的还包括邻里（neighborhood），而区域这一空间尺度是通过大都市区管治来实现区域共识的[7]。所以，欧洲的大都市区常用 region 或 metropolitan region，而不用 metropolitan area 表示，反映出区域管治是大都市区的本质内涵[8]。欧洲各国面积不大，所以大都市区没有统计的因素，但和北美大都市区一样，欧洲的大都市区同样是由中心城市及与其有紧密联系的邻近的城镇所构成的，并且同样是城市功能地域。

（3）日本国土规划的大都市圈

日本在20世纪50年代借鉴了美国的大都市区概念，开始研究都市圈。日本行政管理厅界定了都市圈的含义：中心城市人口在10万人以上，以一日为周期，可以接受中心城市某一功能服务的地域范围[9]。1975年，日本行政管理部门把都市圈定义为：中心城市为中央指定城市，或人口规模在100万人以上，并且邻近有50万人以上的城市，外围地区到中心城市的通勤人口不低于本地人口的15%，大都市间的货物运输量不得超过总运输量的25%[10]。另外，日本地理学词典也界定了都市圈的概念，认为都市圈是以中心城市为核心的具有城市职能的地域，其空间范围近似于城市的势力圈，其内容近似于日常生活圈和都市共同体[11]。日本都市圈的本质内涵与美国的大都市区一样，都把都市圈界定为城市功能地域，把都市圈分为中心城市和与其有密切联系的外围地区，规定了中心城市的人口规模和外围地区的非农业人口指标[12]。日本的都市圈和美国的大都市区界定的主体和视角有所不同，日本都市圈界定的主体是政府部门，是对三大都市圈规划基础上的国土规划，注重都市圈的空间结构模式；而美国大都市区界定的主体是美国人口普查局，是基于国情进行统计普查，其更注重大都市区空间结构的现实状态[13]。

（4）发展中国家快速城市化过程中的扩展大都市区

发展中国家大都人口数量大、城市化速度较快，但城市化水平仍较低，大城市外围和大城市之间有着规模比较大的城乡混合地域，所以用发达国家界定都市圈的方法与标准不能科学反映发展中国家都市圈的内涵。阿圭勒（Aguilar）等学者认为，发展中国家在为超大城市（mega-city）确定大都市区范围时要考虑几方面问题：首先，新的城市形态需要新的方法和标准；其次，大都市区的边缘是不断向外扩展的、复杂的城乡连续系统，而不是一条刚性的线，于是存在内、外边缘之分，其间的差别反映在土地利用、城市网络、经济模式、居住条件以及自然边界等方面；再次，可研究的指标包括居住密度、交通可达性、工作地点的重要性等；最后，应注重分析导致城市外围空间变化的关键因素，尤其是政策因素[14]。

拉丁美洲的发展中国家或地区的中等城市发展速度较快，人口和产业在向城市核心区集聚的同时，也在向城市外围地区扩展，超出普遍意义上的郊区。拉丁美洲的发展中国家或地区在界定大都市区时主要有 4 个空间尺度，即城市核心（urban core）、郊区（suburban built-up area）、都市区和大都市区域（mega-city region），其中都市区类似于北美的大都市区，包括中心城市和与之有密切联系的腹地，而大都市区地域范围要比北美大都市区的范围大，包含扩展的外围区域[15]。在南亚和东南亚地区与国家，大城市边缘地区（peri-urban area）有大量的城乡混合的空间形态（desakota），不再是传统意义上的郊区[16]。亚洲的发展中国家和地区的大都市区的空间尺度通常为城市核心（city core）、大都市区和扩展大都市区（extended metropolitan area）[17]。扩展大都市区也被称为基于大都市的区域（metropolis-based region），是城市和乡村相互作用形成的特殊类型的地域空间结构，也是发达国家都市圈理论在发展中国家地域研究的拓展[18]。国外不论是发达国家还是发展中国家，都是从空间功能的角度界定都市圈，由于各国的经济发展和文化制度存在较大差异，它们提出的都市圈的目的和本质内涵存在着一定的差异[19]。

2. 国内关于都市圈的概念

20 世纪 90 年代以后，我国经济飞速发展，城市化水平迅速提高，一些学者结合我国都市圈的发展特点，同时借鉴国外的研究成果，也提出了都市圈的概念，开启了我国都市圈的研究和实践工作。到目前为止，对都市圈的理解并未达成共识，通常存在以下几种观点。

（1）都市圈是一种区域经济布局模式

这种都市圈观点比较早，主要受日本对三大都市圈规划的影响，认为都市圈是解决区域经济发展的有效空间布局模式。例如，杨建荣[20]提出在全国范围内建 8 个都市圈的构想，以协调城市间的分工和促进区域的经济发展。王建[21, 22]在比较日本和美国都市圈发展模式后，提出城市化以中心城市为重点，在全国范围内进行分工的区域发展模式，并构想出我国的 20 个都市圈。

这种都市圈观点虽然借鉴于发达国家，但仍有我国计划经济时期的痕迹。另外，我国的区域经济发展和城市化道路与发达国家的差异很大，虽然提出的都市圈人口密度大、经济发达，但圈内仍有数量巨大的农业人口，使得都市圈内的人口和产出还达不到平衡。区域经济发展应采用各地区的大城市带动周围地区的发展模式。

（2）都市圈是对应于大都市区的城市功能地域

这种都市圈观点形成的时间也比较早，主要是受美国大都市区概念的影响，认为大城市和与其有着密切社会经济联系的区域构成了都市圈，并把都市圈看作是城市功能地域。例如，吴云清和杨山[23]认为，城市经济圈应该有 4 个空间尺度，即中心城市区、大城市经济圈、大城市经济带和世界经济圈，其中，大城市经济圈就是都市圈，并借鉴美国大都市区的界定方法和标准，在全国范围内划定了 18 个都市圈。张召堂[24]将美国大都市区的概念翻译成中文的都市区，认为都市区由规模较大的中心城市和与其有密切联系的、城市化水平较高的县域组成，并把都市区看作是功能地域。

这种都市圈观点只是简单地借鉴美国大都市区的概念，并没有探究都市圈的本质内涵，城市功能地域是所有城市共有的特征之一。据此观点，每个城市的规模和经济发展水平达到一定程度时，都市圈就会出现，显然不符合都市圈的本质内涵，所以此观点未能准确把握都市圈的内涵。

（3）都市圈是城市经济区

以上两种观点主要是借鉴日本都市圈和美国大都市区的概念。在实践中，都市圈容易和其他相关概念混为一体，如把长江三角洲地区或称为长江三角洲经济区，或称为长江三角洲都市圈；把珠江三角洲地区或称为珠江三角洲经济区，或称为珠江三角洲都市圈；把沈阳及周围地区或称为沈阳都市圈，或称为辽宁中部城市群；把北京地区或称为北京都市圈，或称为北京大都市区。有把经济条件比较好的地区称为都市圈，也有把经济不发达的地区称为都市圈，还有不同类型、不同区域的都市圈，容易造成混乱。为此，中国城市规划学会区域规划与城市经济学术委员会在 2002 年将都市圈与其他相关概念做了区分，并对都市圈进行了解释，其认为，都市圈是由中心城市与受其吸引和辐射的周围地区所组成的区域，都市圈可以不是经济发达、城市化水平高的区域，可以包括较广范围的农村地区，对都市圈空间范围的界定没有特别严格的标准和指标，弹性比较大[24]。张京祥[25]也认为都市圈是某一尺度的城市经济区，是中心城市与其邻近地区紧密互动的产物，都市圈范围内都受中心城市的影响。

这种观点把都市圈看作是以经济联系为主的城市经济区，这也是建立都市圈的原因之一。也有研究者认为都市圈的概念比较模糊，不能全面、科学地解释各圈层地域，不应该用都市圈这一概念，而应根据各区域的实际发展情况命名。如果该区域属于城市经济区，就叫城市经济区；如果该地区属于城市功能地域，就叫都市圈。从这种观点中没有看到政府行为在都市圈建设中的作用[7]。

（4）都市圈是引导区域合理发展的大都市协调区

我国的一些学者通过规划实践，把都市圈看作是大都市协调区（metropolitan coordinating region）。例如，邹军认为，都市圈由中心城市与受其吸引和辐射的区域组成，中心城市和其他地区有着密切的经济联系，这种经济联系能促进都市圈内城市间的分工和协作；都市圈内一体化趋势明显，并可以有效管理都市圈内城市体系[26, 27]。而张伟[28]认为，都市圈应该从区域的视角出发，弱化行政区划，通过密切的经济联系，使得都市圈趋于一体化，通过协调城镇间的关系，提高都市圈的整体效益。

这一观点主要从建设都市圈的目的出发，分析都市圈的本质内涵，强调都市圈应具备以下几点：首先，应尊重经济规律，弱化行政区划；其次，以经济联系为通道，重视都市圈内城镇间的分工与协作，使都市圈最终走向一体化；最后，应该运用政府行政手段，对都市圈进行管治和调控。

（二）都市圈本质内涵

从国内外对都市圈的发展进行的大量研究和实践中可以看出，都市圈没有普遍公认的定义，主要是因为都市圈的内涵还存在争议，但研究者对都市圈也有共识内容：都市圈内有一个或者多个功能强大的中心城市，中心城市通过经济联系与其周围城镇构成都市圈区域，其范围是中心城市对周围城镇经济吸引和辐射所达到的最大空间范围[29]。正确把握都市圈内涵也是研究都市圈工作的基础，本书认为，都市圈有其特有的内涵，概括如下。

1. 都市圈是一个经济一体化区域

都市圈内城镇相互作用是以经济联系为主，所以都市圈也可以被看作是经济圈，其空间范围一般和行政区划不一致，可以大于行政区域，也可以小于行政区域，还可以跨多个行政区域。都市圈以发展较好的城镇作为参与区域一体化的主要成员，都市圈内各城镇间分工和协作较好，互动频繁，各种要素的集聚和扩散主要围绕中心城市，其他成员间的联系也较为紧密。

2. 都市圈要拥有一个或多个首位度高的中心城市

都市圈需要有一个或多个能够产生强大经济吸引力和辐射能力的城市，才能够与周围地区发生密切联系，具有强大经济势能的城市，其人口和经济规模巨大，是都市圈的核心，也是都市圈的中心城市。从国内外成型的都市圈来看，人才、资本、信息等要素在中心城市高度集聚，中心城市的规模大小决定了都市圈规模的大小和功能的强弱。

3. 都市圈呈明显的圈层体系

都市圈拥有面积较大的接受中心城市经济吸引和辐射的经济腹地，中心城市对经济腹地的影响主要集中于圈内的核心城镇上，这些城镇与中心城市构成了都市圈的城镇体系。中心城市对其他城镇的影响随着距离和交通便利等因素的影响从中心城市向外逐渐减弱，呈现出圈层结构特征，同一圈层内的城镇接受中心城市的影响相近。

综上，本书认为都市圈的概念为，区域经济发展水平和城市化水平达到一定程度后，区域内会形成一个或多个中心城市，以中心城市为核心，依托其周围不同规模等级的城镇体系，以城镇间的经济联系为纽带，形成一个分工明确与协作高效的圈层式结构的经济一体化区域。

（三）都市圈与相关概念辨析

都市圈概念的界定对象是城市群体的空间分布形式，与其相近的概念还有城市群、城镇密集区、都市连绵区（带）等，为了更好地理解都市圈的空间结构，有必要将都市圈与其他区域空间类型进行比较。

1. 都市圈与城市群

霍华德（E. Howard）在田园城市理论中首次提出了“组合群体”概念[30]。1957年戈德曼（J. Gottmann）在研究北美城市化后正式提出了城市群的概念，认为城市群是区域内具有完善的交通网络、高密度的城市体系且城市化水平比较高的社会和经济组合体[31]。20 世纪 80 年代，在我国，于洪俊和宁越敏[32]在《城市地理概论》中最早提出了城市带的概念。国内外学者对城市群（urban agglomeration）的概念也尚未达成共识，但通常认为，城市群是依托发达的交通和信息网络，有相当数量的规模较大的城市体系，城市化水平比较高，社会经济联系比较紧密，一体化比较明显的协调发展区域[33]。

从国内外对都市圈和城市群的研究可以看出，都市圈和城市群都是以区域城市体系为研究对象，研究的内容都有区域城市体系演化和相互作用的机理。但两者也有较大差异：第一，从地理学角度讲，如果一个有限区域内城市分布比较密集，该区域就可以称作城市群，但不能认为是都市圈；第二，从空间结构来看，都市圈呈明显的圈层结构特征，而城市群圈层结构不明显，更多地呈现出带状空间结构；第三，从发展来看，都市圈比城市群更注重圈内的经济交流、注重城镇间的分工和协作，空间组织较为严密；第四，从空间范围来看，都市圈有较为清晰的空间范围界线，而城市群不强调空间范围，其边界相对来说较为随便。

2. 都市圈与城镇密集区

城镇密集区（city-and-town concentrated area）与城市群相似，城市群强调的是城市本身，而城镇密集区强调的是区域，重视城镇间及城乡间的联系。城镇密集区和都市圈都属于城市区域概念范畴，城市化水平都较高，邻近的都市圈有可能会随着经济的发展、城镇联系和数量的增多，演变成城镇密集区，但城镇密集区不是高一级的都市圈，两者差异也比较明显。城镇密集区和都市圈相比较，其空间范围比较随意，其空间范围和城镇数量的多少都没有限制[34]。城镇密集区侧重同级城镇间的横向联系及城乡间的纵向联系，而都市圈侧重中心城市与核心城镇间的纵向联系[35]。

3. 都市圈与都市连绵区（带）

20 世纪 80 年代末，周一星[36]就已提到都市连绵区（metropolitan interlocking region），认为都市连绵区是多个都市区在某一地域内分布而形成团块状的区域一体化空间形式。而都市连绵带是多个都市区沿某一廊道（交通、河流或峡谷等）呈带状的区域一体化空间形式[37]。都市圈与都市连绵区（带）都属于城市功能地域，城市化水平比较高，区域内经济联系较为频繁。但两者也有较大区别，都市圈与都市连绵区（带）相比较，都市圈中心城市的经济势能随着距离的向外伸展而逐渐变弱，使得都市圈有着明确的发展边界，若干个邻近的都市圈也可以形成都市连绵区（带）。

二、都市圈空间结构的内涵

国外在 20 世纪初就开始对区域空间结构进行了研究。克拉克（C. Clark）和弗里德曼（J. Friedmann）对区域空间结构的研究做了很多工作，也取得了很多成果，特别是对区域空间结构的演化过程、机制和规律的研究做出很多贡献[38-41]。哈格特（P. Haggett）对区域空间结构的模式与特征进行了较为系统的研究[42]。我国学者对区域空间结构也进行了大量研究，陆大道[43]认为，区域空间结构是各种经济社会要素在空间集聚的规模与形态以及各要素在区域空间上相互作用的关系。崔功豪等[44]把区域空间结构看作是社会经济要素在某一区域范围内的分布状态和相对区位。陆玉麒[45]认为，区域空间结构是社会经济活动在某一地域范围内的空间组织形式。

国内外学者把区域空间结构看作是某一区域内各要素结构在空间上的组合，空间结构的形成和发展受到区域内要素类型以及要素间空间联系的影响，空间结构反映了自然环境和人类活动在区域内所形成的空间组织形式[46]。

都市圈作为特殊类型的区域，其空间结构近似于区域空间结构，所以本书结合国内外对区域空间结构概念的认识，提出了都市圈空间结构的概念。其认为，都市圈空间结构是指各种物质要素在都市圈范围内集聚与配置的空间表现形式，是各种要素在都市圈空间内的相对区位、要素间相互作用和相互关系等的空间组织形式。

三、都市圈空间结构优化的概念

都市圈空间结构优化是指根据当前社会经济发展的要求，对都市圈空间结构演化进行有意识、有目的的干预和引导，使得各种要素在都市圈空间范围内重组和优化，以实现都市圈整体效益的最优。

都市圈空间结构优化的本质是使各种要素在都市圈空间范围内结构合理，以便更好地促进都市圈整体经济的发展；优化的重点是对空间结构的重新整合，引导都市圈内各种要素的流动，统筹城乡空间结构，共享都市圈内的资源、基础设施和信息等，促进都市圈经济一体化。

第二节　都市圈空间结构及其演化理论

为了更好地理解和研究都市圈空间结构及其演化，有必要梳理一下都市圈空间结构及其演化的理论，在研究都市圈空间结构特征、揭示都市圈空间结构演化规律和优化都市圈空间结构的过程中会涉及以下理论。

一、都市圈空间结构基础理论

（一）区位理论

区位理论诞生于19世纪20年代，用于揭示经济活动区位，典型的代表理论有杜能（J. H. Thunen）的农业区位论、韦伯（A. Weber）的工业区位论、廖什（A. Losch）的市场区位论和克里斯塔勒（W. Christaller）的中心地理论，这些理论最初属于经济学科，直到20世纪60年代才被引入人文地理学领域中[47]。区位理论中用土地租金、交通费用展现出地带（圈层）性空间结构的特征，从市场、交通、行政或利润的角度出发，刻画地域空间的等级体系分布结构特征[48]。传统的区位理论研究模型采用抽象演绎的方法分析问题，先进行条件假设，在运用模型对农业、工业和市场等经济活动进行分析后，构建有助于区域一体化的空间结构[49, 50]。50年代，Isard[51]以“空间经济学”为视角，对区位理论进行综合分析，Boventer[52]提出集聚和交通费用决定空间结构特征；90年代，新经济地理学开始崛起，其代表人物主要有克鲁格曼（P. Krugman）和亚瑟（W. B. Arthur），提出报酬递增和路径依赖等因素在社会经济活动过程中的重要意义，为区域空间集聚和扩散提供支撑[53]。

区位理论揭示了各种要素在时间和空间上的扩展规律，表明对经济活动区位的分析开始由静态向动态方向转变，其研究的空间尺度也由对点的研究转向对线和面的研究。区位理论作为研究城市和区域的基本理论获得了较快发展，对都市圈空间结构的研究具有指导作用。

（二）二元空间结构理论

二元空间结构理论是由伯克（J. H. Boeke）在1953年提出的，他在对印度尼西亚经济情况进行研究时，首先提出了二元空间结构的概念，用以解释两单独要素构成的社会经济结构，经济二元结构在发展中国家表现得比较明显[54]。后来，刘易斯（W. A. Lewis）和拉尼斯（G. Ranis）对二元空间结构理论进行了修正和完善，提出了二元经济结构模型[55]。伯克、刘易斯和拉尼斯等的二元经济结构理论的假设是以古典经济学为基础，所以这些理论也被称为古典二元经济结构理论。这些理论揭示了一个国家或地区的二元经济结构问题必须通过农业升级，变传统农业为现代农业，为解决城乡差距问题提供理论支撑[56]。针对发展中国家和地区的城市具有较强的吸收农村劳动力的能力和较高的失业率的情况，乔纳森、托达罗以及迈因特等提出新的二元经济结构理论，丰富和完善了古典二元经济结构理论，被称为新古典二元经济结构理论[57, 58]。地理学上的二元空间结构理论是由缪尔达尔（K. G. Myrdal）于1957年提出的，认为不同城市间的经济发展需经历“集聚效应”和“扩散效应”，从地理空间、空间地域揭示城市二元经济结构问题[59]。最经典的二元空间结构理论就是弗里德曼的“核心–边缘理论模型”，该模型揭示了一定地域空间范围内，中心城市和腹地之间的关系以及发达地区和不发达地区之间的关系[60]。

和区位理论相比，二元空间结构理论更侧重对微观要素的分析，从各种要素的流动和城乡之间的产业互动的角度阐释经济空间结构的发展规律[61]。古典二元经济结构理论注重城乡间的产业协调。二元空间结构理论注重经济发展对经济空间结构的影响，重视经济发展过程中各种要素空间结构的变化，用以揭示经济要素在空间上的集聚、城镇规模等级体系的变化规律。

（三）连续空间结构理论

单一城市的空间结构是区域空间结构的最基本单元，特别是在区域大城市数量较少、中小城市偏多的情况下，大城市的空间结构对区域空间结构有较大影响。20世纪初就有学者开始关注单一城市的空间结构，并提出连续空间结构理论，用以揭示各种经济要素在单一城市空间上的连续分布特征[62]。传统的城市连续空间结构理论以芝加哥学派中伯吉斯（E. W. Burgess）提出的同心圆模式、霍伊特（H. Hoyt）提出的扇形模式和哈里斯（C. D. Harris）与乌尔曼（E. L. Ullman）提出的多核心模式最为经典，它们构成了传统的城市连续空间结构的三大古典理论基础，从人口与空间相互关系的视角，揭示了城市空间结构的演化过程[63]。随着现代城市和区域经济的发展，城市范围及影响力不断扩大，城市外围的边界慢慢消失，而传统的城市连续空间结构理论不能有效地揭示城市不断向外拓展的空间结构形式[64]。一些学者除了研究区域中心城市外，开始更多地关注城市边缘区域以及受城市影响区域的空间结构发展特征及规律，丰富和完善了传统城市连续空间结构理论，形成了现代城市连续空间结构理论[65]。现代城市连续空间结构理论的主要代表人物有迪金森（R. E. Dickinson）、塔弗（E. J. Taaffe）、麦吉（T. G. Megee）、洛斯乌姆（L. H. Russwurm）和穆勒（H. J. Muller），其中迪金森提出的“三地带学说”、洛斯乌姆提出的“区域城市模式”和穆勒提出的“大都市结构模式”最典型[66]。现代城市连续空间结构理论认为，区域城市空间结构由若干部分组成，主要包括城市核心区、边缘区、影响区和乡村腹地等地域，其开创了对城市边缘和受城市影响地域的区域空间结构的研究[67]。应用城市连续空间结构理论分析和归纳城市空间结构特征与演化规律的过程中，学者在采用定性分析方法的同时，也开始进行定量研究。距离衰减模型是最常用、最典型的定量分析模型，托布勒（J. Tobler）称其是“地理学第一定律”，认为任何事物都存在着相互作用的关系，而相互作用的强弱随着相互距离的大小而变化[68]。

现代城市空间结构理论描述了区域中心与其外围地区之间的空间结构形式，揭示了中心城市向区域演变的规律[69]。该理论能够为有效组织都市圈城镇分工与协作提供理论支撑。

（四）空间分异结构理论

早期的地理学只是关注不同区域的独自特征而忽略不同要素的空间差异规律。哈茨霍恩（R. Hartshorne）认为地理学应重视统一性特征和综合性特征，但也不能无视对空间分异问题的研究，而哈格特（P. Haggett）认为空间分异是以牺牲地区统一性为代价的[70]。随着区域经济的发展，区域非均衡发展的现象也越明显，加上劳动地域分工观点被广泛接受，20 世纪 80 年代，地理学开始恢复并关注区域分异的观点，解释空间结构现象的空间分异结构理论也开始走向成熟和完善。该理论认为，区域内各要素或现象之间存在差异的同时，也有普遍关系[71]。非均衡发展规律是空间分异结构理论中比较经典的理论，用于描述相互对立、相互联系的发达地区与欠发达或不发达地区间经济活动空间变化和结构特征，揭示两区域互相牵制的过程和形态[72]。随着经济的发展和产业结构的调整，以及其他要素的变化，区域非均衡发展的态势也会有所改变，所以区域发展的非均衡性是一个不断变化的过程[73]。对于空间分异结构理论，梅西（J. Massey）构建了“投资层次”（layers of investment）模型，用来揭示经济不断变化的空间结构特征。该模型把区域经济结构划分成多个“层级”，每一层级都是经济活动连续投入的结果，这样每一层级就会不断变化，对变化前后的每一层级进行叠加，就可以归纳出区域空间结构的分异规律和特征[74]。

（五）空间发展结构理论

空间发展结构理论研究的重点对象是区域中经济发展具有较大潜质的区域，是整体区域内的一部分空间。所以，从严格意义上讲，空间发展结构理论不属于空间理论部分，但空间发展结构理论更能有效地指导空间战略规划和空间政策的制定。增长极理论和“点-轴”开发理论是比较典型的空间发展结构理论。法国学者佩鲁（F. Perroux）提出的增长极理论认为，经济发展在区域空间内是不均衡的，区域内存在的某些要素使其对其他地区产生吸引，而使这一区域出现极化的趋势，区域内会有一定数量的能对其他区域产生吸引的“极”，这些“极”经济发展较好，成为带动整体区域发展的“增长极”[75]。佩鲁的增长极理论从经济发展的角度出发，认为区域空间结构是经济空间结构。布德维尔（J. R. Boudeville）进一步发展和完善了佩鲁的增长极理论，把经济空间扩展到地理空间，构建了具有地理空间内涵的增长极理论，并提出“区域增长极”，认为一个区域不可能出现所有地区同时增长的情况，而是以不同的强弱出现在不同的“增长极”上[76]。布德维尔的增长极理论中的“增长极”不仅代表经济活动的空间集聚，也代表其他要素的空间集聚。我国地理学家陆大道提出了“点-轴”开发理论，认为一般情况下社会经济要素会在某个点上集聚（“点-轴”开发理论中的点），通过网络通道（“点-轴”开发理论中的轴）使其成为具有紧密联系的区域空间，通过点-轴的发展带动区域整体的发展[77, 78]。目前，有学者开始关注网络式空间，如魏后凯[79]认为，随着信息和网络技术的发展，区域经济将向分散式方向发展，区域整体会出现均衡发展趋势，地域空间结构也将转向网络状结构。陆大道[80]也认为，信息社会各种“流”地位的突出，会使“点-轴”空间结构进一步发展成为网络式空间结构。

二、都市圈空间结构演化理论

（一）空间结构演化的阶段理论

国内外学者很早就开始分析和探讨区域空间结构演化的特征和规律，并把区域空间结构演化过程分成若干阶段。国外学者，如弗里德曼从社会经济发展的视角，研究区域空间结构演化，并将其演化过程划分为 4 个阶段，即前工业化阶段、工业化初期阶段、工业化成熟阶段和后工业化阶段[81]。斯科特（B. Scott）以区域中心城市与腹地的关系为视角，将区域空间结构演化过程划分为3个阶段，即单中心阶段、多中心阶段和网络化阶段[82]。耶兹（M. Yeates）在研究北美城市群的过程中，把区域空间结构演化过程划分为5个阶段，即重商主义阶段、传统工业阶段、大城市阶段、郊区化成长阶段和银河状大城市阶段[83]。国内学者也对都市圈这一区域空间结构演化进行了大量研究，并取得了重要成果，如陈小卉[84]、薛峻菲等[85]、季斌等[86]、张强[87]根据都市圈不同时期的发展程度，将都市圈的演化过程大致分为3个（或4个）阶段，即雏形阶段、成长阶段和成熟阶段（或雏形阶段、成长阶段、发育阶段和成熟阶段）。杨勇等[88]以中心城市在都市圈中所处的地位，以及与核心城镇间的关系为视角，将都市圈的发展演化过程分为4个阶段，即结核阶段、整体集聚阶段、次中心形成阶段和成熟阶段。任桐[89]以都市圈内城镇间经济联系强度，以及相互作用的方式为视角，将都市圈发展演化过程分为4个阶段，即低水平均衡阶段、低水平极化阶段、高水平均衡阶段、高水平极化阶段。

国内外研究者对都市圈发展演化的阶段划定不尽相同，但是却有共同的特征，即都市圈的发展演化过程都是由低级到高级，都市圈空间结构都是从不均衡趋向于均衡，都市圈内城镇间的联系越发紧密，城镇间的分工与协作越发成熟。

（二）空间结构自组织演化理论

都市圈是由多种要素构成的复杂的巨大系统，都市圈大系统又包含了众多的子系统，子系统与子系统之间以及子系统内部之间，无时无刻地发生着相互联系，因此，单一理论不能全面、深入地阐释都市圈空间发展过程。另外，阐述都市圈空间发展过程涉及众多学科知识，只靠地理学理论也不能客观地反映事物的本质规律[90]。而运用空间结构自组织演化理论研究都市圈空间发展能弥补上述不足。空间结构自组织演化理论不是独立的理论体系，而是复杂性理论的一部分，是一个学科群，由若干系统演化理论构成，如分形理论、协同理论和突变理论等，用以分析宏观系统中的子系统演化的机制和规律性[91]。都市圈的形成和发展是都市圈系统的自组织演化过程。

都市圈的形成和发展经历了雏形阶段、成长阶段、发育阶段和成熟阶段，这一过程也是自组织演化过程，所以可以用空间结构自组织演化理论阐述都市圈发展问题。到目前为止，鲜有学者用空间结构自组织演化理论分析和解决都市圈发展问题，利用空间结构自组织演化理论对都市圈空间结构演化进行研究还处于初期探索阶段，随着空间结构自组织演化理论的不断成熟和完善，以及对都市圈研究的不断深入，空间结构自组织演化理论的重要性会越加明显。

三、都市圈空间结构优化理论

（一）全球城市主城区域理论

当前全球化趋势明显，有些城市的发展开始超出国家的范围，代表国家或区域参与全球范围的竞争，出现了世界城市（world city）或全球城市（global city），世界城市体系已初见端倪。已有学者开始对这一现象进行探讨，并形成了全球城市主城区域理论，其中比较典型的理论是世界城市假说（world city hypothesis）和全球城市理论（global city theory）[92]。世界城市假说是由弗里德曼提出的，该理论以世界经济一体化为背景，是新的国际劳动分工下的产物[93]。而全球城市理论是由沙森（S. Sassen）提出的，该理论指出全球城市是为全球资本提供服务的区域，主要为跨国经济活动和管理提供服务的区域[94]。

经济全球化形成了世界城市或全球城市，同时也促进了城市的区域化，而城市区域化以区域经济高度发达为基础，以城市间的竞争非常激烈为背景，城市间的竞争表现为区域间的竞争，使城市和区域的关系更加紧密[95]。

全球城市区域理论为研究都市圈提供了理论支撑，全球城市成为区域的节点。全球城市与都市圈很相似，都是以整体区域为竞争体，内部联系密切，都能够提升城市和区域的竞争力[96]。

（二）区域管治理论

当前，我国都市圈内的城镇属于不同的行政区，都市圈内城镇恶性竞争和重复建设现象比较严重，为发挥都市圈整体效益的最大化，需强化都市圈内城镇间的分工与协作，引入相应的管理体制，对都市圈进行区域管治。全球治理委员会、世界银行、经济合作与发展组织都对管治的概念进行了分析和界定，其共同的关键词为资源、政治、权利、协调[97]。库伊曼（J. Kooiman）在 1993 年出版的《现代治理》一书中有关管制的论述，后被其他人不断修正，管制是为了达到某一目的，不同利益主体间相互妥协并最终达成的统一意见[98]。我国学者也对管治做了界定，如杨凯源[99]把管治看作是为实现不同利益主体间的共赢，弥补政府行政权力的不足，以协调的方式解决问题的社会治理方式。卢为民等[100]指出，管治是为实现最优的管理和控制，重新分配不同利益主体的利益和权利，从而实现有效管理。总的来说，管治是为弥补政府调控与市场交换不足，通过利益主体协调与合作，最终实现共赢的社会治理方式[101]。

都市圈在发展过程中可以运用区域管治理论，改变以政府为主导的管理方式，建立多元协调机制，实现都市圈发展及其空间结构的优化。在建设都市圈的过程中，重大问题采取多方利益主体共同参与的方法来解决，推动都市圈健康、有序发展，同时，鼓励建立多方参与的机制。

（三）统筹协调理论

1. 系统理论

系统理论认为，系统被看作是相互作用中的要素的复合体[102]。系统理论把事物看作是一个系统来进行研究，通常用定量的分析方法来阐述系统的某些问题[103]。因为系统被认为是由多要素构成的整体，某一要素的变化会使整体系统发生变化，而组成系统的要素时刻发生着变化，所以系统也时刻处于动态变化中；另外，组成系统的要素相互间联系紧密，相关性较强，同时系统具有明显的结构性特征[104]。

都市圈是由中心城市和与其经济联系紧密的城镇构成的区域，所以都市圈就是一个完整的系统，并且具备系统的整体性、动态性、相关性和结构性等特征[105]。运用系统理论，把都市圈看作统一的系统，构建最佳的空间结构，需要注意以下事项：首先，从全局的角度确定都市圈发展的目标，使都市圈整体得到发展；其次，强化都市圈内城镇体系间的联系，把都市圈内的每个城镇都看作不孤立的子系统，使都市圈形成空间网络化发展形式；再次，都市圈的城镇要形成不同的规模等级、不同层次的城镇体系，构建分工合理、以中心城市为核心的网络体系；最后，正确认识都市圈发展的动态性特征，准确把握都市圈空间结构的历史情况、现状特征和未来发展趋势。

2. 可持续发展理论

经济的快速发展和城市化水平的迅速提高，使得环境质量下降，促使人们寻求新的区域发展模式，在此背景下提出了可持续发展理论。可持续发展理论是一种全新的发展观，关注的是社会、经济、环境等要素的发展问题，该理论提出既满足当代人的需要，又不对后代人满足其需要的能力构成危害的发展，而且人类经济活动和自然环境要和谐发展，自然环境是人类赖以生存和发展的基础。因此，可持续发展与环境保护不是一个含义，可持续发展重点考虑经济、社会因素与自然环境之间的和谐发展[106]。

都市圈是城市化水平较高、经济发展较快的区域，所以都市圈生态环境问题也是都市圈空间发展需要重点关注的议题。都市圈生态环境问题可以运用可持续发展理论研究，要使都市圈空间可持续发展，应强化都市圈各要素间的平衡，以实现都市圈经济、社会与环境的协调发展；此外，还需要按照自然经济规律和市场要求，把握好都市圈空间结构的合理性。

3.“两型社会”建设理论

传统的经济发展模式使人与自然之间产生了诸多问题，迫使人们探求新的发展观。“两型社会”是指资源节约型社会和环境友好型社会。资源节约型社会是指运用经济处罚、行政管理和法律制裁等综合性手段，促使人们节约资源，鼓励人们高效利用资源，以最低的资源消耗换取最大的效益；而环境友好型社会是指整个社会都采用绿色的生产方式、健康的生活方式和低消耗的消费方式，重视对生态污染的防治，减少对生态的破坏，遵循客观规律，提倡生态文明建设，构建经济、社会、环境协调发展保障体系[107]。

“两型社会”建设理论提出的时间较短，其本质内涵还需要不断深化和完善，但其现有的观点已被广泛接受。根据“两型社会”建设理论，都市圈在今后的建设中，不能以牺牲生态环境为代价来获得高的经济效益，而应依据“两型社会”建设理论构建高效节约的发展模式。都市圈空间结构优化强调，通过资源有效配置和高效利用、加强生态建设和环境保护，使经济社会发展与资源环境承载相适应；将产业链附加值高、资源利用率高、无污染、少污染的产业作为区域的主导产业，通过主导产业的组织带动作用，带动区域经济的发展。因此，“两型社会”建设理论对实现都市圈统筹城乡一体化、统筹人与自然和谐、发展新型工业化与新型城市化意义重大。

第三节　都市圈空间结构及其演化研究的内容

一、国内外关于都市圈空间范围界定的研究

（一）国外关于都市圈空间范围界定的研究

1. 美国的界定方法

美国把都市圈这一地域空间形式称为大都市区，而大都市区提出的时间比较早，所以经过多年的发展，对大都市区地域空间范围的划定有着成熟的方法和标准。美国对大都市区的研究和其他国家或地区一样，同样经历了从雏形到发展再到成熟的过程，对大都市区内涵的理解和界定也从不完善到完善。从 1949 年开始，美国对大都市区空间范围的界定有了比较精确的定量指标体系，也标志着美国大都市区建设逐渐走向成熟；而 1949 年以前，对大都市区范围的界定没有统一的指标体系，使得统计的区域边界差异较大，获得的数据比较性差[108]。从美国对大都市区空间范围划定指标体系的发展过程来看，虽然指标体系有所变化，但对大都

市区界定的指导思想始终遵从“流”的视角、中心城市、大都市区特征和地域空间单元等方面[109]。美国界定大都市区空间范围的指标体系中，通常包含通勤率这一指标，因为通勤率能较好地反映中心城市和与其影响区域相互作用的程度，除了通勤率这一指标外，美国还曾用电话通信指标和人口密度与非农业人口指标[110]。另外，美国界定大都市区空间范围时，对中心城市的规定也是界定大都市区的重要标准。美国对中心城市最低人口规模做了规定，如 1949～1990 年，中心城市人口不得低于 50 万人；20 世纪 90 年代后，中心城市最低人口数量提升到 100 万人，并以县域或次县域作为大都市区最小的地理单元[3]。

2. 日本的界定方法

日本从政府到学术界都很注重对都市圈的研究工作，但对都市圈空间范围的界定所使用的方法和指标体系有所差异。日本政府对都市圈空间范围的界定更侧重通勤率指标，如 20 世纪 50 年代，日本行政管理部门除了要求都市圈中心城市人口最低达到 10 万人以上外，还要求都市圈中心城市外围地区与中心城市间的通勤人口不得少于本地人口的 15%，都市圈之间的货物运输量不得超过总运输量的 25%[111]。与日本政府界定都市圈空间范围的方法和标准的侧重点不同，日本学术界更加注重都市圈中心城市与外围地区的经济联系程度，重视圈内产业的分工与协作，强调城市功能要素等指标，如山田浩之和德冈一幸在 1983 年对都市圈空间范围的界定，除中心城市和外围人口在 10 万人以上、外围通勤人口占本地人口 10%以上的要求之外，还规定了中心城市昼夜人口之比大于 1.0，圈内第二、第三产业人口应该达到就业人口的 75%以上[112]。

从美国和日本界定都市圈空间范围的方法中可以看出，发达国家一般采用两种方法：一是以人口指标为主的界定方法，这种方法不仅限定了中心城市的最低人口规模，还规定了非农业人口规模或城市人口和农业人口的对比指标；二是以通勤率指标为主的界定方法，这种方法以外围地区非农业人口到中心城市的通勤率作为界定都市圈空间范围的主要参考依据[113]。我国的区域经济发展水平和城市率与发达国家之间还存在着较大差距，另外，经济发展过程和城市化过程也与发达国家有很大区别。我国每个地区都有规模较大的城市，而且我国通勤方面的数据不容易获得，所以我国不能用中心城市人口指标和通勤率指标来界定都市圈空间范围，应该从经济联系视角，结合其他标准，采用具有中国特色的界定都市圈空间范围的方法。

（二）国内关于都市圈空间范围界定的研究

我国对都市圈这一地域空间的研究较晚，目前还主要停留在借鉴国外研究成果、以学术界研究为主、没有政府主导实践的阶段。学术界对都市圈空间范围的界定方法以定性分析方法为主，定量研究方法较少，很多定量分析方法是参照发达国家现有的指标体系，并结合区域本身特征，来进行都市圈空间范围界定的。例如，胡序威等[114]用中心城市人口规模和非农业人口指标以及产业结构指标来界定都市圈空间范围，这一界定方法得到了许多学者的认可。许多学者用这种界定方法界定都市圈空间范围，即使有所不同，也只是对这一方法中指标的标准进行了改进或修正。随着研究的深入，有学者在界定都市圈空间范围时，引入数学模型，定量分析都市圈空间范围，如高汝熹和吴晓隽[115]在界定都市圈空间范围时，引入了城市引力模型、潜力模型和距离衰减模型等，更加注重定量分析的研究。随着研究的不断深入，界定都市圈空间范围的方法也逐渐增多，有学者利用地理信息系统（geographic information system，GIS）软件界定都市圈空间范围，如冯章献[116]运用地理信息系统软件计算时距，再结合定性分析方法，确定了沈阳都市圈空间范围。目前，对都市圈空间范围的界定都是采用定性与定量相结合的方法，运用相关数学模型或者计算机软件，结合地理条件、经济联系、交通联系、社会联系等要素，如李璐[117]对长江三角洲都市圈空间范围的界定，刘承良等[118]、余瑞林等[119]对武汉都市圈空间范围的界定都使用此方法。

随着对都市圈研究的不断深入，以及软件的广泛应用，界定都市圈空间范围的定量研究方法将逐渐增多，而研究的视角也将不断拓展，定量与定性相结合的方法将更加成熟。另外，现行都市圈空间范围的界定都是以县域或市域作为最小的地理单元，县域和市域的数据容易获得，其行政边界比较稳定，在界定都市圈空间范围时比较方便。但随着经济的发展以及国家新型城镇化建设的提出，县域和市域内发展较快、对外联系较为频繁的乡镇逐渐增多，这些城镇正逐渐成为区域城市体系中重要的组成部分，界定都市圈空间范围如果以县域或市域为最小的地理单元，不能准确反映都市圈的本质内涵。

二、国内外关于都市圈空间结构的研究

（一）国外关于都市圈空间结构的研究

20 世纪初，发达国家学者就开始对区域空间结构进行了探讨，经过近百年的发展，对区域空间结构的研究不断细化和深入。都市圈空间结构作为区域空间结构的一种形式，其研究已取得丰硕的成果。目前，国外对都市圈空间结构的研究主要有以下几方面的内容。

1. 都市圈空间结构演化的研究

当前，国外对都市圈空间结构演化的研究主要有两方面：一是都市圈空间结构演化的实证研究，二是都市圈空间结构演化模式的研究。对于都市圈空间结构演化的实证研究，大多数学者采用定量分析方法构建相关模型，以不同的要素为视角，揭示都市圈空间结构演化的特征、规律及趋势[120, 121]。例如，沃尔斯（H. Walls）和格温达夫（W. Gwyndaf）从郊区化的角度[122]、Fellmann 和 Zollinger[123]从社会空间的角度、Simmons 等[124]从人类经济活动的角度、Myrdal[125]从集聚和扩展的角度、富田和晓等[126]从批发和服务业区位变化的角度、金本良嗣和德冈一幸[127]从人口和零售业分布的角度、山田浩之等[128]从通勤率的角度，对都市圈空间结构演化做了比较有影响的实证研究。

国外很多学者对都市圈空间结构演化模式进行了大量研究，并取得了丰富的成果。例如，富田和晓和藤井正[129]除了从批发、服务业区位变化的角度对都市圈空间结构演化做了较为成功的实证研究外，还把都市圈分为核心圈层、内圈层和外圈层 3 个圈层的空间结构，采用人口比例指标，将都市圈空间结构演化划分为 5 个阶段，进而提出了都市圈空间结构演化的离心扩大模型。Taylor[130]借鉴了富田和晓的模式，并对该模式进行改进和修正，根据都市圈中心城市人口再次增加的现象，提出了都市圈空间结构演化的循环模式。

由于发达国家的城市大多都经历了城市化、郊区化和逆城市化等集聚与分散发展的阶段，且各自采取的指标也不尽相同。因此，虽然学术界至今还没有一个完全被公认、统一的大都市圈空间结构演化的一般模式，但现有研究均是按照城市化、郊区化、逆城市化等几个过程来进行总结的，尤其体现了核心城市与外围地区间的消长关系。

2. 都市圈空间结构形态的研究

对于都市圈空间类型，大多数学者有比较统一的认识，即都市圈空间结构类型有两类：一类是单核心型的都市圈空间结构，另一类是多核心型的都市圈空间结构。罗杰（Roger R.）对都市圈空间结构形态进行了研究，总结出 6 种形态，即同心圆形空间结构形态、扩散型空间结构形态、扇形空间结构形态、卫星型空间结构形态、花园城市型空间结构形态和理想城市型空间结构形态[131]。木内信藏[132]从城市人口增减与地域结构关系的角度，将都市圈划分成 3 个地带，进而构建了都市圈“三地带学说”，提出了都市圈空间结构的最典型形态，即圈层（同心圆形）空间结构形态。木内信藏提出的这一学术理念后来对日本都市圈地域概念的推广起到重要的引导作用。山田浩之和成方休[133]在木内信藏研究的基础上，进一步阐述了各圈层的功能含义，认为都市圈的 3 个圈层由内到外分别为城市化地带、大都市主城区和大都市圈。成田孝三和马黎明[134]认为，在大都市外围比日常通勤圈更大的联系圈域为“都市广域联系圈”，包括劳动力流入圈（人流圈）、批发零售圈（物流圈）、中枢管理机能圈（中心职能圈）、电话交流圈（信息流圈）等。根据日本学者对都市圈空间结构的理解，都市圈事实上并非是简单的中心和外围两个圈层，对外围地区而言，还存在两个功能截然不同的层次：第一是城市的日常通勤圈，即与核心城市的工作岗位（业务功能）和居住地具有紧密通勤联系的郊区范围；第二是城市的经济联系圈，即与核心城市的各种产业和服务具有密切经济往来的区域范围[7]。

随着新技术、新方法的不断出现，对于都市圈空间结构形态的研究，国外学者开始关注新型都市圈空间结构形态，如阿伯特（M. Abbott）、沃利斯（R. Wallis）和佛朗哥（M. Franco）等，提出了“信息化都市圈”概念，使对传统都市圈空间结构形态的研究步入新的阶段。

3. 都市圈空间结构重构的研究

西方发达国家或地区都市圈（大都市区）的形成和发展伴随着快速城市化过程，是工业化的产物，同时也是产业和人口等经济发展要素集聚与扩大的结果。国外都市圈一般被认为是由中心城市和与其有密切经济联系的周围城镇体系所构成的，其圈层结构明显。随着经济的发展和信息技术的进步，社会生产与分工以及它们相互作用的关系开始发生变化，使得发达国家或地区的城市功能和区域空间结构也发生了改变，引发了对都市圈空间结构重构的研究热潮[135]。曼纽尔·卡斯泰尔[136]认为，现代交通网络体系的建立，对都市圈产业分工、城镇间的联系等产生较大影响，使都市圈内部关系更加复杂，是都市圈空间结构重构的主要原因。Mills[137]在定量研究都市圈空间结构的过程中发现，很多被认为是构成都市圈的重要因素无法量化，不能有效指导现实工作，需要对不能量化的要素进行调整，这就影响到都市圈空间结构。Fishman[138]认为，随着现代信息科技的快速发展，会涌现出一些新方法，这些新方法会代替以集聚规模为主的研究方法，这将对都市圈空间结构产生深刻影响，因此需要重新认识都市圈空间结构，并对都市圈空间结构进行重构。

（二）国内关于都市圈空间结构的研究

1. 都市圈空间结构演化的研究

国内对都市圈空间结构演化的研究主要集中于动力机制和演化阶段。一般认为，集聚效益与扩散效益是都市圈空间结构演化的动力，使都市圈空间结构具有典型的阶段性特征。例如，盛广耀[139]从产业要素集聚和扩散的角度分析了都市圈空间结构演化的动力。也有学者从其他角度分析了都市圈空间结构的演化机制，如胡序威等[114]从城乡互动、政府政策等角度分析了都市圈空间结构演化的动力因素。都市圈空间结构演化的阶段分析，主要根据经济联系、空间形态或演化规律等进行阶段划分。例如，陈修颖[140]根据都市圈空间结构演化规律，提出了都市圈空间结构演化阶段，即低水平均衡阶段—极核式集聚发展阶段—扩散均衡发展阶段—高级均衡阶段。季斌等[86]提出都市圈空间结构的发展演化会经历非都市圈阶段—都市圈初级阶段—都市圈中级阶段—都市圈高级阶段的过程。任桐[89]根据空间联系方式与强度，把都市圈空间结构演化划分成 4 个阶段：低水平均衡阶段、低水平极化阶段、高水平均衡阶段、高水平极化阶段。

另外，还有很多学者构建了都市圈空间结构演化动力机制的模型，从多要素角度综合分析，如邢宗海[141]通过构建演化模型，认为都市圈空间结构演化的动力机制是由多种要素共同作用的结果。

2. 都市圈空间结构形态的研究

我国当前对都市圈空间结构形态的研究比较少，普遍认同圈层（同心圆形）空间结构形态，到目前为止，尚未出现其他形态的观点。另外，国内很多学者将都市圈看作是城市群，而且都市圈和城市群的内涵有很多相近的地方，所以对都市圈空间结构形态的研究，可以参考对城市群空间结构形态的研究。顾朝林[142]认为，城市群在经济发展过程中，其空间结构会有较大变化，也会出现不同类型的空间结构，还会表现出不同类型的形态：圈层式、飞地式、轴间充填式、带形扩展式等空间结构形态。年福华等[143]从网络化的角度出发，将城市群空间结构形态分为 4 种，即极核网络化模式、双子座型、走廊型以及多中心型。景哲[144]将城市群空间结构形态归结为 4 种，即集中型、双核心型、分散型和走廊轴线型。另外还有姚士谋等[145]提出的生态斑纹型，刘敏[146]提出的多中心网络化类型，朱政等[147]从职能特征和空间演化的角度提出的多中心型，李国平和王志宝[148]提出的多中心空间网络分布格局。

3. 都市圈空间结构演化动力机制研究

对都市圈空间结构演化的研究，离不开对演化背后的动力机制的研究。都市圈空间结构演化动力机制影响其演化特征、演化规律和演化趋势。政策机制、市场机制、集聚与扩散机制贯穿都市圈空间结构的形成和发展过程，对都市圈空间结构演化有重大影响，也是当前学者研究的重点内容。例如，朱英明[149]认为，集聚与扩散机制是都市圈空间结构演化的主要动力机制，影响着都市圈空间结构特征、演化的规律等。陈建军[150]认为，产业的集聚和扩散是都市圈空间结构演化的直接动力，特别是产业集聚推动都市圈空间不断向外拓展，所以集聚与扩散机制是主要的动力机制。另外，也有学者探寻其他都市圈空间结构演化动力机制，如刘耀彬等[151]认为，自然条件、经济发展因素、便捷的交通网络、信息技术的进步，是促进都市圈空间结构演化的重要因素，也是重要的动力机制。李文强和罗守贵[152]认为，产业结构影响着都市圈空间结构的演化，两者关系比较密切，并阐述了两者间的相互关系。李国平和孙铁山[153]认为，要素禀赋、产业结构、产业政策、人口政策、劳动力供应和经济发展程度等是影响都市圈空间结构演化的重要因素。

第四节　我国都市圈空间结构及其演化的实证研究

一、我国都市圈空间结构及其演化的实证研究概况

从我国区域经济发展和城市化水平来看，很多区域具备了形成都市圈的条件，很多学者对都市圈进行了实证研究。很多学者认为，我国已形成了以北京、上海和广州为核心的三大都市圈，即京津冀都市圈（也称大北京都市圈或首都圈）、长江三角洲都市圈（也称大上海都市圈）和珠江三角洲都市圈。我国的三大都市圈经济发达，城镇体系合理，以中心城市为核心，具有明显的圈层结构特征。一些学者对三大都市圈空间结构做了很多研究，对都市圈成员构成、城镇空间结构、经济联系、产业分工等方面进行了探讨，也将三大都市圈空间结构和国外都市圈空间结构进行了比较。

除了上述全国性的三大都市圈外，我国还有一些区域性都市圈，如武汉都市圈、南京都市圈、杭州都市圈、成都都市圈、汕头都市圈和济南都市圈等。一些学者也开始重点研究这些都市圈的空间结构，如高汝熹等对区域性都市圈进行分析，构建了都市圈空间结构评价指标体系，并连续几年出版《中国都市圈评价报告》，对中国各都市圈进行分析评价。其他学者也对都市圈空间结构的实证研究做了很多工作。

二、辽宁省都市圈空间结构及其演化研究的现状

当前，学者对辽宁省都市圈的研究较少，主要是对沈阳都市圈和大连都市圈进行研究，研究的内容以都市圈空间范围的界定和空间结构为主。

当前对辽宁省都市圈的研究，多数是以定性分析为主，重点研究辽宁省内以沈阳和大连为核心的都市圈，即沈阳都市圈和大连都市圈，并对其空间结构进行分析，最具代表性的有：冯章献[116]主张的基于一日交流圈的沈阳都市圈空间范围的界定，主要采取简单划定交通距离的方法，即以某一半径划圈，在此半径范围内的城市（含其辖区）即划定为该都市圈的地域范围。这种方法具有一定的经验

性，操作相对简单，因而得到了广泛的应用。但是其弊端也是显而易见的，对于都市圈这一复杂的社会经济现象，如果采用过于简单的方法量化，必然会丢失大量有用的信息，从而导致结果出现偏差，甚至错误。李颖[154]根据中心城市的经济势能，并利用经济距离和经济势能强弱级别，界定沈阳都市圈空间范围和空间结构。周�[155]以“日常生活圈”的指标和标准，界定了大连都市圈的空间范围，并研究了人们日常活动的界线，评价了大连都市圈诸要素相互作用的关系。

对辽宁省都市圈空间结构研究的文献较少，其中具有代表性的有：王媛玉[156]对沈阳都市圈经济空间结构的研究是利用城市引力模型和城市流模型，对该区域的经济空间联系及结构进行量化，分析都市圈整体优势与不足之处，从而提出了促进都市圈未来社会经济发展的合理化建议。国川和刘春涛[157]从古代、近代、现代的历史发展顺序出发，分析沈阳城市空间结构演化历程，重现了在城市地位、区域职能、经济发展等“城市内涵”变化过程中城市结构的“外在表象”演变过程，通过不同阶段空间演变特征识别，划分“单中心”外衍时期、“功能板块”拼接时期、“圈层放射”拓展时期 3 个历史阶段，将沈阳城市空间结构演变机制归纳为自然因素、经济发展因素和决策者因素三大因素，并基于此预测沈阳城市空间结构的未来演变方向和最终的城市结构。刘晓逸[158]从沈阳都市圈各时期的形态角度出发，根据影响都市圈空间结构的主要因素，揭示了沈阳都市圈空间结构演化特征及其规律，并预测了沈阳都市圈空间结构发展的未来趋势。温贺[159]以城市土地利用为视角，揭示了大连都市圈空间结构演化的特征，并对其动力机制进行了深入分析，描述了各项城市用地结构的变化，提出了大连都市圈空间结构发展模式和优化路径。

总的来说，研究辽宁省都市圈空间结构的文献较少，资料较为匮乏，而现有的对辽宁省都市圈空间结构的研究还以定性分析为主，缺乏较为系统的理论和实践研究。

第三章　辽宁省都市圈空间范围及空间结构的界定

第一节　都市圈空间范围界定的原理与方法

都市圈是现代大都市城市化的一个发展阶段，是大都市地域空间的一种组织形态。分析辽宁省各都市圈空间结构，需在都市圈内涵的基础上科学划定都市圈的空间范围，即需要确定辽宁省范围内都市圈中心城市及与中心城市有较强经济联系的城镇所构成的空间范围，是中心城市经济吸引力和经济辐射能力所能达到并产生影响的空间范围，对这一范围的划定需要遵循相应的原则和方法。

一、都市圈空间范围界定的原则

都市圈空间范围的界定，不仅需要考虑中心城市对其紧邻城镇的影响力，还要综合考虑区域本身的社会因素、经济因素和自然因素，需要遵循一定的原则[154]。

（一）中心城市规模标准的原则

都市圈中心城市要想对其周围城镇产生较强的吸引力和辐射能力，通常需要达到一定的规模，这样才能够对其紧邻城镇具有较强的经济势能，中心城市的规模通常用城区常住人口数量来表示。2014 年 10 月 29 日国务院印发的《关于调整城市规模划分标准的通知》中把城市划分成五类七档，即小城市（Ⅰ型小城市和Ⅱ型小城市）、中等城市、大城市（Ⅰ型大城市和Ⅱ型大城市）、特大城市和超大城市。根据国家最新颁发的城市规模划分标准以及国内外对都市圈研究的实际情况，城区常住人口在 100 万人以上的城市对其邻近城镇有很大影响。因此，将城区常住人口在 100 万人以上的城市作为都市圈中心城市的规模标准，而小于这一规模的城镇，即使城市化水平很高，但因其与邻近城镇的经济联系不是十分紧密也不能作为都市圈的中心城市。另外，如果两个或两个以上城区常住人口规模在 50 万～100 万人的中等城市相互间的距离较近、相互间的作用紧密，且共同对其邻近城镇有较强的吸引力和辐射能力，这样的中等城市也可以作为都市圈的中心城市，这样的都市圈属于双核型或多核型都市圈。都市圈中心城市是都市圈城镇体系的核心与枢纽，是带动都市圈整体经济发展的“增长极”，是有一定的规模标准要求的。

（二）区域一体化原则

都市圈是伴随城市形态自组织演化而形成的，根据都市圈的本质内涵，都市圈内城镇间具有较强的经济联系，特别是中心城市与其邻近核心城镇间的相互作用尤为明显。都市圈内有着密集的基础设施网络，使城市内部以及城镇之间不断进行着较强的物质和能量交换。以中心城市为核心，将其与邻近的城镇紧密联系起来，使得中心城市与核心城镇在经济上和社会文化活动上融合与互补，从而使都市圈经济一体化趋势明显。根据城市空间扩散原理，中心城市各种要素和功能的向外扩散主要倾向于与其距离比较近且经济差异较小的城镇，所以都市圈经济一体化水平直接影响着城镇间的经济联系强度，也应成为确定都市圈形成的指标。

（三）时空距离原则

时空距离也是影响区域经济联系强弱的一个重要因素，城镇间的经济联系强度受距离增加、时间延长等作用的影响而变弱。所以，在划定都市圈空间范围时，应考虑城镇间的时空联系，特别是中心城市与核心城镇间应具有便捷的时空联系，即时空因素也是界定都市圈空间范围的主要因素。随着城镇间高速公路和快速城际交通的不断发展，时间距离比空间距离更能反映出城镇间实际的经济联系强度。当前，国内外发展较好的都市圈，其半径主要为从中心城市出发，40～60min 快速交通所达到的最大距离。所以，本书在确定时空距离指标时，主要采用时间距离，以 1h 交通圈所达到的空间范围作为城镇间实际的经济联系强度。

（四）特殊性原则

我国都市圈的界定在很大程度上借鉴了日本都市圈的概念。由于日本国土面积不大，日本都市圈是城市功能地域、城市经济区、城市势力圈、城市日常生活圈、城市群等多种空间概念的共同体[113]，这也使得日本政府对都市圈的界定标准不是太严格，我国城市地域范围比较大，城市化过程与国外相比有其自己的特殊性，因此我国都市圈的界定是在参照国外界定原则的基础上，对不符合以上界定原则的城市，根据城市发展情况和特殊因素，在确定都市圈形成时需要考虑各城市本身所具有的特殊性特征。

二、都市圈空间范围界定的规律与原理

都市圈作为一种城镇集合体，是由主要城镇组成的一种经济协作区域，而城镇是都市圈内经济活动的集聚地和主要载体，都市圈城镇体系中每一个城镇对其他城镇都有影响力，其大小随与其他城镇间距离的增加而减弱；另外，每一个城镇同时也接受多个城镇的辐射，但只有少数城镇对其影响较大。都市圈实际上可以看作是核心城镇围绕中心城市所形成的经济圈或势力圈，其空间范围的界定遵循一定的规律和原理。

（一）距离衰减规律

距离衰减规律主要借鉴杜能的区位理论，杜能用区位地租解释不同农业部门的环状分布，即土地的收入随其与中心城市距离的增加而减少[47]。现代交通的快速发展使得距离不再是经济联系减弱的直接因素，但是在一定的区域范围内，邻近城镇间的经济联系强度一般要大于与区域外部城镇间的联系，所以距离衰减规律依然适用于都市圈（图 3-1）。该规律是判定都市圈空间范围的主要依据之一。

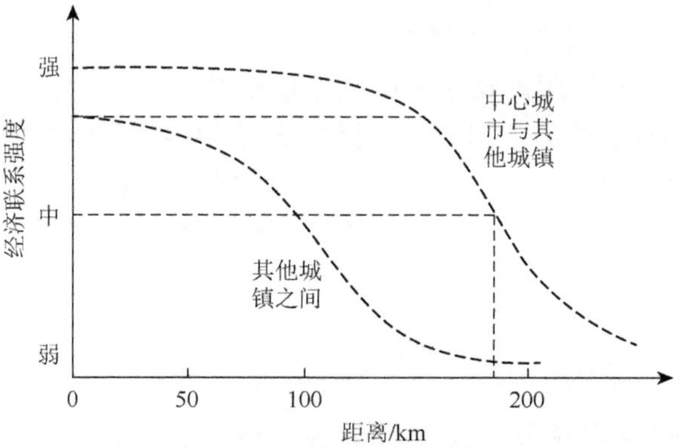

图 3-1　城镇间经济联系强度随距离变化示意图

从图 3-1 可以看出，离中心城市较近的城镇，由于与中心城市有着较强的经济联系，两者的经济联系强度很强；随着城镇与中心城市距离的增加，经济联系强度逐渐变弱，两者间的联系也开始变弱；与距离中心城市较近的城镇相比较，其与中心城市距离较远的城镇与中心城市的联系随着距离的增加而逐渐变弱。所以，中心城市及与其有较为紧密联系的规模不等的邻近城镇是形成都市圈的必备条件。

（二）城市引力原理

都市圈是由多个相互联系较为紧密的城镇组成的区域空间形式，这个区域中有若干个城镇，它们形成都市圈城镇体系，每个城镇对都市圈都有着自己的影响力，城镇间也存在着相互作用。经济引力论认为，万有引力原理也可以应用于城镇间的经济联系，可以用来构建城镇间相互作用的城市引力模型，通常用式（3-1）来表示两个城镇间的相互作用[160, 161]：

$$I_{ji} = K_{ij} M_i^{a_i} M_j^{a_j} \ / \ D_{ij}^b \tag{3-1}$$

式中，I_{ji} 为两城镇间的相互作用力；$M_i^{a_i}$、$M_j^{a_j}$ 分别为两个城镇的规模（如人口数量、国民生产总值等）；a_i、a_j 为指数，反映两城镇空间可流动性差异；D_{ij}^b 为两个城镇间的距离；b 为城镇距离摩擦系数；K_{ij} 为比例系数。

式（3-1）就是城市引力模型，表示不同的两个城镇之间的空间流强度。都市圈内各级城镇与其次一级城镇间的作用表现为点与点的关系。城市规模越大，经济越发达，引力场的范围和强度也就越大。距某城市距离为 D 的城市的“场强”与该城市的规模（通常以人口数量衡量）和经济发达程度（通常以工业总产值或国民生产总值衡量）乘积的平方根成正比，而与距离 D 成反比：$S = \sqrt{PV} / D$，式中，P 为城市市区人口，V 为经济发达程度，D 为空间距离。

三、都市圈空间范围界定的模型与方法

（一）断裂点模型

断裂点模型是关于城市与区域相互作用的一种理论模型，由康维斯（P. D. Converse）提出。该理论模型认为，一个城市对周围地区的吸引力，与它的规模成正比，与距它的距离的平方成反比，所以两个城市影响区域的分界点（即断裂点）公式为[162]

$$d_{\text{A}} = D_{\text{AB}} \Big/ \left(1 + \sqrt{P_{\text{B}} / P_{\text{A}}}\right) \tag{3-2}$$

式中，d_{A} 为从断裂点到城市 A 的距离；D_{AB} 为 A、B 两城市间的距离；P_{A} 为较大城市 A 的人口；P_{B} 为较小城市 B 的人口。通过断裂点模型可以计算出都市圈中心城市与其地理上邻近的中心城市的断裂点位置，从而确定以中心城市为核心向外扩散的周边地区范围。

（二）经济距离计算方法

经济距离是指中心城市与核心城镇之间的交流强度，核心城镇随着与中心城市距离的增大，与中心城市间的交流强度变小，联系变少。随着现代交通体系的发展与完善，城市机动化和快速化的趋势显著，中心城市与其邻近的核心城镇的通勤现象日益普遍，并出现远距离通勤、职住分离的情况。时间逐渐成为反映两地间相对距离的实际指标。本书的经济距离采用高汝熹和杨勇[163]的方法，以空间距离为基础，通过两次修正得到经济距离，公式如下：

$$E=\alpha\times\beta\times D_r \tag{3-3}$$

式中，E 为经济距离；D_r 为中心城市到核心城镇的空间距离；α 、β 为修正权数。

α 为第一次修正权数（通勤距离修正权数），其取值由城市间的交通运输状况决定；β 为第二次修正权数（经济距离修正权数），表示核心城镇与中心城市的经济发展水平差距，取值由两地间人均 GDP 比值决定，具体取值见表 3-1。沈阳都市圈扩散半径的距离可以通过经济距离的计算得出。

表 3-1　都市圈经济距离修正权数 α 与 β 的赋值

通勤距离修正权数 α							
交通工具组合	动车	火车	汽车	动车和汽车	火车和汽车	动车和火车	火车、汽车和动车
权数 α	0.9	1	1.2	0.7	0.7	0.6	0.5

经济距离修正权数 β			
周边城镇人均 GDP/中心城市人均 GDP/%	＞70	45（包含 45）～70（包含 70）	＜45
权数 β	0.8	1.0	1.2

（三）场强、经济联系强度、经济隶属度模型

借用城市引力模型构建经济联系强度模型是界定都市圈空间范围常用的定量方法。本书参考都市圈界定的相关研究，在确定城市场强模型、经济联系强度模型和经济隶属度模型时，借鉴欧向军等提出的城市人口规模（P）、行政区划面积（A）及 GDP（G）3 个参量的经济联系强度模型公式和场强模型公式，并对权数进行修正[164-166]。

经济联系强度用来表征都市圈中心城市与周围核心城镇间的绝对经济联系量，反映都市圈中心城市对外经济联系的范围，可作为界定都市圈空间范围的指标，经济联系强度的公式为

$$T_{ij}=\sqrt[3]{P_i\cdot G_i\cdot R_i}\sqrt[3]{P_j\cdot G_j\cdot R_j}\Big/D_{rij}^2 \tag{3-4}$$

场强用来寻找都市圈中心城市对周围核心城镇作用力的“力场”中经济作用力迅速减少的位置，也用来反映都市圈中心城市对周围核心城镇经济作用的“力场图”，反映都市圈城镇间经济相互作用的空间结构，可作为划分都市圈空间范围的指标，其公式为

$$S_j=\sqrt[3]{P_j\cdot G_j\cdot R_j}\Big/D_{rij}^2 \tag{3-5}$$

经济隶属度用来衡量都市圈核心城镇接受中心城市经济辐射强度的大小，也用来确定都市圈城镇体系所包含的主要城镇，经济隶属度计算公式为

$$L_{ij}=T_{ij}\Big/\sum_{i=1}^{n}T_{ij} \tag{3-6}$$

式中，T 为经济联系强度；S 为场强；i 为都市圈核心城镇；j 为中心城市；P 为城市总人口；G 为城市 GDP；R 为行政区划面积；D_r 为经济距离（km）；L 为经济隶属度。

四、都市圈形成的判定指标

都市圈的形成与发展是一个动态演化的过程，任何一个都市圈都会经历从形成到成熟的变化过程。都市圈是一个复杂的系统。目前，学术界对都市圈形成的判定还没有一套普遍公认的指标体系。都市圈是以城市功能较强的中心城市为核心，由与其有紧密联系的邻近城镇所组成的。所以，都市圈的形成往往需要一个或几个经济实力较强的、对都市圈的形成和发展起重要作用的中心城市。国内外对都市圈的研究也是先从都市圈的地理特征出发，本书根据都市圈的构成要素，结合都市圈形成的判断指标，从中心城市角度出发，主要归纳出判定都市圈形成的 4 个指标，即中心城市的人口指标、中心性指标、集聚效益指数和发展潜力指数，来判定辽宁省都市圈体系是否形成。

（一）人口指标

都市圈的中心城市只有达到一定的规模才能具有强大的经济势能，才能对与其邻近的城镇有较大的影响力，并对周围区域产生影响。中心城市规模通常用城区常住人口规模来表示，综合国内外关于都市圈中心城市的研究情况，本书选取中心城市城区常住人口数和城市化水平作为形成都市圈的人口指标，根据 2014 年 10 月 29 日国务院印发的《关于调整城市规模划分标准的通知》中对城市规模的新规定，结合国内外都市圈中心城市人口规模的特征，规定中心城市市城区总人

口规模不少于 100 万人的大城市、特大城市和超大城市作为形成都市圈的人口指标，同时要求中心城市的城市化水平大于 60%以上。

（二）中心性指标

中心城市是都市圈经济发展的“增长极”，也是都市圈经济一体化的组织者，中心城市对其他核心城镇的影响是通过中心城市的中心性来确定的。中心性概念来源于德国学者克里斯塔勒的中心地理论，中心性反映的是城市经济发展水平和城市对外服务的能力，也反映城市在区域发展中的具体地位，还反映城市为其以外地区提供生产能力的大小及服务水平的高低，是衡量城市中心地位的重要依据，也是衡量城市功能地位高低的主要指标。本书借助孙斌栋等[167]的研究成果，主要通过商贸中心性、服务中心性、空间作用中心性、制造业中心性和对外开放中心性 5 个项目组成的，包含 11 个指标和 17 项数据的评价指标体系（表 3-2），来综合反映一个城市的中心性。

表 3-2　城市中心性评价指标体系

项目	指标	数据
商贸中心性	批发零售贸易	Q_1 批发零售贸易业商品情况总额
	金融保险房地产	Q_2 金融业从业人员
		Q_3 房地产从业人员
		Q_4 租赁和商业服务业从业人员
	社会服务业	Q_5 住宿、餐饮业从业人员
		Q_6 居民服务和其他服务业从业人员
服务中心性	高等教育	Q_7 高等学校教师
	卫生体育福利	Q_8 卫生、社会保险和社会福利业从业人员
		Q_9 文化、体育和娱乐业从业人员
	科学研究和综合技术服务	Q_{10} 信息传输、计算机服务和软件从业人员
		Q_{11} 科研、技术服务和地质勘查业从业人员
	机关和社会团体	Q_{12} 公共管理和社会组织从业人员
		Q_{13} 水利、环境和公共设施管理业从业人员
空间作用中心性	交通运输、仓储及邮政	Q_{14} 交通运输、仓储及邮政业从业人员
制造业中心性	制造业	Q_{15} 制造业从业人员
对外开放中心性	外贸	Q_{16} 进出口总额
	外资	Q_{17} 外商直接投资

各指标的中心性指数反映中心城市在都市圈内具体行业上的对外服务能力，为避免模糊综合评判模型对指标权重确定的主观性，在综合城市总的中心性指数时，需要选择适当的方法进行计算，本书采用区位熵和主成分分析法求综合中心性指数，首先对各指标数据进行标准化处理，再使用 SPSS 软件对标准化后的数据进行主成分分析，从中提取两个主因子，分析 11 个指标间的相关性以及两大主因子载荷值矩阵，综合得出各中心城市的中心性指数。

（三）集聚效益指数和发展潜力指数

根据增长极理论，增长极对于区域经济发展的积极影响主要是极化中心本身的经济增长和极化中心对周围地区的影响，增长极通过自身的集聚和辐射作用，使其经济实力不断增强，对外区域的影响也在不断扩大和加强。增长极的作用机理主要体现在增长极的乘数效应、剥夺效应、集聚效应和扩散效应上。增长中心首先表现为集聚效应，即通过集聚周围的人力、物力和财力来促进自身的成长；然后通过扩散效应对周围产生带动作用；同时，增长极与区域的发展差异也会加剧。

对都市圈中心城市集聚和扩散水平的分析比较复杂，它反映了中心城市的经济发展水平，本书采用集聚效益指数、发展潜力指数两个指标来反映中心城市经济发展现状，这两个指标是确立城镇在城镇体系中地位的重要依据[168]。要全面、客观、准确地反映中心城市集聚效益和发展潜力，需建立一套综合评价指标体系，本书借助张果等[169]的研究成果，根据选择中心城市集聚效益指数和发展潜力指数的一般原则，选取中心城市的人口集聚程度、人均 GDP、城市化水平、第三产业比重和第二产业比重 5 个指标来构建中心城市集聚效益的综合评价指标体系，选取中心城市的人口流动系数、人均社会消费品总额、固定资产投资额、人均财政收入和恩格尔指数 5 个指标来构建中心城市发展潜力的综合评价指标体系，并运用主成分分析法，测度中心城市的集聚效益指数和发展潜力指数。

第二节　辽宁省都市圈空间范围的确定

根据上述界定都市圈空间范围的原则与方法，来确定辽宁省都市圈体系，并界定辽宁省都市圈的空间范围，其核心思想是：首先，运用相关模型和方法，计算辽宁省各城市规模及综合发展潜力，确定辽宁省区域范围内的中心城市，并根据都市圈时空距离的要求找出相邻城市，从而确定辽宁省都市圈体系；然后，运用城市断裂点模型，划出辽宁省都市圈各中心城市与相邻城市的大致分界点，按此断裂点确定各都市圈候选的城镇；最后，通过计算都市圈中心城市与候选城镇间的经济距离、场强、经济联系强度及经济隶属度，最终确定辽宁省都市圈的数量及其空间范围。

一、辽宁省都市圈中心城市的确定

根据上述判断都市圈形成的指标，以 2016 年辽宁省各相关城镇统计数据作为研究的基础（以下如无特殊标明均以 2016 年为基础）[170-181]，选取辽宁省 2 个副省级城市和 12 个地级城市（沈阳市、大连市、鞍山市、辽阳市、营口市、盘锦市、锦州市、葫芦岛市、朝阳市、阜新市、铁岭市、抚顺市、本溪市和丹东市）作为辽宁省都市圈中心城市的候选城市，运用相关模型和计算方法，测度辽宁省都市圈各城市的地理指标，根据都市圈形成的判定标准，判断辽宁省各城市是否具备成为都市圈中心城市的基本要求，从而确定辽宁省都市圈体系。

（一）辽宁省各城市人口指标的确定

根据上述界定都市圈的原则与方法，首先确定辽宁省都市圈各城市的人口指标，见表 3-3。

表 3-3　2016 年辽宁省各城市人口指标表

城市	市区总人口规模/万人	是否达标（指标标准 100 万人）	城市化水平/%	是否达标（指标标准 60%）
沈阳市	434.6	是	77.07	是
大连市	253.5	是	74.42	是
鞍山市	146.1	是	67.17	是
辽阳市	65.4	否	55.90	否
营口市	53.6	否	58.85	否
盘锦市	66.8	否	65.96	是
锦州市	88.6	否	51.84	否
葫芦岛市	51.4	否	42.54	否
朝阳市	39.7	否	38.11	否
阜新市	61.2	否	52.48	否
铁岭市	42.8	否	42.16	否
抚顺市	141.6	是	71.64	是
本溪市	84.7	否	73.36	是
丹东市	75.1	否	60.34	是

资料来源：根据《辽宁统计年鉴 2016》数据整理。

从表 3-3 中可以看出，沈阳市、大连市、鞍山市和抚顺市都达到了指标的要求，符合成为都市圈中心城市的一个条件；盘锦市、本溪市和丹东市人口规模没有达到指标要求，但这些城市的城市化水平比较高，表明这些城市经济发展水平较高；其他城市的人口规模和城市化水平都没达到都市圈雏形的要求，所以不能成为都市圈的中心城市。

（二）辽宁省各城市中心性指标的计算

根据上述城市中心性评价指标体系，对辽宁省 14 个城市进行主成分分析，计算出各城市的中心性，首先将表 3-2 中的 17 项数据汇聚成 11 个指标，计算出各城市各项指标在全国范围内的区位熵（表 3-4），然后使用 SPSS 软件对标准化后的各指标进行主成分分析，进而从中提取出两个主因子的累计贡献率（前两个主因子累计贡献率达到 86.752%），进而可以得出两大主因子载荷值矩阵（表 3-5），总结出两个主因子包含的指标。第一主因子包括 8 个指标：批发零售贸易，金融保险房地产，高等教育，卫生体育福利，科学研究和综合技术服务，机关和社会团体，交通运输、仓储及邮政，外资。第一主因子主要反映城市商贸、服务、空间作用的中心性。第二主因子与制造业、外贸、社会服务业相关，主要反映的是制造业和对外开放的中心性。最后得出的辽宁省各城市的中心性综合得分（表 3-6）。

表 3-4　辽宁省各城市 11 个指标的区位熵

城市	X_1	X_2	X_3	X_4	X_5	X_6	X_7	X_8	X_9	X_{10}	X_{11}
沈阳市	2.14	1.21	0.84	2.25	1.23	1.51	0.91	1.84	1.05	0.32	2.86
大连市	0.55	1.31	1.34	1.58	0.91	0.81	0.68	1.65	1.52	1.25	2.51
鞍山市	0.81	0.98	0.41	0.53	0.83	0.76	0.85	0.71	1.42	0.21	0.43
辽阳市	0.21	0.78	0.38	0.43	0.89	0.77	1.25	0.40	1.22	0.07	0.32
营口市	0.25	1.25	0.46	0.48	1.24	0.91	1.66	1.51	0.99	0.45	1.14
盘锦市	0.16	1.12	0.36	0.07	0.31	0.35	0.43	0.33	0.32	0.69	0.15
锦州市	0.54	1.07	0.41	1.45	1.13	0.92	0.97	2.26	0.81	0.21	0.33
葫芦岛市	0.11	0.71	0.22	0.19	0.92	0.67	1.10	0.65	1.38	0.34	0.17
朝阳市	0.76	1.12	0.36	0.27	1.16	0.87	1.51	0.54	0.91	0.12	0.34
阜新市	0.32	0.74	0.31	1.28	1.04	0.71	1.21	0.54	0.45	0.04	0.36
铁岭市	0.75	0.87	0.24	0.29	1.11	0.86	1.25	0.65	0.42	0.05	0.81
抚顺市	1.53	0.75	0.50	0.56	0.79	0.61	0.91	0.73	1.13	0.17	0.21
本溪市	0.35	0.79	0.32	0.28	1.03	0.49	0.80	0.74	1.48	0.36	0.32
丹东市	0.51	1.11	0.41	0.91	1.34	1.17	1.52	1.06	0.91	0.83	0.67

表 3-5 两大主因子载荷值矩阵

指标	第一主因子 Z_1	第二主因子 Z_2
批发零售贸易 X_1	0.793	−0.575
金融保险房地产 X_2	0.874	0.385
社会服务业 X_3	0.331	0.901
高等教育 X_4	0.965	−0.234
卫生体育福利 X_5	0.671	−0.655
科学研究和综合技术服务 X_6	0.779	−0.621
机关和社会团体 X_7	−0.441	−0.535
交通运输、仓储及邮政 X_8	0.947	0.005
制造业 X_9	0.421	0.808
外贸 X_{10}	−0.002	0.956
外资 X_{11}	0.891	0.433

表 3-6 辽宁省各城市中心性综合得分

城市	第一主因子 Z_1	第二主因子 Z_2	综合得分$\sum Z$	归一化	位次
大连市	3.708	6.255	4.802	1.000	1
沈阳市	6.921	−3.591	2.408	0.573	2
锦州市	0.045	−0.442	−0.162	0.121	3
鞍山市	−0.831	0.192	−0.388	0.101	4
本溪市	−1.005	0.275	−0.453	0.067	5
盘锦市	−1.077	0.327	−0.471	0.065	6
葫芦岛市	−1.027	0.045	−0.568	0.050	7
辽阳市	−1.096	−0.112	−0.675	0.031	8
营口市	−0.687	−0.691	−0.689	0.027	9
抚顺市	−1.195	−0.045	−0.701	0.023	10
阜新市	−1.011	−0.229	−0.703	0.022	11
丹东市	−0.687	−0.836	−0.756	0.015	12
铁岭市	−1.066	−0.446	−0.799	0.008	13
朝阳市	−0.993	−0.644	−0.846	0.000	14

从表 3-6 中可以看出，辽宁省各城市中大连市和沈阳市的中心性综合得分远高于其他城市的中心性综合得分，表明大连市和沈阳市的中心性很强，可以成为辽

宁省都市圈的中心城市，沈阳市和大连市两个中心城市的主因子得分指标不同，反映出它们之间不同的职能分工；锦州市和鞍山市的中心性综合得分相对较高，表明锦州市和鞍山市的中心性相对较强，虽然和沈阳市及大连市的中心性综合得分相比还有一定的差距，但和其他城市相比较，其中心性有一定优势，可以作为都市圈的中心城市；而其他城市的中心性综合得分比较低，远低于上述 4 个城市的中心性综合得分，表明这些城市的中心性比较低，不能较好地起到带动周围地区的作用，不符合成为都市圈中心城市的要求。

（三）辽宁省各城市集聚效益指数和发展潜力指数的计算

根据上述构建的中心城市集聚效益和发展潜力的综合评价指标体系，对辽宁省的 2 个副省级城市和 12 个地级城市（沈阳市、大连市、鞍山市、锦州市、葫芦岛市、本溪市、丹东市、阜新市、朝阳市、铁岭市、盘锦市、营口市、抚顺市、辽阳市）进行主成分分析，计算出辽宁省各城市的集聚效益指数和发展潜力指数，见表 3-7 和表 3-8。

表 3-7 辽宁省各城市集聚效益指数表

排名	城市	人口集聚程度	人均 GDP	城市化水平	第三产业比重	第二产业比重	集聚效益指数
1	大连市	1.672	1.526	1.642	0.815	0.217	6.419
2	沈阳市	1.418	1.487	1.534	0.568	0.426	6.116
3	鞍山市	1.227	1.215	1.462	0.563	1.443	5.910
4	锦州市	0.931	1.203	1.317	0.925	0.975	5.351
5	葫芦岛市	0.537	1.281	1.211	0.561	0.718	4.308
6	本溪市	0.462	1.047	1.161	0.649	0.743	4.062
7	辽阳市	0.671	1.054	1.114	0.584	0.531	3.954
8	营口市	0.623	1.059	1.186	0.515	0.513	3.896
9	丹东市	0.491	1.011	1.187	0.528	0.623	3.840
10	抚顺市	0.715	1.061	1.012	0.517	0.524	3.829
11	盘锦市	0.413	1.016	1.175	0.417	0.519	3.540
12	阜新市	0.462	0.921	1.118	0.413	0.616	3.530
13	铁岭市	0.503	0.846	1.091	0.436	0.572	3.448
14	朝阳市	0.417	0.917	1.026	0.519	0.516	3.395

表 3-8 辽宁省各城市发展潜力指数表

排名	城市	人口流动系数	人均社会消费品总额	固定资产投资额	人均财政收入	恩格尔系数	发展潜力指数
1	大连市	1.451	1.752	1.537	1.205	1.384	7.329
2	沈阳市	1.264	1.645	1.482	1.068	1.291	6.750
3	鞍山市	1.014	1.108	1.207	0.835	1.014	5.178
4	锦州市	0.852	0.926	0.916	0.701	0.953	4.348
5	辽阳市	0.762	0.812	0.742	0.623	0.573	3.512
6	葫芦岛市	0.721	0.714	0.814	0.507	0.641	3.397
7	营口市	0.625	0.658	0.651	0.621	0.529	3.084
8	本溪市	0.527	0.629	0.714	0.612	0.415	2.897
9	抚顺市	0.418	0.617	0.682	0.635	0.410	2.762
10	丹东市	0.397	0.571	0.615	0.519	0.391	2.493
11	盘锦市	0.471	0.573	0.517	0.526	0.328	2.415
12	阜新市	0.451	0.516	0.548	0.471	0.372	2.358
13	铁岭市	0.402	0.503	0.541	0.482	0.334	2.262
14	朝阳市	0.315	0.419	0.446	0.417	0.317	1.914

从表 3-7 和表 3-8 可以看出，沈阳市和大连市的集聚效益指数和发展潜力指数都远高于其他城市，说明沈阳市和大连市的城市经济发展水平和发展后劲远高于其他城市，可以作为都市圈的增长极和辐射源；鞍山市、锦州市的集聚效益指数和发展潜力指数都处于中等水平，城市经济发展水平和城市发展潜力较大，也可以成为都市圈中心城市；其他城市集聚效益指数和发展潜力指数比较低，表明这些城市经济发展水平较低，发展潜力不足，对周围地区的带动力较弱，不能成为都市圈的中心城市。

（四）辽宁省都市圈的判定

根据上述对辽宁省 2 个副省级城市和 12 个地级城市（沈阳市、大连市、鞍山市、锦州市、葫芦岛市、本溪市、丹东市、阜新市、朝阳市、铁岭市、盘锦市、营口市、抚顺市、辽阳市）的人口规模、中心性、集聚效益和发展潜力的计算和分析，可以得出辽宁省都市圈的中心城市（表 3-9）。

表 3-9 辽宁省都市圈各城市的判定

排名	城市	是否达标					能否成为都市圈中心城市
		市区总人口规模	城市化水平	中心性	集聚效益	发展潜力	
1	大连市	是	是	是	是	是	能
2	沈阳市	是	是	是	是	是	能
3	鞍山市	是	是	是	是	是	能
4	锦州市	否	否	是	是	是	否
5	本溪市	否	是	否	否	否	否
6	盘锦市	否	是	否	否	否	否
7	葫芦岛市	否	否	否	否	否	否
8	辽阳市	否	否	否	否	否	否
9	营口市	否	否	否	否	否	否
10	抚顺市	否	是	否	否	否	否
11	阜新市	是	否	否	否	否	否
12	丹东市	否	是	否	否	否	否
13	铁岭市	否	否	否	否	否	否
14	朝阳市	否	否	否	否	否	否

通过对表 3-9 的观察，可以得出辽宁省各城市中，沈阳市、大连市和鞍山市符合所有都市圈中心城市的判定指标，已达到作为都市圈中心城市的要求，并且这 3 个城市与其他同等级城市相距较远，且能各自成为其邻近区域的集聚地和辐射源，能够作为都市圈中心城市，所以把以沈阳市、大连市、鞍山市为中心城市的都市圈分别称为沈阳都市圈、大连都市圈和鞍山都市圈，这 3 个都市圈是单核型都市圈。另外，表 3-9 中锦州市的中心性较强、集聚效益和发展潜力也相对较好，城市人口规模近 90 万人，城市化水平也超过 50%，且相距葫芦岛市 50km，锦州市和葫芦岛市间的联系密切，一体化水平较高。根据中心城市规模标准的原则，锦州市和葫芦岛市作为两个中等城市，城市化水平较高、中心性较强、集聚效益和发展潜力较好，可作为都市圈的中心城市，构成双核型都市圈，本书把以锦州市和葫芦岛市为中心城市的都市圈称为锦葫都市圈。此外，盘锦市和营口市的中心性也相对较强、集聚效益和发展潜力也较好、城市化水平较高，两个城市相距不到 60km，经济联系较为紧密，一体化程度较高，根据中心城市规模标准的原则，可以把盘锦市和营口市作为双核型都市圈的中心城市，本书把以盘锦市和营口市为中心城市的都市圈称为盘营都市圈。根据辽宁省都市圈中心城市的判定指标，丹东市的各项指标都比较低，但丹东市位于东北亚的中心，

处于东北亚经济圈与环渤海、黄海经济圈的重要交会点，又是全国沿边重点开发开放试验区，也是亚洲唯一一个同时拥有边境口岸、机场、高铁、河港、海港、高速公路的城市，同时也是重要的边境城市，是重要的区域级流通节点城市、重要的区域增长极、重要的区域中心城市。根据界定都市圈空间范围的特殊性原则，本书把以丹东市为中心城市的都市圈也划入辽宁省都市圈体系中，即丹东都市圈。丹东都市圈和辽宁省其他都市圈相比较，规模比较小，都市圈的功能不明显。而辽宁省其他城市的中心性、集聚效益和发展潜力较低，即使个别城市的人口规模或城市化水平达到了都市圈的标准，但经济发展水平和发展潜力较低，也不具有特殊性，不能作为区域的增长极，所以不能成为都市圈的中心城市。综上可知，辽宁省都市圈体系由沈阳都市圈、大连都市圈、鞍山都市圈、锦葫都市圈、盘营都市圈和丹东都市圈组成。

二、与中心城市密切相关的外围地区的确定

根据辽宁省都市圈体系的中心城市，选择中心城市周围与中心城市距离适当的城市为研究对象，运用式（3-2），计算辽宁省都市圈中心城市和周围城市的断裂点距离，确定以中心城市为中心的周边地区的基本范围，从而确定都市圈的外围地区。

（一）沈阳都市圈周边地区的确定

根据沈阳市周围城市的分布情况，选择铁岭市、抚顺市、辽阳市、本溪市、阜新市作为沈阳市的邻近城市，运用式（3-2），计算得出沈阳市与周边城市的断裂点距离，见表 3-10。沈阳市与抚顺市的断裂点位于抚顺市的望花区与抚顺县附近，沈阳市与本溪市的断裂点位于本溪市溪湖区附近，沈阳市与辽阳市的断裂点位于辽阳市的灯塔市附近，沈阳市与铁岭市的断裂点位于铁岭市的铁岭县附近，沈阳市与阜新市的断裂点位于新民市附近。因此，确定以沈阳市为中心城市扩展周边地区的范围大致包括以下县（市、区）：沈阳市的辽中区、新民市、法库县，抚顺市的望花区、东洲区、顺城区、新抚区、抚顺县，本溪市的溪湖区，辽阳市的灯塔市，铁岭市的铁岭县。

表 3-10　沈阳市与周边城市的断裂点距离

断裂点指标	沈阳-抚顺	沈阳-铁岭	沈阳-本溪	沈阳-辽阳	沈阳-阜新
空间距离/km	48	67	74	70	171
人口比值	525/142	525/43	525/85	525/65	525/61
距沈阳断裂点位置/km	32	52	52	51	122

（二）大连都市圈周边地区的确定

根据大连市周围城市的分布情况，选择营口市、鞍山市和丹东市作为大连市的邻近城市，运用式（3-2），计算得出大连市与周边城市的断裂点距离，见表3-11。大连市与营口市的断裂点位于大连市的瓦房店市附近，大连市与鞍山市的断裂点位于大连市的普兰店区附近，大连市与丹东市的断裂点位于大连市的庄河市附近。因此，确定以大连市为中心城市扩展周边地区的范围大致包括以下县（市、区）：旅顺口区、金州区、长海县、瓦房店市、普兰店区和庄河市。

表3-11　大连市与周边城市的断裂点距离

断裂点指标	大连-营口	大连-鞍山	大连-丹东
空间距离/km	200	270	260
人口比值	254/54	254/146	254/75
距大连断裂点位置/km	136	153	168

（三）鞍山都市圈周边地区的确定

根据鞍山市周围城市的分布情况，选择营口市、盘锦市、沈阳市、本溪市和丹东市作为鞍山市的邻近城市，运用式（3-2），计算得出鞍山市与周边城市的断裂点距离，见表3-12。鞍山市与营口市的断裂点位于营口市的大石桥市附近，鞍山市与盘锦市的断裂点位于鞍山市的台安县附近，鞍山市与沈阳市的断裂点位于辽阳县附近，鞍山市与本溪市的断裂点位于辽阳县附近，鞍山市与丹东市的断裂点位于弓长岭区附近。因此，确定以鞍山市为中心城市扩展周边地区的范围大致包括以下县（市、区）：千山区、台安县、海城市、岫岩满族自治县、大石桥市、凤城市、辽阳县、弓长岭区。

表3-12　鞍山市与周边城市的断裂点距离

断裂点指标	鞍山-营口	鞍山-盘锦	鞍山-沈阳	鞍山-本溪	鞍山-丹东
空间距离/km	80	78	84	71	162
人口比值	146/54	146/67	146/525	146/85	146/75
距鞍山断裂点位置/km	51	48	31	41	96

（四）锦葫都市圈周边地区的确定

根据锦葫都市圈周围城市的分布情况，选择秦皇岛市、朝阳市、阜新市和盘锦市作为锦葫都市圈中心城市的邻近城市，通过计算，得出锦葫都市圈中心城市与周边城市的断裂点距离，见表3-13。葫芦岛市与秦皇岛市的断裂点位于葫芦岛市的绥中县附近，锦州市与朝阳市的断裂点位于朝阳市的朝阳县附近，锦州市与阜新市的断裂点位于锦州市的义县附近，锦州市与盘锦市的断裂点位于锦州市的凌海市附近。因此，确定以锦州市和葫芦岛市为中心城市扩展周边地区的范围大致包括以下县（市、区）：绥中县、建昌县、兴城市、义县、北镇市、凌海市、南票区和连山区。

表3-13　锦州市和葫芦岛市与周边城市的断裂点距离

断裂点指标	锦州-盘锦	锦州-阜新	锦州-朝阳	葫芦岛-秦皇岛
空间距离/km	79	111	78	136
人口比值	89/67	89/61	89/40	51/70
距锦葫断裂点位置/km	42	61	47	62

（五）盘营都市圈周边地区的确定

根据盘营都市圈周围城市的分布情况，选择锦州市、鞍山市和大连市作为盘锦市和营口市的邻近城市，通过计算，得出盘营都市圈中心城市与周边城市的断裂点距离，见表3-14。盘锦市与锦州市的断裂点位于盘锦市的盘山县附近，营口市与鞍山市和大连市的断裂点位于营口市的盖州市附近。因此，确定以盘锦市和营口市为中心城市扩展周边地区的范围大致包括以下县（市、区）：大洼县（2016年4月28日正式挂牌改名大洼区）、盘山县、大石桥市和盖州市。

表3-14　盘锦市和营口市与周边城市的断裂点距离

断裂点指标	盘锦-锦州	营口-鞍山	营口-大连
空间距离/km	97	87	205
人口比值	67/89	54/146	54/254
距盘营断裂点位置/km	34	36	42

（六）丹东都市圈周边地区的确定

根据丹东市周围城市的分布情况，选择本溪市、鞍山市和大连市作为丹东市的邻近城市，通过计算，得出丹东市与周边城市的断裂点距离，见表 3-15。丹东市与本溪市的断裂点位于丹东市的宽甸满族自治县附近，丹东市与鞍山市的断裂点位于鞍山市的岫岩满族自治县附近，丹东市与大连市的断裂点位于大连市的庄河市附近。因此，确定以丹东市为中心城市扩展周边地区的范围大致包括以下县（市、区）：宽甸满族自治县、东港市、岫岩满族自治县和凤城市。

表 3-15　丹东市与周边城市的断裂点距离

断裂点指标	丹东-本溪	丹东-鞍山	丹东-大连
空间距离/km	176	153	260
人口比值	75/84	75/146	75/253
距丹东断裂点位置/km	91	83	78

三、辽宁省都市圈空间范围的计算过程与结果

国内现有的关于都市圈空间范围的界定，主要是以县域或市域作为界定都市圈范围最小的地理单元。县域尺度较为稳定，数据容易得到，可以简化数据的分析与处理过程，用来界定都市圈的空间范围比较便捷。但对于尺度比较大的县级地理单元，经济规模在空间上的分布尺度弱化，县与县之间的可比性不强。基于此，本书从都市圈的内涵出发，从经济联系的视角，选择建制乡镇为最小的地理单元，根据相关理论和模型，来确定辽宁省都市圈的空间范围，以期真实反映都市圈内的社会经济联系。

根据上述确定的辽宁省都市圈各中心城市及其周边地区的大致范围，并且利用都市圈空间范围界定的方法与原理，对 2016 年辽宁省各市、县、区、乡镇的统计年鉴及第六次全国人口普查的数据资料进行整理并分析计算，确定辽宁省都市圈体系的准确范围。

（一）辽宁省都市圈经济距离及场强的计算

通过式（3-3）及式（3-5），计算得出辽宁省都市圈各中心城市（沈阳市、大连市、鞍山市、锦州市、葫芦岛市、盘锦市、营口市、丹东市）与周边核心城镇

的经济距离，同时依据城市场强公式计算得出辽宁省都市圈中心城市对周边核心城镇的场强，见表 3-16～表 3-21。

表 3-16　沈阳都市圈中心城市与周边核心城镇的经济距离和场强

地区	经济距离/km	场强
辽中区		
辽中区主城区	48	0.37
于家房镇	100	0.20
朱家房镇	89	0.25
冷子堡镇	61	0.53
刘二堡镇	53	0.70
茨榆坨街道	61	0.53
新民屯镇	40	1.23
满都户镇	78	0.32
杨士岗镇	42	1.11
肖寨门镇	72	0.46
长滩镇	49	0.82
四方台镇	50	0.78
城郊镇	78	0.36
六间房镇	79	0.31
养士堡镇	78	0.41
潘家堡镇	59	0.56
老观坨镇	79	0.35
老大房乡	83	0.28
大黑岗子镇	80	0.31
牛心坨乡	84	0.28
法库县		
法库县主城区	88	0.45
大孤家子镇	73	0.44
三面船镇	56	0.63
秀水河子镇	77	0.33
叶茂台镇	90	0.24
登仕堡子镇	72	0.46
柏家沟镇	101	0.19
丁家房镇	81	0.37
孟家镇	93	0.23
十间房镇	79	0.31
冯贝堡镇	75	0.39
依牛堡子镇	61	0.53
慈恩寺乡	96	0.21
和平乡	112	0.16
五台子镇	87	0.26
四家子蒙古族乡	97	0.21
双台子乡	82	0.29
卧牛石乡	97	0.21
包家屯镇	97	0.21
新民市		
新民市主城区	61	0.53
大红旗镇	81	0.30
梁山镇	80	0.31
公主屯镇	63	0.42
兴隆镇	42	1.11
前当堡镇	50	0.78
大民屯镇	46	0.93
大柳屯镇	80	0.31
兴隆堡镇	34	1.70
胡台镇	27	2.69
法哈牛镇	31	2.04
柳河沟镇	77	0.33
高台子镇	51	0.49
金五台子镇	75	0.42
大红旗镇	86	0.27
卢家屯乡	85	0.27
姚堡镇	93	0.23
周坨子乡	91	0.24
于家窝堡乡	87	0.26
新农乡	89	0.25
东蛇山子镇	62	0.63
陶家屯镇	53	0.70
罗家房镇	39	1.29
三道岗子镇	45	0.97
张家屯镇	40	1.23
抚顺望花区		
望花区主城区	35	1.60
塔峪镇	45	0.97
抚顺县		
抚顺县主城区	78	1.82
石文镇	48	0.85
后安镇	81	0.30
马圈子乡	112	0.16
上马镇	75	0.40
救兵镇	77	0.37
峡河乡	72	0.58
海浪乡	56	0.85
拉古满族乡	39	1.29
汤图满族乡	92	0.23
本溪溪湖区		
溪湖区主城区	65	0.41
火连寨镇	56	0.49
歪头山镇	41	0.93
石桥子镇	48	0.67
张其寨乡	62	0.78
灯塔市		
灯塔市主城区	41	0.89
佟二堡镇	61	0.53

续表

地区	经济距离/km	场强	地区	经济距离/km	场强	地区	经济距离/km	场强
铧子镇	53	0.70	新台子镇	43	1.06	抚顺新抚区		
张台子镇	56	0.63	阿吉镇	72	0.53	新抚区主城区	45	0.97
西大窑镇	71	0.56	平顶堡镇	79	0.31	千金乡	63	0.78
沈旦堡镇	58	0.78	大甸子镇	82	0.29	抚顺东洲区		
西马峰镇	72	0.56	凡河镇	59	0.56	东洲区主城区	53	0.70
柳条寨镇	49	0.82	腰堡镇	48	0.85	碾盘乡	73	0.56
柳河子镇	61	0.97	镇西堡镇	80	0.31	章党镇	60	0.54
罗大台镇	75	0.56	蔡牛镇	74	0.36	哈达镇	68	0.42
王家镇	72	0.48	李千户镇	71	0.53	兰山乡	74	0.48
大河南镇	37	1.43	双井子镇	99	0.20	抚顺顺城区		
五星镇	73	0.48	熊官屯乡	75	0.35	顺城区主城区	44	1.01
鸡冠山乡	74	0.44	横道河子镇	58	0.78	会元乡	52	0.72
铁岭县			白旗寨满族乡	86	0.27	前甸镇	47	0.91
铁岭县主城区	52	2.16				河北乡	49	0.63

表 3-17 大连都市圈中心城市与周边核心城镇的经济距离和场强

地区	经济距离/km	场强	地区	经济距离/km	场强	地区	经济距离/km	场强
旅顺口区			双塔街道	75	0.60	得利寺镇	101	0.63
旅顺口区主城区	24	1.43	安波街道	79	1.33	万家岭镇	94	0.31
北海街道	38	0.64	四平街道	102	0.77	许屯镇	102	0.28
双岛湾街道	53	0.55	沙包街道	109	0.75	永宁镇	106	0.78
三涧堡街道	14	0.67	星台街道	111	0.85	谢屯镇	80	0.93
长城街道	18	1.70	墨盘乡	102	0.70	老虎屯镇	107	2.31
龙头街道	43	1.43	同益乡	98	0.54	红沿河镇	101	0.45
铁山街道	38	1.53	莲山街道	80	1.42	李官镇	79	2.69
普兰店区			瓦房店市			仙浴湾镇	104	0.54
普兰店区主城区	48	3.70	瓦房店市主城区	62	4.63	复州湾镇	80	1.33
皮口街道	58	1.29	瓦窝镇	68	1.24	炮台镇	73	2.49
城子坦街道	61	1.67	元台镇	73	0.49	土城乡	107	0.42
大刘家街道	55	1.43	复州城镇	79	1.19	闫店乡	103	0.58
杨树房街道	56	1.18	松树镇	95	0.57	西阳乡	108	0.47

续表

地区	经济距离/km	场强	地区	经济距离/km	场强	地区	经济距离/km	场强
泡崖乡	93	1.23	塔岭镇	231	0.58	步云山乡	176	0.37
驼山乡	103	0.59	仙人洞镇	216	0.49	桂云花满族乡	164	0.69
赵屯乡	104	0.26	蓉花山镇	193	0.42	兰店乡	107	0.82
杨家满族乡	80	1.25	长岭镇	160	0.47	石城乡	264	0.25
三台满族乡	79	0.63	荷花山镇	152	0.61	长海县		
庄河市			城山镇	148	0.42	长海县主城区	146	0.86
庄河市主城区	88	1.78	光明山镇	148	0.43	大长山岛镇	161	0.53
青堆镇	126	0.89	大郑镇	95	1.48	獐子镇	164	0.81
徐岭镇	101	0.53	吴炉镇	118	1.44	小长山乡	153	0.47
黑岛镇	184	0.47	王家镇	208	0.38	广鹿乡	138	0.46
栗子房镇	133	0.63	鞍子山乡	129	0.56	海洋乡	194	0.23
大营镇	201	0.37	太平岭满族乡	178	0.73	长兴岛经济技术开发区	75	2.46

表 3-18　鞍山都市圈中心城市与周边核心城镇的经济距离和场强

地区	经济距离/km	场强	地区	经济距离/km	场强	地区	经济距离/km	场强
千山区			王石镇	59	0.26	黄沙坨镇	48	2.39
千山区主城区	7	2.34	南台镇	18	0.35	西佛镇	61	0.53
唐家房镇	12	0.58	甘泉镇	14	1.08	新开河镇	54	0.71
大屯镇	15	1.25	大屯镇	13	0.41	黄沙坨镇	55	0.46
甘泉镇	13	2.53	西柳镇	32	1.28	高力房镇	53	0.66
海城市			感王镇	37	0.27	桑林镇	83	0.43
海城市主城区	26	3.63	中小镇	52	0.25	富家镇	67	0.59
孤山镇	45	2.16	牛庄镇	67	0.44	达牛镇	97	0.21
岔沟镇	78	0.28	腾鳌镇	15	0.63	韭菜台镇	50	0.81
接文镇	56	1.16	耿庄镇	29	0.33	新台镇	70	0.54
析木镇	51	0.71	西四镇	58	0.57	桓洞镇	61	0.53
马风镇	41	0.22	高坨镇	43	0.44	岫岩满族自治县		
牌楼镇	34	1.08	望台镇	62	0.37	岫岩满族自治县主城区	98	2.11
英落镇	63	0.26	温香镇	41	0.27	三家子镇	61	0.87
八里镇	54	0.29	台安县			石庙子镇	72	0.93
毛祁镇	33	0.41	台安县主城区	45	1.31	汤沟镇	80	0.62

续表

地区	经济距离/km	场强	地区	经济距离/km	场强	地区	经济距离/km	场强
黄花甸镇	76	0.70	大石桥市			穆家镇	23	0.61
大营子镇	119	0.69	大石桥市主城区	76	2.63	兴隆镇	25	0.76
苏子沟镇	95	1.04	水源镇	87	0.62	柳壕镇	54	0.23
偏岭镇	91	0.43	沟沿镇	82	0.76	八会镇	36	0.24
哈达碑镇	85	0.49	旗口镇	64	0.47	唐马寨镇	34	0.65
石灰窑镇	102	0.52	石佛镇	73	0.67	寒岭镇	65	0.28
前营子镇	112	0.57	建一镇	85	0.54	河栏镇	52	0.24
龙潭镇	121	0.48	高坎镇	78	0.85	小北河镇	52	0.67
新甸镇	125	0.81	虎庄镇	61	0.49	刘二堡镇	19	0.75
杨家堡镇	117	0.74	官屯镇	58	0.83	黄泥洼镇	41	0.97
洋河镇	141	0.58	汤池镇	86	0.53	隆昌镇	41	0.61
牧牛镇	59	0.85	博络铺镇	97	0.61	下达河乡	36	0.60
大房身镇	73	0.63	周家镇	79	0.81	甜水满族乡	65	0.56
朝阳镇	104	0.72	黄土岭镇	101	0.49	吉洞峪满族乡	50	0.71
药山镇	78	1.09	永安镇	86	0.78	弓长岭区		
红旗营子乡	112	0.97	辽阳县			弓长岭区主城区	43	1.56
岭沟乡	126	0.63	辽阳县主城区	16	2.56	汤河镇	46	0.47
哨子河乡	131	0.52	首山镇	14	1.85	安平乡	39	1.01

表 3-19 锦葫都市圈中心城市与周边核心城镇的经济距离和场强

地区	经济距离/km	场强	地区	经济距离/km	场强	地区	经济距离/km	场强
绥中县			王宝镇	97	0.78	永安堡乡	117	0.44
绥中县主城区	43	2.37	沙河镇	48	0.76	李家堡乡	121	0.63
宽帮镇	74	0.45	小庄子镇	54	0.71	网户满族乡	87	0.43
大王庙镇	81	0.53	西甸子镇	121	1.41	建昌县		
万家镇	117	0.71	西平乡	69	0.54	建昌县主城区	67	2.19
前所镇	72	0.56	葛家乡	89	0.45	汤神庙镇	118	0.23
高岭镇	67	1.03	高甸子乡	50	0.48	喇嘛洞镇	109	0.34
前卫镇	63	0.38	范家满族乡	87	0.61	大屯镇	78	0.42
荒地镇	76	0.41	明水满族乡	101	0.48	八家子镇	73	0.53
塔山屯镇	57	0.46	秋子沟乡	103	0.38	药王庙镇	50	0.31
高台镇	48	0.82	加碑岩乡	114	0.35	玲珑塔镇	80	0.56

续表

地区	经济距离/km	场强
牤牛营子乡	94	0.36
素珠营子乡	101	0.61
石佛乡	93	0.69
王宝营子乡	97	0.21
老达杖子乡	128	0.32
要路沟乡	136	0.52
魏家岭乡	121	0.53
西碱厂乡	112	0.30
养马甸子乡	199	0.31
和尚房子乡	97	0.61
黑山科乡	81	0.43
小德营子乡	64	1.01
二道湾子乡	73	0.68
巴什罕乡	82	0.63
娘娘庙乡	75	0.61
谷杖子乡	81	0.70
贺杖子乡	104	0.69
头道营子乡	112	0.54
雷家店乡	92	0.53
新开岭乡	114	0.49
兴城市		
兴城市主城区	12	2.27
沙后所镇	44	0.47
曹庄镇	25	0.68
东辛庄镇	62	0.47
郭家镇	37	0.51
羊安满族乡	21	0.40
元台子乡	15	0.38
白塔满族乡	27	0.43
望海满族乡	46	0.51
刘台子满族乡	45	0.37
大寨满族乡	48	0.23
南大山乡	51	0.61
围屏满族乡	56	0.61
高家岭镇	37	0.83
碱厂满族乡	56	0.77
三道沟满族乡	64	0.82
红崖子乡	42	0.27
旧门满族乡	27	0.21
药王满族乡	48	0.54
海滨满族乡	52	0.42
菊花岛乡	37	0.46
义县		
义县主城区	36	2.37
刘龙台镇	58	0.78
七里河镇	43	0.65
大榆树堡镇	67	0.59
稍户营子镇	97	0.48
九道岭镇	41	0.73
高台子镇	48	0.41
瓦子峪镇	82	0.41
头台镇	54	0.59
头道河镇	59	0.78
地藏寺镇	53	0.49
留龙沟镇	46	0.93
大定堡乡	51	0.51
前杨镇	44	0.78
白庙子镇	52	0.62
聚粮屯镇	58	0.59
张家堡镇	50	0.57
北镇市		
北镇市主城区	18	2.35
大市镇	72	0.38
罗罗堡镇	84	0.42
常兴店镇	72	0.27
正安镇	104	0.51
闾阳镇	50	0.47
中安镇	102	0.23
廖屯镇	77	0.31
赵屯镇	48	0.56
青堆子镇	57	0.71
高山子镇	97	0.48
沟帮子镇	45	1.56
广宁街道	84	0.38
富屯街道	93	0.71
鲍家乡	79	0.72
大屯乡	107	0.39
吴家镇	92	0.72
柳家乡	107	0.62
凌海市		
凌海市主城区	14	2.53
石山镇	41	0.67
余积镇	32	0.81
双羊镇	12	0.95
班吉塔镇	41	0.64
沈家台镇	25	0.54
三台子镇	47	0.82
阎家镇	42	0.26
新庄子镇	27	0.28
翠岩镇	25	0.47
安屯镇	54	0.78
大业镇	27	0.25
右卫满族镇	48	0.19
西八千乡	51	0.23
建业镇	35	0.25
白台子镇	42	0.42
谢屯乡	43	0.29
板石沟乡	22	0.71
温滴楼镇	17	0.46

续表

地区	经济距离/km	场强	地区	经济距离/km	场强	地区	经济距离/km	场强
连山区			杨郊乡	25	0.81	南票区		
虹螺岘镇	31	1.37	大兴乡	31	0.29	九龙街道	38	2.53
台集屯镇	27	0.58	张相公乡	34	0.24	缸窑岭镇	52	0.73
新台门镇	43	0.25	孤竹营子乡	57	0.37	暖池塘镇	43	0.54
钢屯镇	31	0.59	白马石乡	52	0.78	高桥镇	22	0.87
金星镇	10	1.48	山神庙子乡	37	0.25	沙锅屯乡	29	0.59
寺儿堡镇	5	0.73	塔山乡	20	0.79	黄土坎乡	22	0.78
沙河营乡	14	0.23						

表 3-20　盘营都市圈中心城市与周边核心城镇的经济距离和场强

地区	经济距离/km	场强	地区	经济距离/km	场强	地区	经济距离/km	场强
大洼区			得胜街道	29	0.21	黄土岭镇	25	0.23
大洼区主城区	27	2.56	高升街道	25	0.24	永安镇	25	0.57
大洼镇	37	0.23	陈家镇	25	0.63	盖州市		
田庄台镇	39	0.11	吴家镇	21	0.52	盖州市主城区	29	2.07
二界沟镇	25	0.26	坝墙子镇	27	0.18	高屯镇	31	0.23
田家镇	31	0.21	古城子镇	31	0.19	暖泉镇	27	0.14
新开镇	29	0.54	沙岭镇	25	0.19	城关镇	35	0.42
东风镇	31	0.49	甜水镇	31	0.24	青石岭镇	29	0.46
西安镇	27	0.45	大石桥市			太阳升街道	35	0.14
清水镇	37	0.29	大石桥市主城区	25	2.47	沙岭镇	25	0.37
新立镇	34	0.58	水源镇	27	0.28	团山街道	31	0.28
新兴镇	38	0.23	沟沿镇	24	1.52	芦屯镇	29	0.15
唐家镇	37	0.21	旗口镇	26	1.31	红旗镇	35	0.28
平安镇	29	0.71	石佛镇	25	0.14	九寨镇	39	0.16
荣兴镇	31	0.21	建一镇	29	0.18	归州街道	29	0.28
王家镇	25	0.14	高坎镇	22	1.73	九垄地街道	41	0.21
赵圈河镇	36	0.25	虎庄镇	29	0.41	万福镇	27	0.32
盘山县			汤池镇	26	0.27	卧龙泉镇	37	0.29
盘山县主城区	21	2.61	官屯镇	29	0.23	熊岳镇	39	0.52
胡家镇	24	0.48	周家镇	31	0.21	大庙沟乡	35	0.22
太平街道	27	0.28	博洛铺镇	29	0.22	榜式堡镇	41	0.17

续表

地区	经济距离/km	场强	地区	经济距离/km	场强	地区	经济距离/km	场强
团甸镇	31	0.53	什字街乡	31	0.26	二台乡	41	0.15
徐屯街道	39	0.27	杨屯乡	37	0.28	果园乡	34	0.22
平安街道	31	0.81	矿洞沟街道	29	0.17	西海街道	31	0.19
双台镇	26	0.15	太平庄乡	33	0.28	红花峪乡	29	0.21
陈屯镇	37	0.14	梁屯镇	29	0.25	白果乡	36	0.16
杨运镇	39	0.24	旺兴仁乡	37	0.29			
罗屯乡	29	0.12	小石棚乡	36	0.25			

表 3-21　丹东都市圈中心城市与周边核心城镇的经济距离和场强

地区	经济距离/km	场强	地区	经济距离/km	场强	地区	经济距离/km	场强
东港市			蓝旗镇	73	0.46	毛甸子镇	61	0.44
东港市主城区	61	2.33	边门镇	93	0.32	长甸镇	40	0.63
前阳镇	53	0.97	大堡蒙古族乡	79	0.21	永甸镇	78	0.33
长安镇	56	—	东汤镇	71	0.61	太平哨镇	42	0.24
十字街镇	59	0.85	石城镇	61	0.26	青山沟镇	65	0.46
长山镇	50	0.30	大兴镇	96	0.36	牛毛坞镇	49	0.19
北井子镇	59	0.54	爱阳镇	112	0.23	大川头镇	50	0.37
椅圈镇	49	0.42	赛马镇	87	0.29	青椅山镇	74	0.23
马家店镇	45	0.16	弟兄山镇	97	0.41	杨木川镇	79	0.31
龙王庙镇	59	0.40	鸡冠山镇	82	0.57	虎山镇	69	0.39
小甸子镇	64	0.37	刘家河镇	73	0.47	振江镇	59	0.53
黑沟镇	37	0.58	通远堡镇	93	0.51	步达远镇	75	1.47
新农镇	64	0.85	四门子镇	79	0.66	大西岔镇	83	0.42
合隆满族乡	67	1.29	青城子镇	93	0.29	八河川镇	80	0.34
凤城市			宽甸满族自治县			双山子镇	84	0.41
凤城市主城区	43	2.26	宽甸满族自治县主城区	54	2.19	石湖沟乡	61	0.39
宝山镇	61	2.33	宽甸镇	89	0.44	古楼子乡	40	0.31
白旗镇	79	0.97	灌水镇	56	0.86	下露河乡	78	0.31
沙里寨镇	82	—	硼海镇	53	0.83			
红旗镇	59	0.77	红石镇	39	0.49			

（二）辽宁省都市圈经济联系强度及经济隶属度计算

根据式（3-4）和式（3-6），可以计算出辽宁省各都市圈中心城市（沈阳市、大连市、鞍山市、锦州市、葫芦岛市、盘锦市、营口市和丹东市）与周边核心城镇的经济联系强度及经济隶属度，计算结果见表 3-22～表 3-27。

表 3-22　沈阳都市圈中心城市与周边核心城镇的经济联系强度及经济隶属度

地区	经济联系强度	经济隶属度	地区	经济联系强度	经济隶属度	地区	经济联系强度	经济隶属度
辽中区			叶茂台镇	3.18	0.26	柳河沟镇	5.24	0.42
辽中区主城区	15.70	1.26	登仕堡子镇	3.94	0.32	高台子镇	4.13	0.33
于家房镇	2.35	0.19	柏家沟镇	2.44	0.20	金五台子镇	4.58	0.37
朱家房镇	3.86	0.31	丁家房镇	3.99	0.32	大红旗镇	2.10	0.17
冷子堡镇	8.68	0.70	孟家镇	2.26	0.18	卢家屯乡	2.43	0.20
刘二堡镇	7.92	0.64	十间房镇	4.50	0.36	姚堡镇	2.49	0.20
茨榆坨街道	13.23	1.06	冯贝堡镇	3.24	0.26	周坨子乡	2.29	0.18
新民屯镇	10.34	0.83	依牛堡子	5.85	0.47	于家窝堡	2.07	0.17
满都户镇	3.63	0.29	慈恩寺乡	2.12	0.17	新农乡	1.99	0.16
杨士岗镇	10.15	0.81	和平乡	0.84	0.07	东蛇山子镇	8.20	0.66
肖寨门镇	7.12	0.57	五台子镇	2.04	0.16	陶家屯镇	4.23	0.34
长滩镇	9.60	0.77	四家子蒙古族乡	1.76	0.14	罗家房镇	18.33	1.47
四方台镇	7.58	0.61	双台子乡	2.69	0.22	三道岗子镇	12.24	0.98
城郊镇	3.22	0.26	卧牛石乡	2.25	0.18	张家屯镇	10.60	0.85
六间房镇	4.22	0.34	包家屯镇	2.99	0.24	抚顺望花区		
养士堡镇	4.07	0.33	新民市			望花区主城区	17.80	9.46
潘家堡镇	4.91	0.39	新民市主城区	35.02	2.81	塔峪镇	8.03	0.64
老观坨镇	2.69	0.22	梁山镇	4.96	0.40	抚顺县		
老大房乡	2.44	0.20	公主屯镇	9.23	0.74	抚顺县主城区	13.50	1.62
大黑岗子镇	2.61	0.21	兴隆镇	17.23	1.38	石文镇	12.98	1.04
牛心坨乡	3.09	0.25	前当堡镇	9.38	0.75	后安镇	4.87	0.39
法库县			大民屯镇	16.39	1.32	章党镇	8.92	0.72
法库县主城区	5.27	0.42	大柳屯镇	5.66	0.45	哈达镇	6.35	0.51
大孤家子	5.07	0.41	兴隆堡镇	22.93	1.84	马圈子乡	0.84	0.07
三面船镇	6.89	0.55	胡台镇	42.24	3.39	上马镇	6.45	0.52
秀水河子	5.74	0.46	法哈牛镇	29.90	2.40	救兵镇	5.99	0.48

续表

地区	经济联系强度	经济隶属度	地区	经济联系强度	经济隶属度	地区	经济联系强度	经济隶属度
峡河乡	4.15	0.33	西马峰镇	8.08	0.65	蔡牛镇	6.86	0.55
海浪乡	7.60	0.61	柳条寨镇	12.49	1.00	李千户镇	14.49	1.16
拉古满族乡	13.25	1.06	柳河子镇	10.33	0.83	双井子镇	3.08	0.25
兰山乡	1.66	0.13	罗大台镇	7.20	0.58	熊官屯乡	4.49	0.36
汤图满族乡	1.52	0.12	王家镇	5.11	0.41	横道河子镇	7.73	0.62
本溪溪湖区			大河南镇	13.09	1.05	鸡冠山乡	2.21	0.18
溪湖区主城区	12.66	1.02	五星镇	8.47	0.68	白旗寨满族乡	2.62	0.21
火连寨镇	3.38	0.27	鸡冠山乡	2.55	0.21	抚顺新抚区		
石桥子镇	9.28	0.64	铁岭县			新抚区主城区	66.74	5.36
张其寨乡	5.39	0.43	铁岭县主城区	13.52	0.84	抚顺东洲区		
灯塔市			新台子镇	20.17	1.62	东洲区主城区	15.32	2.69
灯塔市主城区	37.38	3.00	阿吉镇	8.33	0.67	千金乡	6.81	0.55
佟二堡镇	9.41	0.76	平顶堡镇	3.44	0.28	碾盘乡	3.66	0.29
铧子镇	14.76	1.19	大甸子镇	5.65	0.45	抚顺顺城区		
张台子镇	4.92	0.40	凡河镇	19.59	1.57	顺城区主城区	60.84	4.89
西大窑镇	6.59	0.53	腰堡镇	12.13	0.97	会元乡	6.79	0.54
沈旦堡镇	11.05	0.89	镇西堡镇	5.40	0.43	前甸镇	9.90	0.79

表 3-23　大连都市圈中心城市与周边核心城镇的经济联系强度及经济隶属度

地区	经济联系强度	经济隶属度	地区	经济联系强度	经济隶属度	地区	经济联系强度	经济隶属度
旅顺口区			大刘家街道	8.91	0.70	瓦窝镇	4.74	0.49
旅顺口区主城区	13.72	1.61	杨树房街道	7.92	0.64	元台镇	4.29	0.32
北海街道	9.33	1.19	双塔街道	9.21	0.66	复州城镇	5.71	0.46
双岛湾街道	8.86	1.31	安波街道	8.33	0.23	松树镇	2.75	0.32
三涧堡街道	10.61	1.70	四平街道	5.61	0.29	得利寺镇	1.86	0.21
长城街道	9.02	1.64	沙包街道	6.14	0.21	万家岭镇	2.68	0.61
龙头街道	13.23	1.06	星台街道	7.12	0.57	许屯镇	1.92	0.26
铁山街道	10.34	1.83	墨盘乡	9.60	0.77	永宁镇	2.21	0.36
普兰店区			同益乡	7.58	0.19	谢屯镇	3.34	0.23
普兰店区主城区	12.68	1.26	莲山街道	5.22	0.46	老虎屯镇	3.63	0.29
皮口街道	6.34	0.79	瓦房店市			红沿河镇	2.15	0.41
城子坦街道	7.86	0.51	瓦房店市主城区	9.17	1.03	李官镇	2.12	0.57

续表

地区	经济联系强度	经济隶属度	地区	经济联系强度	经济隶属度	地区	经济联系强度	经济隶属度
仙浴湾镇	3.60	0.47	徐岭镇	4.15	0.36	鞍子山乡	4.25	0.42
复州湾镇	4.58	0.51	黑岛镇	3.12	0.31	太平岭满族乡	2.42	0.34
炮台镇	3.12	0.66	栗子房镇	3.72	0.26	步云山乡	3.07	0.41
土城乡	4.12	0.29	大营镇	4.35	0.19	桂云花满族乡	2.61	0.39
闫店乡	3.17	0.31	塔岭镇	3.38	0.31	兰店乡	3.69	0.31
西阳乡	4.06	0.19	仙人洞镇	3.68	0.40	石城乡	4.41	0.31
泡崖乡	3.70	0.44	蓉花山镇	5.91	0.34	长海县		
驼山乡	2.35	0.86	长岭镇	4.23	0.38	长海县主城区	6.09	1.15
赵屯乡	3.86	0.83	荷花山镇	5.14	0.29	大长山岛镇	2.24	0.57
杨家满族乡	4.68	0.49	城山镇	3.71	0.42	獐子镇	3.12	0.47
三台满族乡	3.92	0.24	光明山镇	5.15	0.27	小长山乡	3.17	0.31
庄河市			大郑镇	4.13	0.47	广鹿乡	2.65	0.46
庄河市主城区	7.34	1.07	吴炉镇	4.65	0.41	海洋乡	3.17	0.41
青堆镇	3.63	0.61	王家镇	5.18	0.29	长兴岛经济技术开发区	5.64	1.26

表 3-24 鞍山都市圈中心城市与周边核心城镇的经济联系强度及经济隶属度

地区	经济联系强度	经济隶属度	地区	经济联系强度	经济隶属度	地区	经济联系强度	经济隶属度
千山区			英落镇	1.12	0.66	西四镇	3.12	0.31
千山区主城区	9.72	2.16	八里镇	2.12	0.29	高坨镇	4.35	0.19
唐家房镇	5.75	1.62	毛祁镇	3.17	0.57	望台镇	3.38	0.61
大屯镇	4.82	1.21	王石镇	4.06	0.19	温香镇	3.68	0.63
甘泉镇	4.61	1.52	南台镇	3.70	0.64	台安县		
海城市			甘泉镇	3.35	0.86	台安县主城区	5.14	1.23
海城市主城区	8.21	1.85	大屯镇	3.86	0.83	西佛镇	3.71	0.52
孤山镇	3.34	0.38	西柳镇	4.68	0.67	新开河镇	2.71	0.42
岔沟镇	1.53	0.49	感王镇	3.92	0.54	黄沙坨镇	3.75	0.53
接文镇	1.18	0.63	中小镇	1.68	0.49	高力房镇	1.86	0.21
析木镇	2.12	0.57	牛庄镇	2.34	1.07	桑林镇	2.68	0.61
马风镇	1.60	0.47	腾鳌镇	3.63	0.61	富家镇	1.92	0.26
牌楼镇	2.58	0.51	耿庄镇	4.15	0.57	达牛镇	2.21	0.36

续表

地区	经济联系强度	经济隶属度	地区	经济联系强度	经济隶属度	地区	经济联系强度	经济隶属度
韭菜台镇	3.34	0.23	朝阳镇	3.71	0.34	辽阳县		
新台镇	3.63	0.29	药山镇	2.25	0.86	辽阳县主城区	7.17	2.31
桓洞镇	2.15	0.41	红旗营子乡	2.46	0.83	首山镇	4.06	1.19
岫岩满族自治县			岭沟乡	1.68	0.79	穆家镇	4.70	0.69
岫岩满族自治县主城区	3.60	0.57	哨子河乡	2.92	0.24	兴隆镇	5.35	0.66
三家子镇	2.58	0.51	大石桥市			柳壕镇	3.86	0.83
石庙子镇	1.12	0.66	大石桥市主城区	3.92	0.24	八会镇	4.68	0.54
汤沟镇	3.12	0.29	水源镇	1.71	0.46	唐马寨镇	3.92	0.74
黄花甸镇	3.17	0.31	沟沿镇	2.55	0.32	寒岭镇	3.60	0.57
大营子镇	4.06	0.19	旗口镇	1.96	0.21	河栏镇	3.58	0.43
苏子沟镇	3.70	0.44	石佛镇	2.68	0.21	小北河镇	3.12	0.26
偏岭镇	2.35	0.86	建一镇	1.42	0.56	刘二堡镇	4.12	0.69
哈达碑镇	1.86	0.83	高坎镇	2.21	0.36	黄泥洼镇	2.17	0.31
石灰窑镇	2.68	0.59	虎庄镇	3.34	0.23	隆昌镇	4.06	0.59
前营子镇	1.92	0.24	官屯镇	3.20	0.47	下达河乡	3.70	0.44
龙潭镇	2.60	0.41	汤池镇	2.53	0.51	甜水满族乡	2.35	0.86
新甸镇	1.58	0.52	博络铺镇	2.12	0.36	吉洞峪满族乡	3.83	0.73
杨家堡镇	3.12	0.36	周家镇	1.63	0.29	弓长岭区		
洋河镇	4.12	0.29	黄土岭镇	2.15	0.41	弓长岭区主城区	6.92	1.24
牧牛镇	3.17	0.31	永安镇	1.12	0.37	汤河镇	4.68	0.57
大房身镇	4.06	0.19				安平乡	3.92	0.61

表 3-25　锦葫都市圈中心城市与周边核心城镇的经济联系强度及经济隶属度

地区	经济联系强度	经济隶属度	地区	经济联系强度	经济隶属度	地区	经济联系强度	经济隶属度
绥中县			前卫镇	3.34	0.38	西甸子镇	2.12	0.29
绥中县主城区	5.72	1.76	荒地镇	1.53	0.49	西平乡	3.57	0.37
宽帮镇	3.75	0.62	塔山屯镇	1.18	0.63	葛家乡	4.26	0.19
大王庙镇	2.82	0.21	高台镇	3.12	0.47	高甸子乡	2.71	0.54
万家镇	2.61	0.52	王宝镇	1.60	0.47	范家满族乡	1.85	0.28
前所镇	3.34	0.29	沙河镇	2.58	0.51	明水满族乡	2.16	0.35
高岭镇	3.21	0.85	小庄子镇	1.22	0.66	秋子沟乡	2.38	0.47

续表

地区	经济联系强度	经济隶属度	地区	经济联系强度	经济隶属度	地区	经济联系强度	经济隶属度
加碑岩乡	3.22	0.34	贺杖子乡	3.86	0.83	刘龙台镇	2.17	0.48
永安堡乡	1.78	0.41	头道营子乡	4.68	0.67	七里河镇	4.16	0.62
李家堡乡	2.84	0.37	雷家店乡	3.92	0.54	大榆树堡镇	2.71	0.51
网户满族乡	2.73	0.61	新开岭乡	1.71	0.49	稍户营子镇	2.35	0.48
建昌县			兴城市			九道岭镇	3.51	0.54
建昌县主城区	3.12	0.51	兴城市主城区	5.46	1.27	高台子镇	3.92	0.86
汤神庙镇	1.35	0.19	沙后所镇	3.62	0.67	瓦子峪镇	3.92	0.51
喇嘛洞镇	2.38	0.61	曹庄镇	3.41	0.54	头台镇	2.68	0.49
大屯镇	1.68	0.63	东辛庄镇	1.42	0.73	头道河镇	1.92	0.73
八家子镇	2.91	0.34	郭家镇	3.44	0.66	地藏寺镇	1.90	0.29
药王庙镇	3.12	0.56	羊安满族乡	3.21	0.59	留龙沟镇	2.55	0.43
玲珑塔镇	2.72	1.62	元台子满族乡	2.83	0.42	大定堡满族乡	1.96	0.51
牤牛营子乡	3.52	0.41	白塔满族乡	3.16	0.38	前杨镇	3.61	0.58
素珠营子乡	1.67	0.51	望海满族乡	3.63	0.61	白庙子镇	2.42	0.62
石佛乡	2.27	0.48	刘台子满族乡	3.15	0.66	聚粮屯镇	2.21	0.29
王宝营子乡	2.27	0.85	大寨满族乡	1.12	0.83	张家堡镇	3.27	0.57
老达杖子乡	3.24	0.38	南大山满族乡	3.34	0.29	北镇市		
要路沟乡	1.58	0.49	围屏满族乡	7.17	0.81	北镇市主城区	3.53	0.55
魏家岭乡	1.78	0.63	高家岭镇	4.06	0.57	大市镇	2.52	0.48
西碱厂乡	2.02	0.57	碱厂满族乡	2.71	0.26	罗罗堡镇	2.33	0.82
养马甸子乡	1.60	0.47	三道沟满族乡	4.35	0.62	常兴店镇	2.45	0.57
和尚房子乡	2.58	0.51	红崖子镇	3.86	0.85	正安镇	1.12	0.51
黑山科乡	1.12	0.66	旧门满族乡	2.18	0.30	闾阳镇	3.41	0.67
小德营子乡	2.12	0.29	药王满族乡	3.92	0.54	中安镇	2.39	0.61
二道湾子乡	3.17	0.57	海滨满族乡	3.31	0.42	廖屯镇	1.81	0.46
巴什罕乡	4.06	0.19	菊花岛乡	2.58	0.46	赵屯镇	3.74	0.56
娘娘庙乡	3.70	0.64	义县			青堆子镇	1.68	0.71
谷杖子乡	3.35	0.86	义县主城区	4.51	1.57	高山子镇	2.12	0.51

续表

地区	经济联系强度	经济隶属度	地区	经济联系强度	经济隶属度	地区	经济联系强度	经济隶属度
沟帮子镇	5.75	1.19	翠岩镇	3.86	0.57	沙河营乡	3.58	0.23
广宁街道	4.82	0.31	安屯镇	4.18	0.78	杨郊乡	3.35	0.74
富屯街道	3.61	0.42	大业镇	2.92	0.35	大兴乡	2.83	0.39
鲍家乡	2.79	0.34	右卫满族镇	1.68	0.43	张相公乡	2.73	0.44
大屯乡	3.21	0.38	西八千乡	3.44	0.67	孤竹营子乡	2.92	0.37
吴家街道	3.24	0.29	建业镇	2.63	0.45	白马石乡	3.08	0.38
柳家乡	1.83	0.43	白台子镇	3.15	0.52	山神庙子乡	3.92	0.65
凌海市			谢屯乡	2.12	0.29	塔山乡	3.27	0.59
凌海市主城区	7.16	1.87	板石沟乡	4.05	0.71	南票区		
石山镇	4.51	0.59	温滴楼镇	3.88	0.56	九龙街道	4.17	1.32
余积镇	3.58	0.69	连山区			缸窑岭镇	2.36	0.43
双羊镇	4.12	0.72	虹螺岘镇	5.84	2.42	暖池塘镇	3.63	0.54
班吉塔镇	3.52	0.62	台集屯镇	3.58	0.58	高桥镇	2.31	0.37
沈家台镇	3.57	0.83	新台门镇	2.32	0.65	沙锅屯乡	3.86	0.59
三台子镇	2.06	0.37	钢屯镇	4.32	0.57	黄土坎乡	4.59	0.61
阎家镇	3.70	0.26	金星镇	2.17	0.48			
新庄子镇	2.35	0.29	寺儿堡镇	4.16	0.63			

表 3-26　盘营都市圈中心城市与周边核心城镇的经济联系强度及经济隶属度

地区	经济联系强度	经济隶属度	地区	经济联系强度	经济隶属度	地区	经济联系强度	经济隶属度
大洼区			新立镇	7.12	2.47	太平街道	2.18	0.28
大洼区主城区	14.71	1.46	新兴镇	5.62	1.47	得胜镇	1.23	0.51
大洼镇	2.75	0.32	唐家镇	2.58	0.51	高升镇	1.75	0.43
田庄台镇	1.81	0.23	平安镇	6.12	1.26	陈家镇	6.16	0.26
二界沟镇	1.21	0.36	荣兴镇	2.01	0.38	吴家镇	2.13	0.42
田家镇	2.31	0.27	王家镇	2.59	0.63	坝墙子镇	1.92	0.84
新开镇	2.36	0.65	赵圈河镇	1.24	0.29	古城子镇	2.12	0.38
东风镇	5.32	0.91	盘山县			沙岭镇	1.72	0.33
西安镇	6.53	0.49	盘山县主城区	18.84	3.28	甜水镇	2.31	0.19
清水镇	2.18	0.63	胡家镇	6.16	1.35	大石桥市		

续表

地区	经济联系强度	经济隶属度	地区	经济联系强度	经济隶属度	地区	经济联系强度	经济隶属度
大石桥市主城区	18.62	2.67	城关镇	3.31	0.42	双台镇	2.12	0.32
水源镇	2.42	0.32	青石岭镇	2.58	0.46	陈屯镇	1.42	0.22
沟沿镇	6.42	0.73	太阳升街道	3.12	0.21	杨运镇	1.59	0.13
旗口镇	5.41	0.59	沙岭镇	4.51	1.57	罗屯乡	1.06	0.17
石佛镇	1.23	0.29	团山街道	2.17	0.48	什字街乡	2.70	0.26
建一镇	2.83	0.42	芦屯镇	4.16	0.62	杨屯乡	2.15	0.24
高坎镇	3.16	0.38	红旗镇	1.12	0.11	矿洞沟镇	1.85	0.17
虎庄镇	3.63	0.61	九寨镇	2.75	0.19	太平庄乡	2.18	0.28
汤池镇	3.15	0.66	归州街道	1.42	0.12	梁屯镇	1.45	0.21
官屯镇	1.12	0.83	九垄地街道	1.63	0.22	旺兴仁乡	1.37	0.31
周家镇	3.34	0.29	万福镇	2.19	0.24	小石棚乡	1.41	0.21
博洛铺镇	7.17	0.81	卧龙泉镇	2.22	0.218	二台乡	2.07	0.22
黄土岭镇	4.06	0.57	熊岳镇	2.24	0.29	果园乡	2.15	0.19
永安镇	2.71	0.26	大庙沟乡	1.36	0.23	西海街道	2.32	0.26
盖州市			榜式堡镇	1.42	0.17	红花峪乡	2.05	0.31
盖州市主城区	3.86	0.85	团甸镇	7.16	0.87	白果乡	1.85	0.41
高屯镇	2.18	0.30	徐屯镇	2.51	0.19			
暖泉镇	3.92	0.54	平安镇	3.58	0.71			

表 3-27　丹东都市圈中心城市与周边核心城镇的经济联系强度及经济隶属度

地区	经济联系强度	经济隶属度	地区	经济联系强度	经济隶属度	地区	经济联系强度	经济隶属度
东港市			黑沟镇	2.49	1.47	大堡蒙古族乡	2.43	0.21
东港市主城区	16.39	2.33	新农镇	2.29	0.98	东汤镇	2.49	0.61
前阳镇	5.66	1.26	合隆满族乡	2.07	0.85	石城镇	2.29	0.26
长安镇	22.93	0.19	凤城市			大兴镇	2.07	0.36
十字街镇	42.24	0.31	凤城市主城区	8.20	9.46	爱阳镇	1.99	0.23
长山镇	29.90	0.70	宝山镇	4.23	5.17	赛马镇	8.20	0.29
北井子镇	5.24	0.64	白旗镇	18.33	0.64	弟兄山镇	4.23	0.41
椅圈镇	4.13	1.06	沙里寨镇	12.24	—	鸡冠山镇	2.12	0.57
马家店镇	4.58	0.83	红旗镇	10.60	0.77	刘家河镇	3.60	0.47
龙王庙镇	2.10	0.29	蓝旗镇	4.58	0.46	通远堡镇	4.58	0.51
小甸子镇	2.43	0.34	边门镇	2.10	0.32	四门子镇	3.12	0.66

续表

地区	经济联系强度	经济隶属度	地区	经济联系强度	经济隶属度	地区	经济联系强度	经济隶属度
青城子镇	4.12	0.29	永甸镇	3.38	1.19	步达远镇	5.18	1.47
宽甸满族自治县			太平哨镇	3.68	0.40	大西岔镇	4.25	0.42
宽甸满族自治县主城区	4.06	0.19	青山沟镇	5.91	0.53	八河川镇	2.42	0.34
宽甸镇	3.70	0.44	牛毛坞镇	4.23	0.89	双山子镇	3.07	0.41
灌水镇	2.35	0.86	大川头镇	5.14	0.18	石湖沟乡	2.61	0.39
硼海镇	3.86	0.83	青椅山镇	3.71	0.17	古楼子乡	3.69	0.31
红石镇	4.68	0.49	杨木川镇	5.15	0.16	下露河乡	4.41	0.31
毛甸子镇	3.72	3.00	虎山镇	4.13	0.66			
长甸镇	4.35	0.76	振江镇	4.65	0.34			

（三）辽宁省都市圈地域空间的划定

国内的都市圈有区域性的都市圈，也有地方性的都市圈，但总体来说都市圈的空间范围都比较大，现有已划定的都市圈范围不能准确反映都市圈作为经济联系较为紧密的区域一体化的本质内涵，更像是对城市群的研究，而不是对都市圈的研究。例如，很多学者研究的首都圈包含北京、天津、唐山等众多城市，其范围达 $17\times10^4\text{km}^2$，苏锡常都市圈范围达 $1.75\times10^4\text{km}^2$，哈尔滨都市圈范围达 $8.30\times10^4\text{km}^2$[182]；而国外都市圈在范围确定上强调区域协作及高效率的人、物、信息流动，倡导各种网络构建下的环状结构。本书确定辽宁省都市圈地域范围时，是在深刻理解都市圈本质内涵的基础上，基于经济距离、场强、经济联系强度和经济隶属度的都市圈范围取交集，得到都市圈区域内的乡镇构成。经济距离指标主要是对通勤时间的修正。目前，国内外各成型都市圈的半径基本上集中在 40～60min 快速交通道路可以达到的最远距离[183, 184]。按照中国公路时速的规定（高速 120km/h、国道 80km/h、省道 60km/h、县道 40km/h），结合辽宁省经济及交通发展现状，以及国外成熟都市圈的范围大小，得出辽宁省各都市圈半径范围为 45～80km。考虑到辽宁省都市圈的发展潜力和整体经济水平的差异，以经济距离 70km 作为沈阳都市圈半径的上限、经济距离 80km 作为大连都市圈半径的上限、经济距离 50km 作为鞍山都市圈和锦葫都市圈半径的上限、经济距离 45km 作为盘营都市圈半径的上限、经济距离 48km 作为丹东都市圈半径的上限。确定辽宁省都市圈空间范围时，对基于经济距离、场强、经济联系强度和经济隶属度的都市圈范围取交集，得到圈域城镇的构成，即辽宁省都市圈由场强≥0.3、经济联系强度≥3、经济隶属度≥0.2 的各城镇构成，从而确定沈阳都市圈、大连都市圈、鞍山都市圈、锦葫都市圈、盘营都市圈和丹东都市圈的空间范围，如图 3-2～图 3-7 所示。

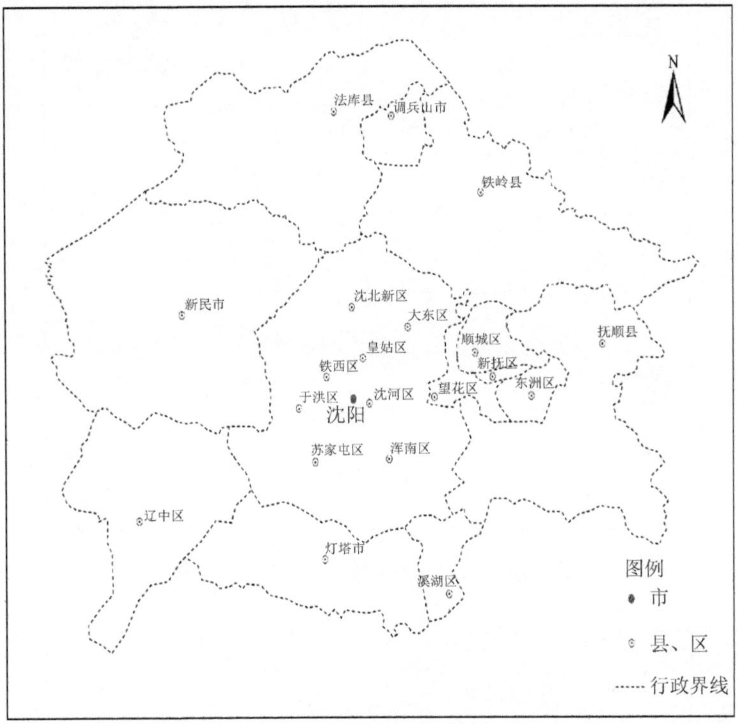

图 3-2　沈阳都市圈的空间范围示意图

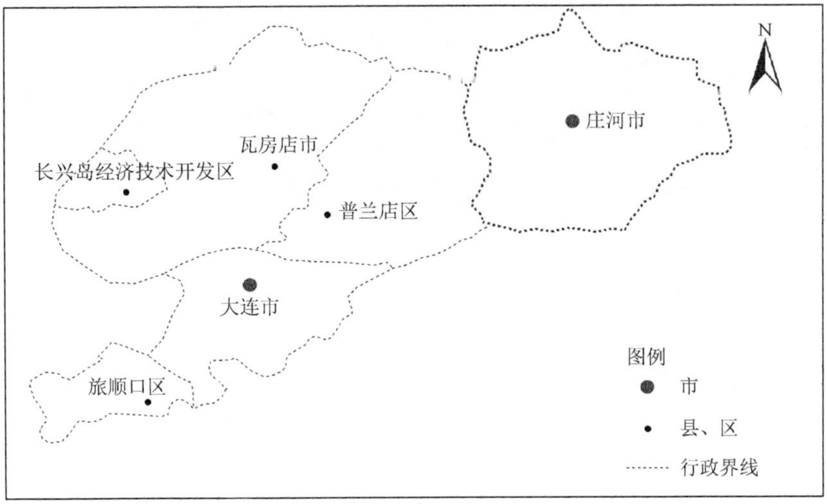

图 3-3　大连都市圈的空间范围示意图

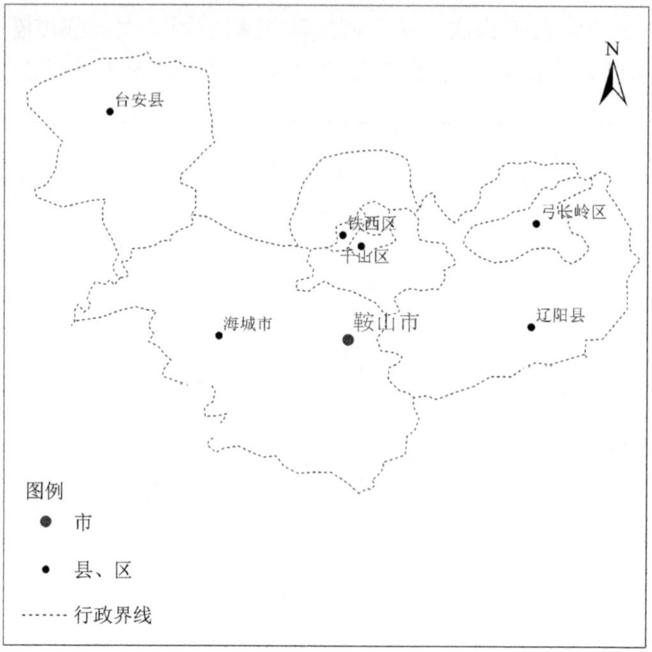

图 3-4　鞍山都市圈的空间范围示意图

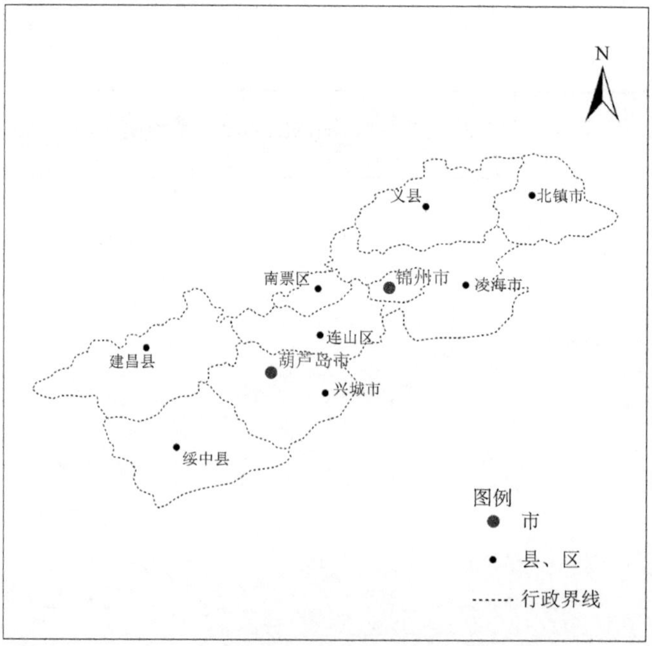

图 3-5　锦葫都市圈的空间范围示意图

图 3-6　盘营都市圈的空间范围示意图

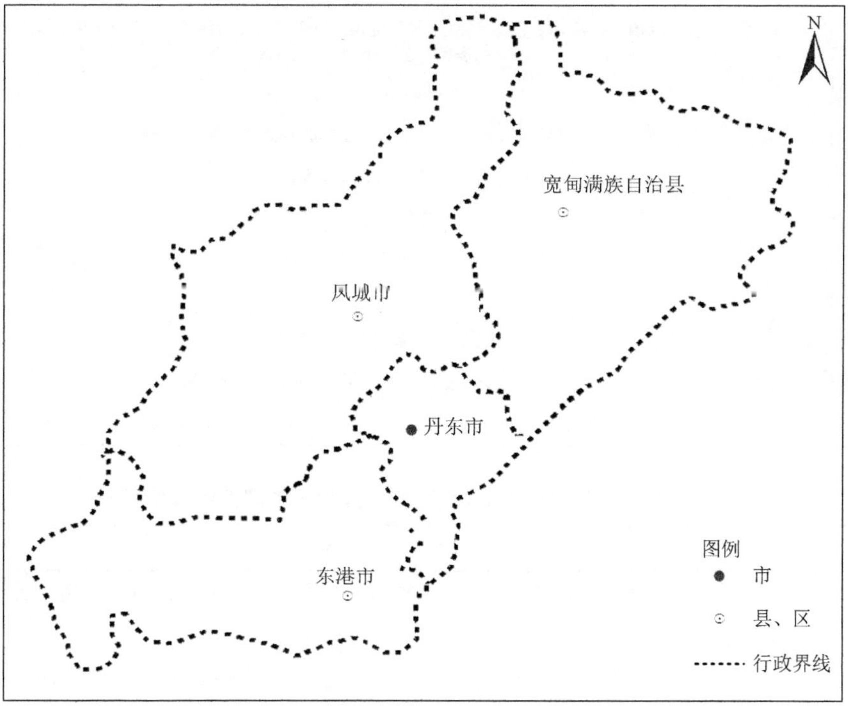

图 3-7　丹东都市圈的空间范围示意图

第三节　辽宁省都市圈城镇体系构成及圈层结构的划分

一、辽宁省都市圈城镇体系构成

都市圈作为一种城镇体系的集合体，是由中心城市和与其有着密切经济联系或相互作用的城镇共同组成的城镇体系，所以可以把都市圈看作是由主要城镇组成的一种经济协作区域都市圈。城镇体系是都市圈内经济活动的集聚-扩散地和主要载体，城镇体系中的任何一个城镇都在对外辐射其自身的影响力，与此相应，一个城镇同时接受多个城镇辐射的影响，即都市圈城镇体系间的作用是相互的。都市圈是由相互联系较为紧密的城镇体系构成的一种经济圈和势力圈，根据国内外成熟的都市圈城镇间场强的关系，可以确定场强≥0.3、经济联系强度≥5、经济隶属度≥0.5，得到辽宁省都市圈城镇体系，见表 3-28～表 3-33。

表 3-28　基于经济距离与场强的沈阳都市圈城镇体系构成

县（市、区）	地区
辽中区	主城区、冷子堡镇、刘二堡镇、茨榆坨街道、新民屯镇、杨士岗镇、长滩镇、四方台镇
新民市	主城区、公主屯镇、兴隆镇、前当堡镇、大民屯镇、兴隆堡镇、胡台镇、法哈牛镇、东蛇山子镇、罗家房镇、三道岗子镇、张家屯镇
法库县	三面船镇、依牛堡子镇
铁岭县	主城区、新台子镇、凡河镇、腰堡镇、横道河子镇
望花区	主城区、塔峪镇
顺城区	主城区、会元乡
东洲区	主城区、章党镇
新抚区	千金乡
抚顺县	石文镇、海浪乡、拉古满族乡
溪湖区	主城区、火连寨镇、歪头山镇、石桥子镇
灯塔市	主城区、佟二堡镇、铧子镇、沈旦堡镇、柳条寨镇、柳河子镇、大河南镇

表 3-29　基于经济距离与场强的大连都市圈城镇体系构成

县（市、区）	地区
旅顺口区	主城区、双岛湾街道、三涧堡街道、长城街道、龙头街道、铁山街道、北海街道
长兴岛经济技术开发区	长兴岛经济技术开发区
瓦房店市	主城区、瓦窝镇、元台镇、复州城镇、复州湾镇、炮台镇、杨家满族乡
普兰店区	主城区、皮口街道、城子坦街道、大刘家街道、杨树房街道、双塔街道、莲山街道

表 3-30 基于经济距离与场强的鞍山都市圈城镇体系构成

县（市、区）	地区
千山区	主城区、唐家房镇、大屯镇、甘泉镇
海城市	主城区、牌楼镇、毛祁镇、南台镇、甘泉镇、大屯镇、西柳镇、腾鳌镇、耿庄镇、温香镇
台安县	主城区
辽阳县	主城区、首山镇、穆家镇、兴隆镇、唐马寨镇、刘二堡镇、黄泥洼镇、隆昌镇、吉洞峪满族乡
弓长岭区	主城区、汤河镇、安平乡

表 3-31 基于经济距离与场强的锦葫都市圈城镇体系构成

县（市、区）	地区
绥中县	主城区、高台镇
建昌县	药王庙镇
兴城市	主城区、沙后所镇、曹庄镇、望海满族乡、郭家镇、羊安满族乡、刘台子满族乡、高家岭镇、三道沟满族乡、药王满族乡、菊花岛乡
义县	主城区、七里河镇、九道岭镇、高台子镇、前杨镇、张家堡镇
北镇市	闾阳镇、赵屯镇、沟帮子镇
凌海市	主城区、石山镇、余积镇、双羊镇、班吉塔镇、沈家台镇、翠岩镇、白台子镇、板石沟乡、温滴楼镇
连山区	虹螺岘镇、台集屯镇、钢屯镇、寺儿堡镇、杨郊乡、山神庙子乡、塔山乡
南票区	九龙街道、暖池塘镇、沙锅屯乡、黄土坎乡

表 3-32 基于经济距离与场强的盘营都市圈城镇体系构成

县（市、区）	地区
大洼区	主城区、西安镇、新兴镇、新立镇、东风镇、平安镇
盘山县	主城区、胡家镇、吴家镇、陈家镇
大石桥市	主城区、旗口镇、高坎镇、沟沿镇、虎庄镇、永安镇
盖州市	主城区、青石岭镇、沙岗镇、团甸镇

表 3-33 基于经济距离与场强的丹东都市圈城镇体系构成

县（市、区）	地区
东港市	主城区、前阳镇、长安镇、十字街镇、合隆满族乡、长山镇、马家店镇、龙王庙镇、小甸子镇
凤城市	主城区、东汤镇、边门镇、宝山镇、蓝旗镇、大堡蒙古族乡、爱阳镇、石城镇、鸡冠山镇
宽甸满族自治县	虎山镇、古楼子乡、毛甸子镇、长甸镇、永甸镇、青椅山镇、杨木川镇

二、辽宁省都市圈圈层结构的划分

圈层结构是都市圈空间结构的基础，根据前文可知，都市圈分为核心圈、紧密圈与机会圈。对上述计算的辽宁省都市圈中心城市与邻近城镇间的经济联系强度和经济隶属度进行归类合并，将经济联系强度≥10、经济隶属度≥0.8 的城镇所在的范围视为都市圈的紧密圈，经济联系强度介于[3, 10)、经济隶属度介于[0.2, 0.8) 的城镇所在的范围视为都市圈的机会圈，而辽宁省都市圈中的中心城市即为都市圈的核心圈，可以看出辽宁省都市圈圈层结构明显，城市“日常生活圈”的空间分布相对应，见表 3-34～表 3-39 及图 3-8～图 3-13。

表 3-34　沈阳都市圈圈层结构表

核心圈		紧密圈（经济联系强度≥10，经济隶属度≥0.8）	机会圈（3≤经济联系强度＜10，0.2≤经济隶属度＜0.8）
沈阳市主城区（和平区、沈河区、铁西区、大东区、皇姑区、浑南区、于洪区、苏家屯区、沈北新区）	新民市	胡台镇、法哈牛镇、兴隆堡镇、新民主城区、兴隆镇、罗家房镇	前当堡镇、公主屯镇、东蛇山子镇、大柳屯镇、柳河沟镇、梁山镇
	辽中区	蒲东街道、茨榆坨街道、杨士岗镇、新民屯镇	长滩镇、冷子堡镇、刘二堡镇、四方台镇、肖寨门镇
	法库县		三面船镇、依牛堡子镇、秀水河子镇、大孤家子镇、十间房镇
	抚顺市	河北乡	塔峪镇、前甸镇、会元乡、东洲区、千金乡、碾盘乡、章党镇、哈达镇
	抚顺县	拉古满族乡、石文镇	海浪乡、上马乡、救兵镇、峡河乡
	溪湖区	主城区、石桥子镇、歪头山镇	张其寨乡、火连寨镇
	灯塔市	柳河子镇、柳条寨镇、沈旦堡镇	佟二堡镇
	铁岭县	新台子镇、凡河镇、腰堡镇	阿吉镇、横道河子镇、蔡牛镇

表 3-35　大连都市圈圈层结构表

核心圈		紧密圈（经济联系强度≥10，经济隶属度≥0.8）	机会圈（3≤经济联系强度＜10，0.2≤经济隶属度＜0.8）
大连市（中山区、沙河口区、西岗区、甘井子区、金州区）	旅顺口区	主城区、三涧堡街道、龙头街道、铁山街道	双岛湾街道、长城街道、北海街道
	普兰店区	主城区、大刘家街道、杨树房街道	皮口街道、城子坦街道、双塔街道、莲山街道
	瓦房店市	元台镇、复州湾镇、炮台镇	主城区、瓦窝镇、复州城镇、杨家满族乡
	长兴岛经济技术开发区		长兴岛经济技术开发区

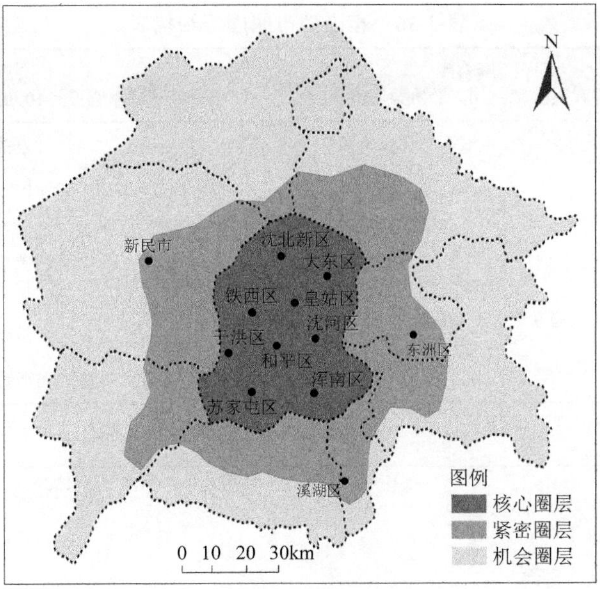

图 3-8　沈阳都市圈圈层结构示意图

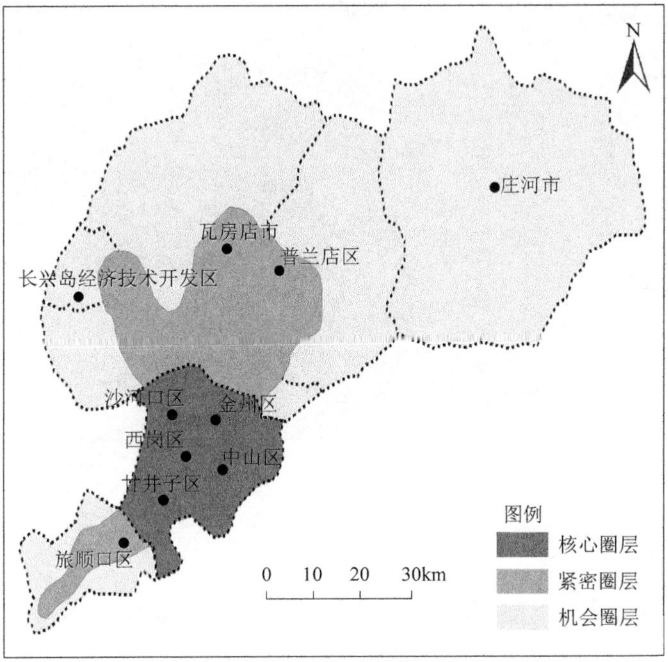

图 3-9　大连都市圈圈层结构示意图

表 3-36　鞍山都市圈圈层结构表

核心圈		紧密圈（经济联系强度≥10，经济隶属度≥0.8）	机会圈（3≤经济联系强度＜10，0.2≤经济隶属度＜0.8）
鞍山市(铁东区、铁西区、立山区、鞍山高新区、达道湾区)	千山区	主城区、唐家房镇	甘泉镇
	海城市	南台镇、甘泉镇、大屯镇	主城区、牌楼镇、毛祁镇、西柳镇、腾鳌镇、耿庄镇、温香镇
	台安县		西佛镇
	辽阳县	穆家镇、吉洞峪满族乡、刘二堡镇	主城区、首山镇、兴隆镇、唐马寨镇、黄泥洼镇、隆昌镇
	弓长岭区		主城区、汤河镇、安平乡

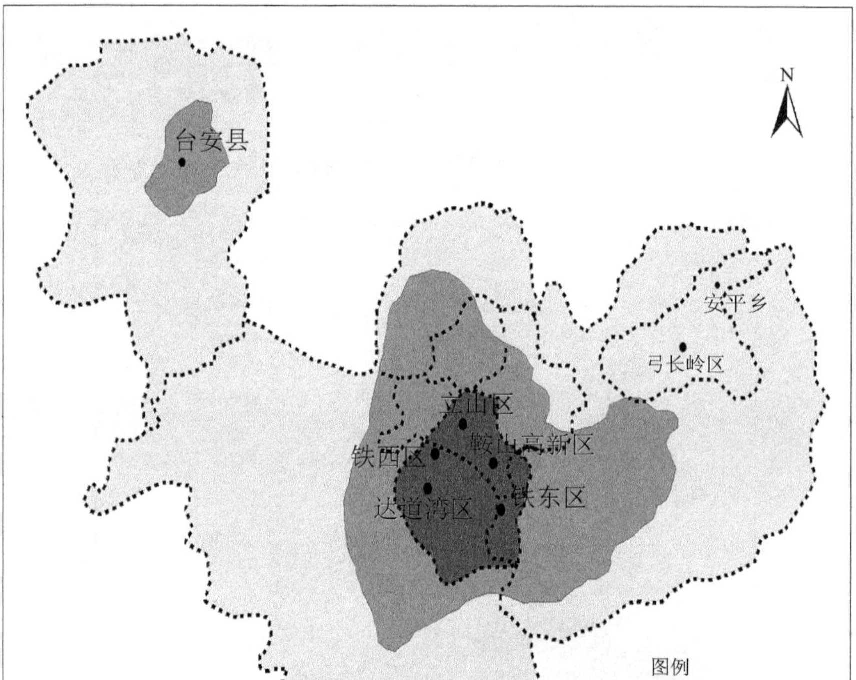

图 3-10　鞍山都市圈圈层结构示意图

表 3-37 锦葫都市圈圈层结构表

核心圈		紧密圈（经济联系强度≥10，经济隶属度≥0.8）	机会圈（3≤经济联系强度<10，0.2≤经济隶属度<0.8）
锦州市主城区（古塔区、凌河区、太和区、松山新区、龙溪湾新区、锦州经济技术开发区）、葫芦岛市主城区（龙港区、南票区）	绥中县		主城区、高台镇
	建昌县		药王庙镇
	兴城市	主城区、曹庄镇、羊安满族乡、郭家镇、沙后所镇	望海满族乡、刘台子满族乡、高家岭镇、三道沟满族乡、药王满族乡、菊花岛乡
	义县	七里河镇、前杨镇、张家堡镇	主城区、九道岭镇、高台子镇
	北镇市		闾阳镇、赵屯镇、沟帮子镇
	凌海市	主城区、班吉塔镇、翠岩镇、白台子镇、板石沟乡、温滴楼镇	石山镇、余积镇、双羊镇、沈家台镇
	连山区	寺儿堡镇、台集屯镇	虹螺岘镇、钢屯镇、杨郊乡、山神庙子乡、塔山乡
	南票区		九龙街道、暖池塘镇、沙锅屯乡、黄土坎乡

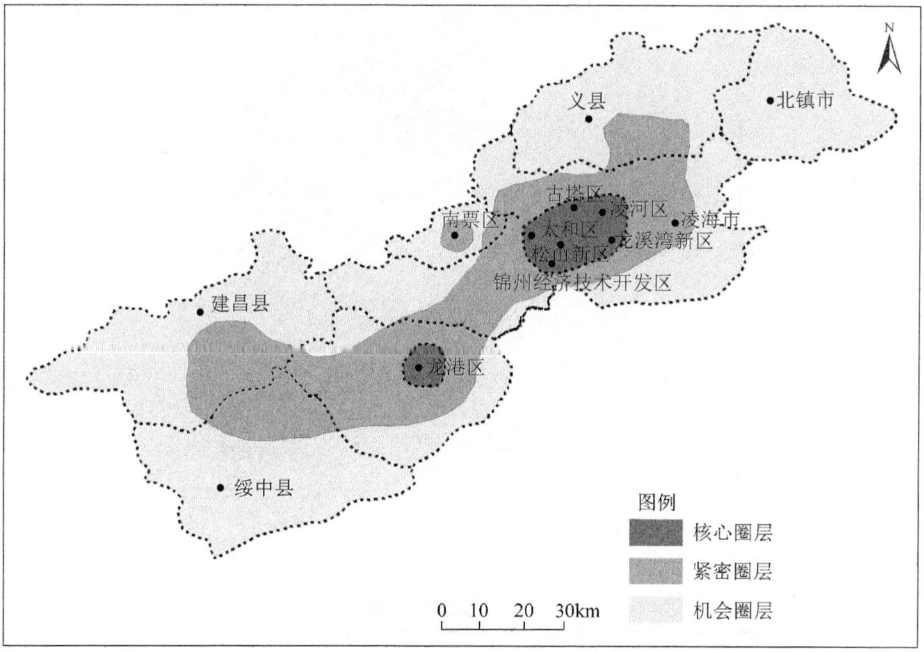

图 3-11 锦葫都市圈圈层结构示意图

表 3-38 盘营都市圈圈层结构表

核心圈	紧密圈（经济联系强度≥10，经济隶属度≥0.8）		机会圈（3≤经济联系强度＜10，0.2≤经济隶属度＜0.8）
盘锦市主城区、营口市主城区	大洼区	主城区、新立镇	西安镇、新兴镇、东风镇、平安镇
	盘山县	主城区	胡家镇、吴家镇、陈家镇
	大石桥市	主城区、沟沿镇、高坎镇	旗口镇、虎庄镇、永安镇
	盖州市		主城区、青石岭镇、沙岗镇、团甸镇

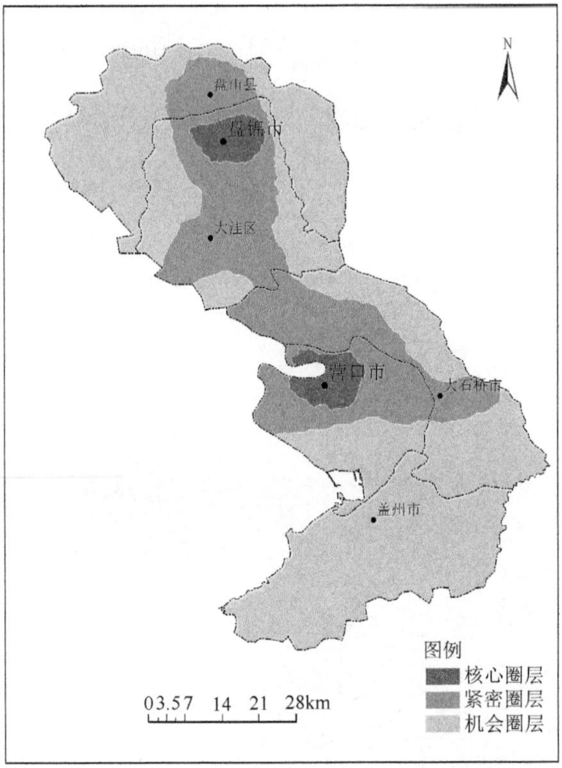

图 3-12 盘营都市圈圈层结构示意图

表 3-39 丹东都市圈圈层结构表

核心圈	紧密圈（经济联系强度≥10，经济隶属度≥0.8）		机会圈（3≤经济联系强度＜10，0.2≤经济隶属度＜0.8）
丹东市主城区	东港市	主城区、前阳镇、长安镇、十字街镇、合隆满族乡	长山镇、马家店镇、龙王庙镇、小甸子镇

续表

核心圈	紧密圈（经济联系强度≥10，经济隶属度≥0.8）		机会圈（3≤经济联系强度<10，0.2≤经济隶属度<0.8）
丹东市主城区	凤城市	东汤镇、边门镇	主城区、宝山镇、蓝旗镇、大堡蒙古族乡、爱阳镇、石城镇、鸡冠山镇
	宽甸满族自治县	虎山镇、古楼子乡	毛甸子镇、长甸镇、永甸镇、青椅山镇、杨木川镇

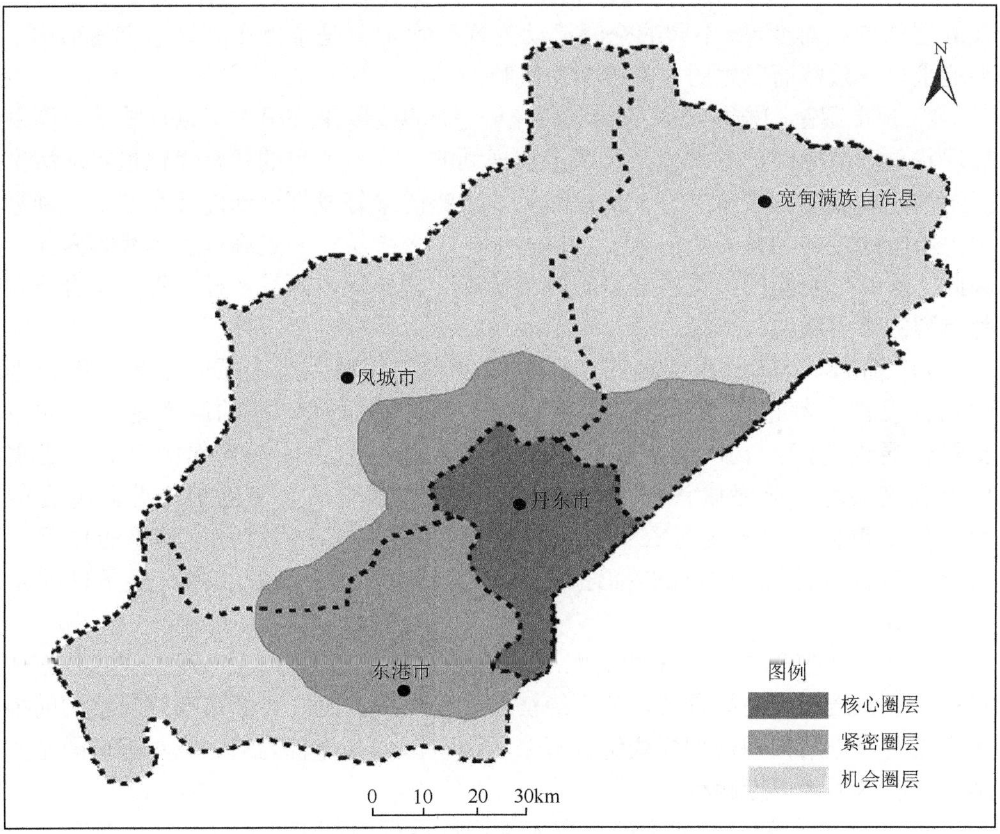

图 3-13 丹东都市圈圈层结构示意图

第四节 辽宁省都市圈空间结构要素分析

都市圈是一个复杂的巨系统，无论是都市圈空间结构的理论解释还是规划构想，均是从某种视角对都市圈空间结构要素的一种理解和抽象，事实上，没有任何结构要素能够完全描述都市圈空间结构的所有特征。本书研究的目的主要是揭示辽宁省都市圈空间结构特征及空间结构演化过程，因此首先要明确提取哪些空间结构要素，以对空间结构进行量化分析。

一、都市圈空间结构要素提取的原则

1）都市圈空间结构要素的提取应基于理论分析的结论，以反映都市圈发展的客观状态，都市圈空间结构理论研究的核心结论就是都市圈的圈层结构特征及圈层结构相对变动。不同的空间流动方式事实上就是个体在既有的空间结构下为追求自身效益而发生的空间行为的反映。

2）都市圈空间结构要素的提取应充分考虑规划结构的思想，以反映都市圈发展现状与理想空间状态的差异，都市圈规划的一个重要目的就是优化重组区域空间结构，以促进各城市的分工协作和竞争优势的最好发挥。国内外在都市圈规划中关于空间结构的核心思想主要包括多中心、多圈层、多走廊以及轴线等内涵。因此，对都市圈空间结构的描述就应当从点、线、网、面等多种要素来综合反映都市圈的多层次结构特征。

3）都市圈空间结构要素的提取应重点考虑能够促进区域分工和合作行为的结构要素，都市圈的构成本身是以核心城市与周边地区的联系为依据的，虽然仅通过空间结构的组织优化并不能完全达到促进区域合作的目的，仍需要以制度的方式来激励这样的行为，但是建立多中心、多圈层、分区整合的网络化城镇体系确实能够在一定程度上起到减少各主体间合作障碍的作用。因此，对都市圈空间结构的描述，应当从支撑都市圈空间结构发展条件的角度去描述。

4）都市圈空间结构要素的提取还应考虑空间结构经济绩效，规模密度是整体状况，形态结构是空间骨架，社会经济结构是空间内涵，对都市圈空间结构的描述应当将理论结构和规划模式结合起来，围绕区域合作行为的达成对都市圈空间结构的经济绩效进行解释。

5）都市圈空间结构要素的提取应主要提取反映都市圈整体特征或具有都市圈全局影响的要素，可以忽略一些次区域的空间特征或只在地区范围内存在影响的要素。

二、都市圈空间结构的核心要素

（一）节点

区域空间结构中的节点是指某些经济活动在地理空间上集聚而形成的点状分布形态。都市圈空间结构的组织要素中，最基本的构成要素就是参与都市圈组成的各个城镇。辽宁省都市圈内各个城镇是都市圈空间结构形成的最基础要素。辽宁省都市圈内各城镇规模大小不同，功能差异明显，但通过相互联系、相互作用形成了一个整体，形成了稳定的空间结构体系。辽宁省都市圈体系由沈阳都市圈、大连都市圈、鞍山都市圈、锦葫都市圈、盘营都市圈和丹东都市圈组成，共有 2 个副省级城市和 6 个地级城市、27 个县（县级市）区、167 个核心建制乡镇，见表 3-28～表 3-33。

（二）轴线

轴线是指经济活动在空间上表现出来的线状分布形态。辽宁省都市圈空间结构中的轴线主要包括公路、铁路、管道、航空线与水运航道等形式，已经形成了以沈阳、大连、鞍山、锦州为中心的铁路、高速公路、航空、港口的交通网络体系。辽宁省拥有全国密度最高的铁路网，干线有京哈、沈大、沈吉、沈丹等，还有一些支线联系区内外；辽宁省建成了京沈、沈大、沈本、沈哈、沈抚 5 条高速公路和沈阳过境高速公路；辽宁省有民用机场 6 处，分别在沈阳、大连、丹东、锦州、辽阳和朝阳，其中，沈阳桃仙机场和大连周水子机场为国际机场；另外，大连港是东北第一大港口，终年不冻，锦州和葫芦岛也是黄海、渤海的重要港口。

（三）网络

都市圈空间结构中的网络主要是由相互作用的点和线连接而成的。城镇间通过网络连接成为一个区域系统，常见的网络有交通网络、物流网络、信息网络、能源供给网络等。网络使得都市圈中的城镇间产生各种流，常见的有人流、物流、信息流、资金流等。辽宁省都市圈的空间网络结构由点与线构成，以交通网络为主。其中，以公路交通网络为主体构成 3 个层次，即由高速公路（国道主干线）构成主骨架，由国道、省道构成主干路网（干线网），由县乡道支线网连接乡村的基础路网（以三、四级公路为主），由此辽宁省都市圈公路网总体布局呈以中心城市为中心的放射状干支线路网络；铁路网以沈阳、锦州为中心，形成放射状的网络结构。

（四）域面

都市圈空间结构中的域面是由都市圈内某些经济活动在地理空间上表现出来的分布状态，通常有建筑群体分布所表现出来的域面，各种交易场所形成的域面。此外，某些经济活动在都市圈内集中分布，也可以看作是域面。辽宁省都市圈的域面包括圈域范围的全部空间，即生产空间、聚落空间、水面、丘陵、山地等。

第四章　辽宁省都市圈空间结构的现状研究

第一节　辽宁省都市圈体系空间结构分布现状

一、辽宁省都市圈体系发展现状分析

辽宁省是东北地区唯一的既沿海又沿边的省份，地处东北地区南部，南濒渤海、黄海，东邻朝鲜，西靠内蒙古，北依吉林，与河北隔长城相望，是东北亚和环渤海的重要核心地区，是参与中蒙俄经济走廊建设以及“辽满欧”“辽蒙欧”国际多联式联运通道建设的重要节点。在国家“一带一路”倡议和中澳、中韩自由贸易发展的背景下，伴随着东北振兴战略的不断深化，辽宁省的城镇化速度将明显加快，城市职能的空间集聚与扩散作用不断增强，城镇间的联系更加密切，初步形成了以沈阳市、大连市、鞍山市、丹东市、锦州市、葫芦岛市、盘锦市和营口市为中心城市的辽宁省都市圈体系。辽宁省都市圈体系由沈阳都市圈、大连都市圈、鞍山都市圈、锦葫都市圈、盘营都市圈和丹东都市圈构成，包括2个副省级城市和6个地级城市、27个县（县级市）区、167个核心建制乡镇。2016年辽宁省都市圈人口为2827.6万人，约占辽宁省总人口的63.94%，城市化水平达到65%以上。

（一）沈阳都市圈发展现状

沈阳都市圈位于辽宁省中部，以沈阳市作为都市圈的中心城市，通过中心城市沈阳对周围核心城镇的辐射和吸引，与周围经济社会活动联系紧密的城镇形成“区域经济共同体”。沈阳都市圈是辽宁省乃至东北地区的核心区域，都市圈内工业发达，交通运输方便，科技力量雄厚，煤炭、钢铁、能源、石化、机械等门类齐全，产业体系横贯资源型到高新科技型，是辽宁省经济和工业最发达的区域。沈阳都市圈平均半径为68km，地域面积为14519.4km^2，2016年人口有1038.7万人，地区生产总值为6620.64亿元，城镇化率达76.25%，由7个县（市）及其48个核心城镇（区、街道）构成，根据与沈阳市联系的密切程度，它们分布在紧密圈和机会圈内（图3-8）。沈阳都市圈内放射状的交通系统趋于成熟，以高速公路为主导的快速交通网络逐步完善，城镇间产业分工体系逐步形成。随着振兴东北老

工业基地步伐的加快，沈阳市区人口和面积急剧增长，并没有出现中心城区人口减少的现象，且对周围城镇吸引力和辐射能力增强，表明沈阳都市圈依然处于中心强化的低水平发展阶段。

（二）大连都市圈发展现状

大连都市圈位于辽宁省南部，以大连市为中心城市，经济社会发展水平总体较高。大连自 1899 年开埠建市以来，经过 100 多年的发展，已经成为辽宁省沿海经济带的核心和我国北方地区重要的对外开放城市之一。改革开放以来，大连市经济社会发展迅速，大连市内的各个城镇在市域空间范围内形成了具有一定规模等级结构和职能结构的都市圈城镇体系，大连都市圈已经形成。大连都市圈平均半径为 82km，地域面积为 11556.8km^2，2016 年人口有 719.7 万人，地区生产总值为 7007.94 亿元，城镇化率达 73.18%，由 4 个县（市）及其 22 个核心城镇（区、街道）构成，具有明显的圈层特征（图 3-9）。大连都市圈人口、经济等要素高度集中于南部，经济社会发展不平衡，城乡二元结构分异仍较明显。

（三）鞍山都市圈发展现状

鞍山都市圈位于辽东半岛中南部，是辽宁中部城市群与辽东半岛开放区的重要连接带，也是环渤海经济区和辽东半岛的腹地。中心城市鞍山是辽宁省第三大城市、东北第五大城市，也是东北地区最大的钢铁工业城市，铁矿石资源丰富，铁矿资源开发历史悠久，素有“共和国钢都”的美誉。经过 50 多年的建设发展，鞍山市奠定了比较雄厚的工业基础。鞍山市也是辽宁中南部的商贸物流中心，是辽东半岛对外开放最早的城市，目前已同 100 多个国家和地区建立了贸易往来。鞍山都市圈内交通密集畅通，主要有哈大、海岫铁路，沈大、盘海营高速公路；鞍山都市圈拥有雄厚的工业基础，以鞍山市为中心城市形成了具有一定规模等级结构和职能结构的城镇体系，鞍山都市圈已初具规模。鞍山都市圈平均半径为 50km，地域面积为 7850.0km^2，2016 年人口有 378.2 万人，地区生产总值为 2278.02 亿元，城镇化率达 70.26%，由 5 个县（市）及其 27 个核心城镇（区、街道）构成，城镇密度为 2.84 个/万 km^2，具有明显的圈层特征（图 3-10）。鞍山都市圈城镇化水平较低，城乡二元结构也比较明显。

（四）锦葫都市圈发展现状

锦葫都市圈位于辽宁省西南部，锦州市和葫芦岛市是连接华北与东北的重要通道与门户，是锦葫都市圈的中心城市。锦州市和葫芦岛市原属一个地区，1989年被分为两个级别相同的行政区，是辽宁省重要的交通枢纽和港口城市，也是“辽西走廊”区域的重要组成部分。锦州市和葫芦岛市距离比较近，交通便捷，经济联系密切，物质和文化交流较为频繁，加上历史上大部分时期都属于一个行政区，两个城市早已形成了一个不可分割的区域城镇体系。锦葫都市圈是辽西地区经济最发达的区域，都市圈内工业基础雄厚，既有传统的装备制造业和原材料加工业，也有以高新技术为主的生物制药等工业；锦葫都市圈是联系东北与华北的重要枢纽，圈内交通发达，形成了以铁路、公路运输为主，以航空、港口运输为辅的综合性交通运输体系。锦葫都市圈平均半径为54km，地域面积为9767.8km^2，2016年人口有467.5万人，地区生产总值为1944.15亿元，城镇化率达69.95%，由9个县（市）及其44个核心城镇（区、街道）构成，圈层特征明显（图3-11），属于双核型都市圈。锦葫都市圈形成的时间较晚，但锦葫都市圈城镇体系发达，城镇联系密切，圈内产业分工较为合理，具有明显的都市圈特征。

（五）盘营都市圈发展现状

盘营都市圈位于辽宁省西南部，以盘锦市和营口市作为都市圈的中心城市，通过中心城市对周围核心城镇的辐射和吸引，与周围经济社会活动联系紧密的城镇形成“区域经济共同体”。盘营都市圈经济发达，运输条件较好，工业门类齐全。盘营都市圈半径为45hm，地域面积为6358.54km^2，2016年人口有185.3万人，地区生产总值为2131.13亿元，城镇化率达68.67%，由6个县（市）及其20个核心城镇（区、街道）构成，根据与中心城市联系的密切程度，它们分布在紧密圈和机会圈内（图3-12）。盘营都市圈工业化速度较快，人口增加较为迅速，中心城市对周围核心城镇的吸引力和辐射能力逐渐增强，是典型的双核型都市圈。从当前发展来看，盘营都市圈依然处于低水平初级发展阶段。

（六）丹东都市圈发展现状

丹东都市圈位于辽宁省东南部，东与朝鲜的新义州市隔江相望，南邻黄海，海岸线较长，地处东北亚的中心，是东北亚经济圈与环渤海、黄海经济圈的重要交会点。中心城市丹东市作为中国最大最美的边境城市具有悠久的历史，又是全国沿边重点开发开放试验区，也是亚洲唯一一个同时拥有边境口岸、机场、高铁、河港、海港、高速公路的城市，是区域级重要的流通节点城市。丹东都市圈生态环境极佳，水质优良、林木茂盛、资源丰富，冬无严寒、夏无酷暑，气候条件优越。1982年设立的丹东边境经济合作区是国家级经济合作区，2005年改为江湾合作区；2006 年丹东市成立的“辽宁丹东临港产业园区”是辽宁省“五点一线”沿海开发战略中的重要一环。丹东市作为辽宁省东南部重要的城市，以丹东市为中心城市的丹东都市圈已形成。丹东都市圈地理位置优越，有沿海、沿江和沿边的“三沿”优势，是连接日本下关、韩国首尔、朝鲜平壤、中国北京和俄罗斯莫斯科的欧亚铁路大动脉的重要组成部分，丹东港也是联系韩国、日本的重要海上通道；丹东都市圈是国家区域性公路运输的重要枢纽，主要有沈丹铁路、丹大快铁、凤上铁路、丹通铁路和灌赛线等；另外，丹东浪头国际机场已开通多条国内外航线，丹东都市圈形成了完整的交通运输体系。丹东都市圈平均半径为 48km，地域面积为 7234.6km^2，2016 年人口有 105.8 万人，地区生产总值为 954.41 亿元，城镇化率达 64.63%，由 3 个县（市）及其 25 个核心城镇（区、街道）构成，圈层特征明显（图 3-13）。和其他都市圈相比较，丹东都市圈规模不大，但丹东都市圈内城镇联系密切，圈内产业分工较为合理，已具有都市圈的特征。

辽宁省都市圈也是环渤海湾经济区、哈大齐城市带、辽宁中部城市群、辽宁沿海城市群重要的节点区域。构建以沈阳市、大连市、鞍山市、丹东市、盘锦市、营口市、锦州市和葫芦岛市为中心的沈阳都市圈、大连都市圈、鞍山都市圈、丹东都市圈、盘营都市圈和锦葫都市圈，能为辽宁省乃至东北的崛起注入强大的生命力。

二、辽宁省都市圈体系空间分布分析

辽宁省已经形成了以沈阳市、大连市、鞍山市、丹东市、锦州市、葫芦岛市、盘锦市和营口市为中心城市的辽宁省都市圈体系，这些都市圈是辽宁省经济发展的核心区域，也是城市化水平最高的区域，在辽宁省范围内的空间分布如图 4-1 所示。根据上述对辽宁省都市圈体系发展现状的分析得出，辽宁省都市圈体系具有以下特征。

（一）辽宁省都市圈体系空间分布不均衡

从图 4-1 可以看出，辽宁省都市圈体系空间分布区域差异显著，空间分布明显不均衡。其中，辽中南和辽西南地区形成了 5 个都市圈（沈阳都市圈、鞍山都市圈、大连都市圈、盘营都市圈和锦葫都市圈），辽东地区只有一个丹东都市圈，辽北地区还尚未形成都市圈。辽宁省都市圈体系的空间分布与辽宁省区域经济发展水平相适应，表明都市圈的形成和发展是区域经济发展到一定阶段的产物，也是城市化的必然结果。

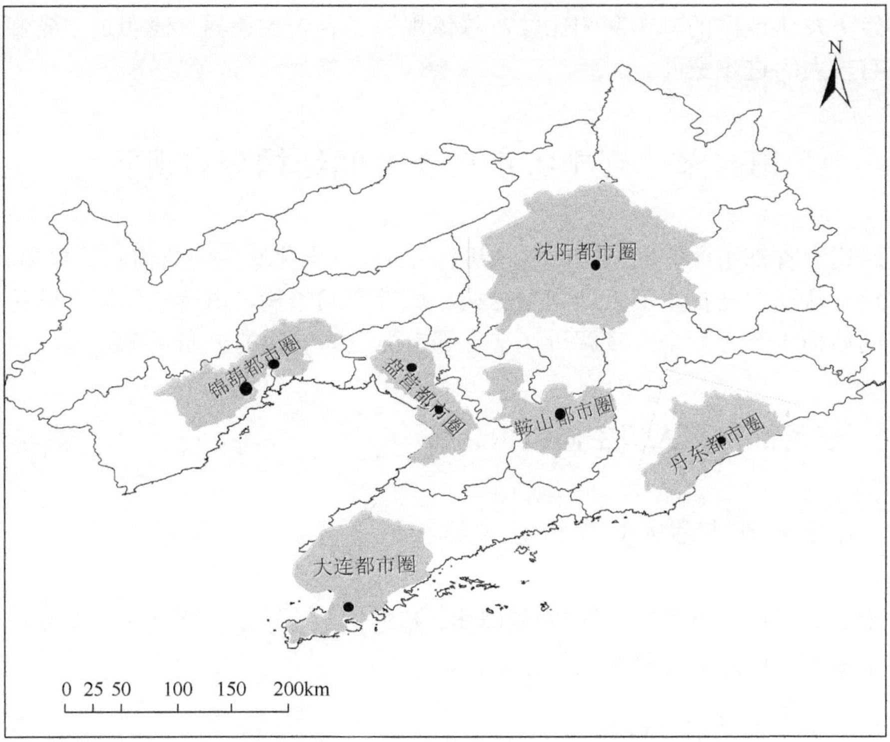

图 4-1　辽宁省都市圈体系空间分布示意图

(二) 辽宁省都市圈体系沿交通轴线空间分布明显

从图 4-1 可以看出，辽宁省都市圈体系都分布在重点交通线上或主要交通线的尽头，沿交通线的空间分布非常显著。其中，沈阳都市圈、鞍山都市圈和大连都市圈位于哈大交通轴线上或尽头，锦葫都市圈位于京哈铁路和京沈高速交通轴线上，盘营都市圈和丹东都市圈也位于辽宁省重要的交通轴线上或尽头。辽宁省都市圈体系沿交通轴线空间分布明显。

(三) 辽宁省都市圈体系等级规模分布较为合理，但总体规模不大

从上述对辽宁省都市圈体系发展现状的分析和图 4-1 可以看出，辽宁省都市圈体系等级规模分布合理，既有国家级都市圈（沈阳都市圈——中心城市沈阳市为东北唯一一个国家级中心城市），也有区域级都市圈（大连都市圈和锦葫都市圈——中心城市大连市和锦州市被划入 100 个国家区域中心城市），还有地方级都市圈（鞍山都市圈、盘营都市圈和丹东都市圈）。辽宁省都市圈体系等级规模分布虽然合理，

但和经济发达地区的都市圈相比较，总体规模还有较大差异，表明辽宁省都市圈体系有较大的进步空间。

第二节 辽宁省都市圈空间结构分布现状

对辽宁省都市圈空间结构的现状进行分析，是优化其空间结构的前提和基础，本书分别从辽宁省都市圈人口空间结构、城镇空间结构、城际空间联系结构和经济空间结构 4 个方面来深度解析辽宁省都市圈空间结构的分布状况。

一、辽宁省都市圈人口空间结构分析

（一）辽宁省都市圈人口规模等级结构分析

本书选用城市首位律、位序-规模律、基尼指数、城市金字塔等模型分析辽宁省都市圈的人口规模等级结构的分布特征。

1. 人口首位度指数特征

（1）首位城市比

首位城市比是指都市圈内最大城市的人口规模与其余城市人口规模之和的比值，反映的是都市圈城镇体系的发展水平与等级特征，首位城市比越大，说明都市圈城镇体系的首位度就越大。其模型为

$$S_n = P_1 / (P_2 + P_3 + \cdots + P_n) \tag{4-1}$$

式中，S_n 为首位城市比；n 为全部城镇数；$P_1, P_2, \cdots, P_n$ 为按从大到小的顺序排列后的都市圈内各城镇人口规模。

（2）首位度指数

马杰·杰斐逊（M. Jefferson）在 1939 年提出城市首位律，并将其作为对国家或地区城镇规模分布规律的概括。首位度是都市圈城镇体系中城市发展要素在中心城市的集中程度，通常用都市圈内首位城市人口规模与第二位城市人口规模的比值，即两城市指数来表示。后来又陆续有学者提出四城市指数和十一城市指数[185]。其模型为

$$\text{两城市指数：} S_2 = P_1 / P_2 \tag{4-2}$$

$$\text{四城市指数：} S_4 = P_1 / (P_2 + P_3 + P_4) \tag{4-3}$$

$$\text{十一城市指数：} S_{11} = 2P_1 / (P_2 + P_3 + \cdots + P_{11}) \tag{4-4}$$

式中，$P_1, P_2, \cdots, P_{11}$为按从大到小顺序排列后的都市圈内各城市人口规模。首位度指数越大，则首位度越大。正常的两城市指数是 2，而四城市指数与十一城市指数应该是 1。由于两城市指数法考察的城市数量较少，易带有片面性，因此学术界多用四城市指数法和十一城市指数法，首位度指数$S > 1$被认为是首位分布，传统首位分布的划分标准见表 4-1。依据 M. Jefferson 的城市首位律计算辽宁省都市圈的首位度指数，见表 4-2。

表 4-1　传统首位分布划分标准表

首位度指数 S 取值	城镇分布类型
$S_2>2$，$S_4>1$，$S_{11}>1$	首位分布
$2<S_2<4$	中度首位分布
$S_2>4$	高度首位分布

表 4-2　2016 年辽宁省都市圈两城市指数、四城市指数、十一城市指数表

名称	两城市指数 S_2	四城市指数 S_4	十一城市指数 S_{11}
沈阳都市圈	6.71	4.94	3.17
大连都市圈	5.69	4.18	3.21
鞍山都市圈	5.26	3.73	2.21
锦葫都市圈	1.74	0.91	0.88
盘营都市圈	1.65	1.04	1.73
丹东都市圈	4.82	3.63	2.52

按照城市首位律的原理，都市圈城镇人口规模分布合理时，S_2应等于 2，S_4和S_{11}都应该等于 1。而沈阳都市圈、大连都市圈、鞍山都市圈和丹东都市圈的首位度指数（S_2）都大于 4，并且S_4和S_{11}均明显大于正常值，表明沈阳都市圈、大连都市圈、鞍山都市圈和丹东都市圈属于高度首位分布，人口规模分布明显偏离位序-规模分布，缺乏中间等级的城市，而中小城镇相对丰富，并有近似的空间结构，均属于单中心空间结构的都市圈，中心城市在都市圈中承担着主要的社会与经济职能，都市圈内其他核心城镇的经济发展明显滞后于中心城市。沈阳都市圈和大连都市圈首位度最高，表现为都市圈中心城市沈阳市和大连市集聚作用明显，都市圈空间结构向中心城市集聚的趋势明显，集聚作用为主要的空间作用力，中心城市吸引了大量的各种要素流集聚。鞍山都市圈和丹东都市圈首位度较沈阳都市圈和大连都市圈稍低，主要是由于都市圈中心城市鞍山市和丹东市的经济发展

水平与沈阳市和大连市有较大差距。沈阳都市圈和大连都市圈发展较早，经济社会发展水平很高，尤其是经济实力强大，使得都市圈内二级中心地，如抚顺市、新民市、灯塔市、辽中区、旅顺口区、瓦房店市、普兰店区等自身的经济发展水平、人口规模都高于鞍山都市圈和丹东都市圈内的二级中心地，如海城市、辽阳县、凤城市、东港市、宽甸满族自治县等，这也表明沈阳都市圈和大连都市圈的发展水平高于鞍山都市圈和丹东都市圈。沈阳都市圈、大连都市圈、鞍山都市圈和丹东都市圈缺乏中等城市，小城镇数量较多，都市圈城镇规模等级结构不合理。锦葫都市圈和盘营都市圈的首位度指数（S_2）都小于 2，S_4 和 S_{11} 值接近于 1，城市首位度低，表明锦葫都市圈和盘营都市圈城镇体系分布较为合理，主要是由于锦葫都市圈和盘营都市圈为双中心空间结构，并且都市圈中心城市锦州市、葫芦岛市、盘锦市、营口市城市人口规模不大，都市圈缺少大城市，城镇体系以中小城镇为主，也说明锦葫都市圈和盘营都市圈的发展处于雏形期，中心城市的人口规模有较大的提升空间。

2. 规模等级结构分形特征

分形理论（fractal theory）主要用来解释客观世界里一些具有随机分布特征的事物和问题。其原理是事物本身的自相似性，即事物的局部可以看作是一个整体，局部作为整体缩小后可以被看作是事物的整体。分形理论最基本的特点就是用分形维数这种数学方法描述客观事物。都市圈城镇体系具有明显的自相似性，可以用分形维数来揭示都市圈系统内城镇空间结构特征。本节运用规模等级分形模型来定量分析辽宁省都市圈人口规模等级结构特征。

（1）都市圈 Zipf 维数的测定

首位度指数更多考虑的是人口在都市圈城镇体系中首位城市的集中程度，不能描述都市圈其他核心城镇的分布情况。位序-规模法则是从城镇的位序与规模的关系来考察都市圈城镇体系的规模分布情况，相对而言更全面。本节采用的模型是位序-规模法则的 Zipf 维数，可以用其来分析辽宁省都市圈人口规模等级结构特征。而豪斯多夫维数分形模型可以用来定量描述不规则物体，其定义为：对于一个客体，其规模（如人口规模、面积、GDP 等）大小可以用尺度 r 去度量，测量的结果为 $N(r)$；尺度 r 越大，测量结果 $N(r)$ 就越小；尺度 r 越小，测量结果 $N(r)$ 就越大；所以测量结果 $N(r)$ 与尺度 r 就构成了幂函数关系[186]。其数学表达式为

$$N(r) \propto r^{-D} \tag{4-5}$$

式中，D 为分形维数，它在一定情况下为常数。都市圈内城镇数量 $N(r)$ 与规模尺度 r 有负幂律分布规律，可认为都市圈城镇规模分布具有分形特征。式（4-5）是都市圈城镇规模分布的帕累托（Pareto）形式，经变换可得到 Zipf 公式：

$$P(r) = P_1 r^{-q} \tag{4-6}$$

式中，$P(r)$为都市圈城镇位序-规模中次序为r的城镇相关指标规模；P_1为都市圈中心城市相关指标规模；q为Zipf维数[187]。对式（4-6）两边取对数可得

$$\ln P(r)=\ln P_1-q\ln r \tag{4-7}$$

式中，q为Zipf维数。式（4-7）即为城市位序-规模分形模型。分形维数q（Zipf）与豪斯多夫维数D相等，即$q=D$，其地理含义如下：

$q=1$，表示都市圈内中心城市与最小核心城镇的相关指标规模之比刚好等于都市圈内的城镇数量，此状态通常被称为约束型位序-规模分布，此时都市圈城镇等级规模分布形态良好，属于自然状态下的最优分布，城镇体系呈有规则的序列式分布，即按等级规模分布。

$q>1$，表示都市圈城镇规模分布相对分散，相关指标规模分布差异程度明显，中间位序的数量相对较少，都市圈城镇体系的等级差异很大，中心城市垄断性较强，且q值越大，首位城市特征越突出。

$q<1$，表示都市圈城镇规模分布较为集中，相关指标规模分布比较均衡，中间位序的城镇数量较多，中间序列的城镇也较为发达，都市圈内城镇等级差异不明显，呈序列式分布，且q值越小，城镇均衡分布特征越明显。

$q\to\infty$，表示都市圈内只有一个城市，属于绝对的首位分布；$q\to 0$，表示都市圈内的所有城镇具有相同规模，都市圈相关指标规模无差别。这两种极端情况在现实中一般不存在，因为都市圈城镇体系的演化受到许多因素的制约，都市圈内不会只有一个城市，所有城镇也不会具有相同规模。

（2）辽宁省都市圈规模等级结构分形维数

取2016年辽宁省都市圈各市、县、区、乡、镇的常住人口规模作为原始数据，建立都市圈城镇位序-规模分形模型，并绘制成双对数坐标图（图4-2），对其进行线性拟合判断其相关性，得到分形维数q，从而得到辽宁省都市圈人口规模指标分形维数值的情况，如图4-2～图4-7和表4-3所示。

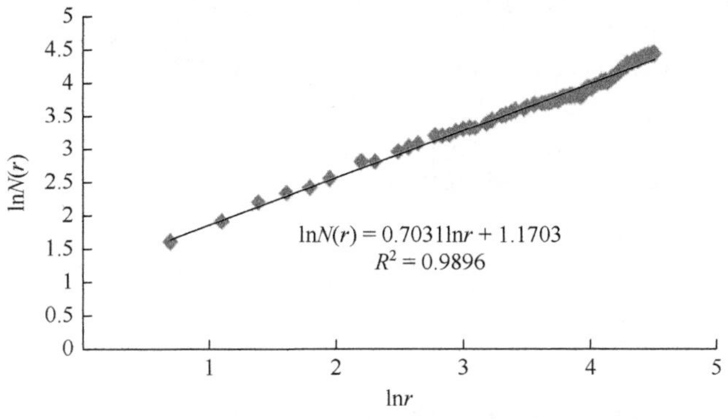

图4-2　沈阳都市圈人口位序-规模分布示意图

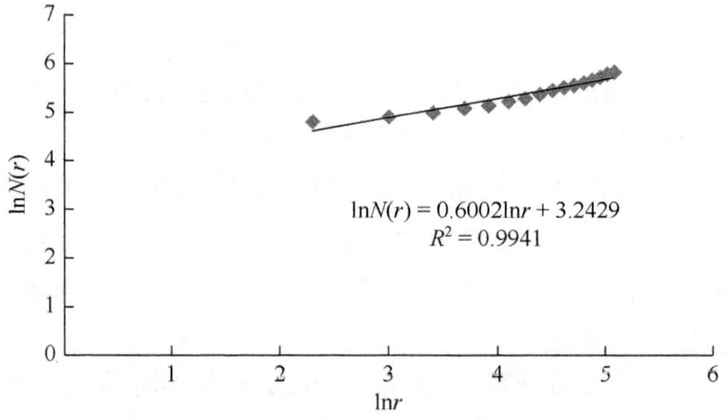

图 4-3　大连都市圈人口位序–规模分布示意图

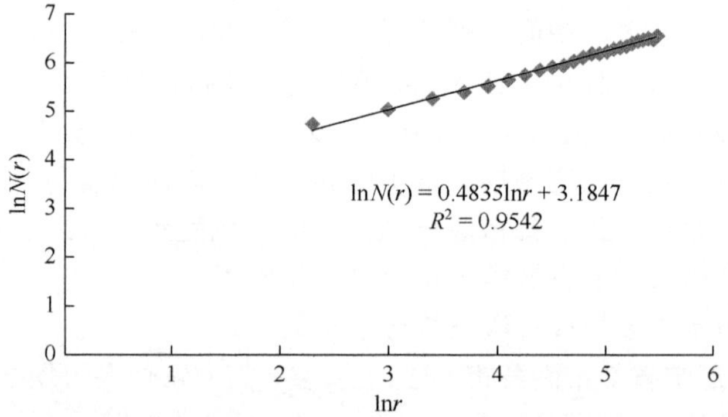

图 4-4　鞍山都市圈人口位序–规模分布示意图

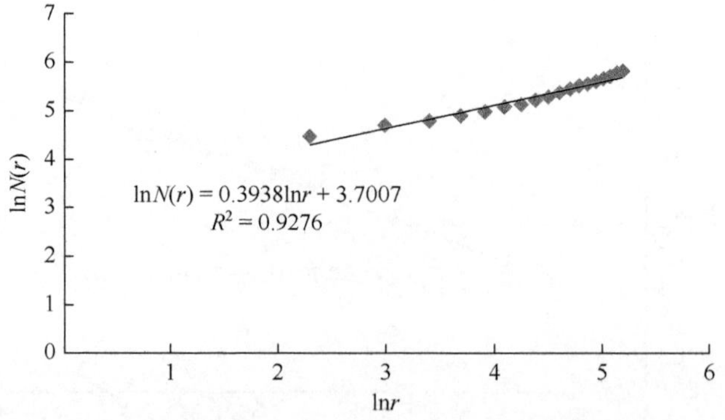

图 4-5　锦葫都市圈人口位序–规模分布示意图

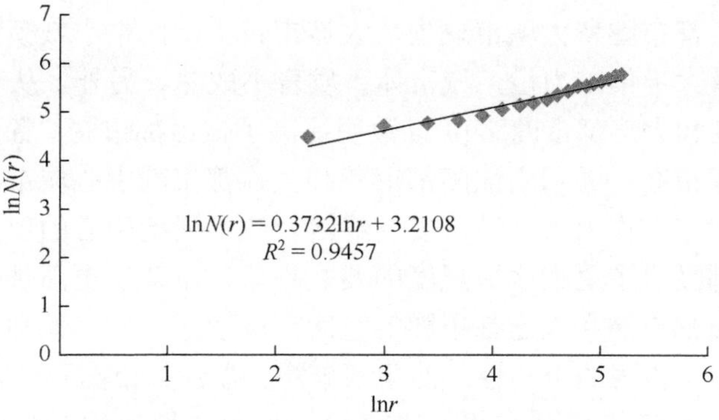

图 4-6　盘营都市圈人口位序-规模分布示意图

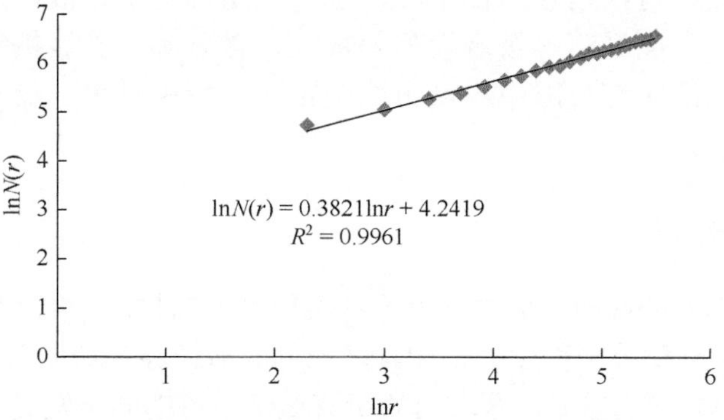

图 4-7　丹东都市圈人口位序-规模分布示意图

表 4-3　辽宁省都市圈城市位序–规模拟合表

名称	等级规模分布模型	Zipf 维数	判定系数 R^2
沈阳都市圈	$\ln N(r) = 0.7031\ln r + 1.1703$	0.7031	0.9896
大连都市圈	$\ln N(r) = 0.6002\ln r + 3.2429$	0.6002	0.9941
鞍山都市圈	$\ln N(r) = 0.4835\ln r + 3.1847$	0.4835	0.9542
锦葫都市圈	$\ln N(r) = 0.3938\ln r + 3.7007$	0.3938	0.9276
盘营都市圈	$\ln N(r) = 0.3732\ln r + 3.2108$	0.3732	0.9457
丹东都市圈	$\ln N(r) = 0.3821\ln r + 4.2419$	0.3821	0.9961

根据上述计算结果可以看出：第一，方程的判定系数 R^2 都在 0.9 以上，说明拟合效果比较好；第二，辽宁省都市圈的 Zipf 维数都近似于捷夫法则，即数值都小于 1，表明辽宁省都市圈城镇体系呈现出明显的位序–规模分布特征；第三，辽宁省都市圈中心城市的垄断地位明显，都市圈内城镇人口规模分布差异较大。总

的来说，辽宁省都市圈特大城市缺失，大城市较少，而中小城镇的数量较多，规模分布分散力量大于集中力量，城市体系发育不成熟。另外，从表 4-3 中可以看出，沈阳都市圈和大连都市圈 Zipf 维数明显高于鞍山都市圈、锦葫都市圈、盘营都市圈和丹东都市圈，显示出沈阳都市圈和大连都市圈中心城市极强的中心性，这与沈阳市和大连市作为大区域尺度的经济及政治活动中心的现有格局相符。大连市和沈阳市都吸引了更大区域尺度的要素集聚，承载了更高规格中心地的城市职能，使得沈阳都市圈和大连都市圈的空间范围较辽宁省其他都市圈的空间范围要大，并显示出了极强的中心性。锦葫都市圈、盘营都市圈和丹东都市圈 Zipf 维数相近并较低，城镇人口分布相对来说较为均衡，城市体系内部等级差异相对较小，中心城市的中心性相对较弱。Zipf 维数最接近于 1 的是沈阳都市圈，其次是大连都市圈，再次是鞍山都市圈，接下来是锦葫都市圈，最后是盘营都市圈，表明沈阳都市圈城镇等级规模相差最大，盘营都市圈城镇等级规模相差最小，主要是由于沈阳都市圈中心城市沈阳市人口规模最大，盘营都市圈中心城市人口规模最小。

3. 基尼指数特征

基尼指数（Gini index）最早是用于考察居民内部收入分配差异状况的分析指标，即判断收入分配公平程度的指标。区域内的城镇存在着如历史条件、资源禀赋、地理位置等方面的差异，区域内的所有城镇不可能同步发展。1995 年著名城市研究学者科威（Cowell）通过实践证明基尼指数也可以用于描述一个国家或区域城镇规模的集中或分散程度[188]。因此，基尼指数成为继城市首位度指数、位序-规模律之后的又一个非常重要的衡量区域城市人口规模分布的指标[51]。这 3 个指标在描述区域城镇规模分布时的侧重点不一样，城市首位度指数主要是对区域内排名靠前的高位序城镇规模进行描述与比较，不能描述区域内所有城镇规模的分布状况；虽然位序-规模律在某种程度上能够描述区域内城镇规模分布的集中或分散程度，但这种方法只是片面强调规模和位序之间的关系；而基尼指数着重描述区域内城镇相关指标规模间的差异，能够很好地运用线性回归拟合，弥补位序-规模律的不足。在几种衡量区域城镇相关指标规模分布的指标中，基尼指数是最有效的。

本书采用的城市规模基尼指数是由加拿大学者马歇尔（Marshall）提出的，主要用于衡量都市圈内城镇人口规模分布状况，其公式如下[189]：

$$G = \sum\sum | p_i - p_j | / 2S(n-1) \tag{4-8}$$

式中，n 为都市圈内城镇数量，各城镇人口规模有以下关系：$p_1 > p_2 > p_3 > \cdots > p_n$；$S$ 为都市圈内 n 个城镇人口总和或整个城镇体系的总人口数。基尼指数数值为 0～1。$G=0$，表明都市圈内所有城镇具有相同的人口规模，此时都市圈城镇人口规模的分散程度最高；$G=1$，表明都市圈城镇体系总人口都集中在一个城市，其他城镇没有居住人口。通常情况下，基尼指数 G 值越接近于 1，都市圈城镇规模分布越集中，而基尼指数 G 值越小，则都市圈城镇规模分布就越分散。

通过式（4-8）计算，可以得出辽宁省都市圈基尼指数，见表 4-4。从表 4-4 可以看出，辽宁省都市圈基尼指数都大于 0.5，表明辽宁省都市圈人口分布处于极度不均衡的状态，大城市与中小城市人口规模差距较大，其中沈阳都市圈、大连都市圈和鞍山都市圈基尼指数都超过了 0.6，人口分布十分集中，表明沈阳都市圈、大连都市圈和鞍山都市圈中上位序的城市规模较大，这些规模较大的城市吸引了都市圈较多人口向这些城市集中，中小城镇人口明显偏少，这也与前面位序-规模拟合的结果相一致。锦葫都市圈和丹东都市圈的基尼指数也在 0.5～0.6，基尼指数也较高，表明人口集中比较明显，由于锦葫都市圈和丹东都市圈没有大城市，基尼指数较高，更突显出锦葫都市圈和丹东都市圈人口分布的不均衡性。

表 4-4　辽宁省都市圈基尼指数

项目	沈阳都市圈	大连都市圈	鞍山都市圈	锦葫都市圈	盘营都市圈	丹东都市圈
基尼指数	0.754	0.601	0.618	0.532	0.5513	0.5461

辽宁省都市圈基尼指数较高，位于中上位序的城市吸引较多人口，人口的空间分布不均衡。沈阳都市圈中沈阳市、抚顺市、新民市和辽中区吸引沈阳都市圈大部分人口，人口空间分布集中在沈阳都市圈的中部、西南部和东部地区；大连都市圈中旅顺口区、瓦房店市和普兰店区集中了大连都市圈的大部分人口，人口空间分布主要集中在大连都市圈的中部、西南部和东北部；鞍山都市圈人口空间分布主要集中在鞍山都市圈的中部和西部地区；盘营都市圈人口空间分布主要集中在盘营都市圈的中部地区；锦葫都市圈人口空间分布主要集中在锦葫都市圈的中部地区；丹东都市圈人口空间分布主要集中在丹东都市圈的南部和西北部地区。总体来说，辽宁省都市圈人口规模趋于分散，从规模结构的合理性方面看，辽宁省都市圈城镇规模等级间的差距明显，空间分布不均衡，仍有很大的人口发展空间。

4. 城市金字塔特征

一个国家或地区的各城镇人口规模大小不等，若把这些规模大小不等的城镇进行等级划分，通常城镇规模越大，城镇数量就越少；相反，城镇规模越小，城镇数量就越多。把区域内这种城镇数量随城镇规模大小而变化的关系用图表示出来，就形成了城镇等级规模金字塔模型。在金字塔模型中，金字塔底部是数量众多的小城镇，金字塔顶端是数量稀少的大城市[68]。城镇金字塔规律可以用于解释区域城镇体系内城镇等级规模与城镇数量之间的关系。

金字塔中，同一规模的城镇数量与上一规模的城镇数量的比值可以用 k 值来表示。对于 k 的取值，不同学者所持的观点不同。中心地理论中的 k 值被认为是常数，在市场原则下，$k=3$，此时区域城镇数量序列是 1, 2, 6, 18, 54,⋯；在交通原则下，$k=4$，此时区域城镇数量序列是 1, 3, 12, 48, 192,⋯；在行政原则下，$k=7$，此时区域城镇数量序列是 1, 6, 42, 294, 2058,⋯。

2014 年 10 月 29 日国务院印发的《关于调整城市规模划分标准的通知》中，新的城市规模划分标准以城区常住人口为统计口径，将城市划分为五类七档，即超大城市、特大城市、大城市（Ⅰ型大城市和Ⅱ型大城市）、中等城市和小城市（Ⅰ型小城市和Ⅱ型小城市）。研究辽宁省都市圈城镇人口规模后得出，目前已经初步形成了三类五档的人口等级规模体系（表 4-5 和图 4-8）。辽宁省都市圈中超大城市、特大城市、大城市、中等城市和小城市的数量比为 0∶0∶4∶5∶184。其中，沈阳都市圈中超大城市、特大城市、大城市、中等城市和小城市的数量比为 0∶0∶2∶0∶48；大连都市圈中超大城市、特大城市、大城市、中等城市和小城市的数量比为 0∶0∶1∶0∶22；鞍山都市圈中超大城市、特大城市、大城市、中等城市和小城市的数量比为 0∶0∶1∶0∶25；锦葫都市圈中超大城市、特大城市、大城市、中等城市和小城市的数量比为 0∶0∶0∶2∶44；盘营都市圈中超大城市、特大城市、大城市、中等城市和小城市的数量比为 0∶0∶0∶2∶20；丹东都市圈中超大城市、特大城市、大城市、中等城市和小城市的数量比为 0∶0∶0∶1∶25。

表 4-5　辽宁省都市圈城市等级规模　　（单位：个）

名称	超大城市	特大城市	大城市		中等城市	小城市	
			Ⅰ型大城市	Ⅱ型大城市		Ⅰ型小城市	Ⅱ型小城市
沈阳都市圈	0	0	1	1	0	3	45
大连都市圈	0	0	0	1	0	2	20
鞍山都市圈	0	0	0	1	0	2	23
锦葫都市圈	0	0	0	0	2	3	41
盘营都市圈	0	0	0	0	2	4	16
丹东都市圈	0	0	0	0	1	2	23

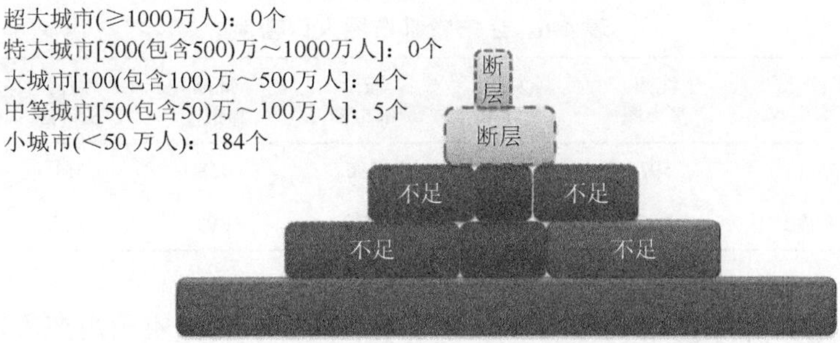

图 4-8 辽宁省都市圈城市规模金字塔式分布图

从上述分析结果可以看出：第一，辽宁省都市圈城市规模金字塔各塔层的城市数量与中心地理论不符。第二，辽宁省都市圈城镇体系等级规模结构明显不均，城镇体系有断层现象，没有超大城市和特大城市，大城市数量偏少，城市规模等级序列不完整，城市人口规模结构呈现出中间和塔底宽，塔尖出现断层，未形成金字塔形结构。第三，辽宁省都市圈大中型城市偏少，小城市，特别是小城镇众多，发展力不够。辽宁省都市圈超大城市与特大城市缺失和大城市较少，使相邻等级城镇间不能有效互动，不能较好地对都市圈中心城市的信息、产业、技术、劳动力、资金等起到分流作用。中小城镇各项基础设施较差，缺少支持经济发展的资金、技术和人才，使得中小城镇不能有效接受更高等级城镇的辐射带动，不能吸引更多的劳动力，不能缓解较高等级城镇的人口压力。

（二）辽宁省都市圈人口密度空间特征

辽宁省都市圈是辽宁省人口分布最密集的区域。2016 年底，辽宁省都市圈总人口达到 1912.72 万人，人口密度为 455 人/km^2，是辽宁省人口密度的 1.51 倍。其中，沈阳都市圈人口密度最大，为 592 人/km^2，是辽宁省人口密度的 1.97 倍；大连都市圈人口密度为 514 人/km^2，是辽宁省人口密度的 1.71 倍；鞍山都市圈人口密度为 386 人/km^2，是辽宁省人口密度的 1.28 倍；锦葫都市圈人口密度为 328 人/km^2，是辽宁省人口密度的 1.09 倍；盘营都市圈人口密度为 351 人/km^2，是辽宁省人口密度的 1.17 倍；丹东都市圈人口密度为 304 人/km^2，是辽宁省人口密度的 1.01 倍。从表 4-6 可以看出，辽宁省都市圈的人口密度大小差异较大，人口密度大小与经济发展和都市圈大小有很大关系，其中沈阳都市圈和大连都市圈人口密度最大，鞍山都市圈、锦葫都市圈、盘营都市圈和丹东都市圈的人口密度相近，表明这 5 个都市圈发展水平相当。另外，辽宁省都市圈的人口密度与长江三角洲和珠江三角洲地区都市圈人口密度相比较小，与国内外成熟都市圈的人口密度还有很大差距，表明辽宁省都市圈人口空间集聚有待加强。

表 4-6　辽宁省都市圈人口密度

项目	沈阳都市圈	大连都市圈	鞍山都市圈	锦葫都市圈	盘营都市圈	丹东都市圈
人口密度/(人/km^2)	592	514	386	328	351	304
与全省人口密度比	1.97	1.71	1.28	1.09	1.17	1.01

从辽宁省都市圈内部区域的人口分布来看，辽宁省都市圈内部人口密度分布不均匀，总体表现为都市圈核心圈的人口密度远大于紧密圈和机会圈，各都市圈内部人口密度区域差异较大。其中，沈阳都市圈中部、西南部和东北部人口稠密，北部、西北部和西南部人口稀疏；大连都市圈中部和西南部人口稠密，北部和西北部人口稀疏；鞍山都市圈中部和北部人口稠密，东部和西南部人口稀疏；锦葫都市圈中部人口稠密，西南部和东北部人口稀疏；盘营都市圈人口主要集中在中部地区，南部地区人口较为稀疏；丹东都市圈人口主要集中在中部和南部地区，北部人口较少，见表 4-7～表 4-12。

表 4-7　沈阳都市圈人口密度空间分布

人口密度分级/(人/km^2)	空间单元（城镇）
≥1500	沈阳市主城区、抚顺望花区主城区、抚顺新抚区主城区、抚顺顺城区主城区
[1000, 1500)	蒲东街道、抚顺东洲区主城区、李石街道、本溪溪湖区主城区、佟二堡镇
[600, 1000)	茨榆坨街道、冷子堡镇、塔峪镇、前甸镇、新民屯镇、杨士岗镇
[400, 600)	新民市主城区、兴隆堡镇、前当堡镇、河北乡、法哈牛镇、兴隆镇、依牛堡子镇、柳河子镇、柳条寨镇
[200, 400)	胡台镇、罗家房镇、公主屯镇、东蛇山子镇、大柳屯镇、柳河沟镇、梁山镇、长滩镇、刘二堡镇、四方台镇、肖寨门镇、三面船镇、秀水河子镇、大孤家子镇、十间房镇、千金乡、碾盘乡、拉古满族乡、石文镇、会元乡、章党镇、海浪乡、上马镇、哈达镇、救兵镇、峡河乡、石桥子镇、歪头山镇、张其寨乡、火连寨镇、沈旦堡镇、新台子镇、凡河镇、腰堡镇、阿吉镇、横道河子镇、蔡牛镇

表 4-8　大连都市圈人口密度空间分布

人口密度分级/(人/km^2)	空间单元（城镇）
≥1500	大连市主城区、旅顺口区主城区、普兰店区主城区、瓦房店市主城区
[1000, 1500)	三涧堡街道、龙头街道、铁山街道、长兴岛经济技术开发区
[600, 1000)	双岛湾街道、长城街道、北海街道、元台镇、炮台镇
[400, 600)	大刘家街道、杨树房街道、城子坦街道、双塔街道、莲山街道、复州湾镇、瓦窝镇、复州城镇、皮口街道
[200, 400)	杨家满族乡

表 4-9　鞍山都市圈人口密度空间分布

人口密度分级/(人/km^2)	空间单元（城镇）
≥1500	鞍山市主城区、千山区主城区、弓长岭区主城区
[1000, 1500)	唐家房镇、大屯镇、甘泉镇、辽阳县主城区、刘二堡镇
[600, 1000)	海城市主城区、南台镇、穆家镇
[400, 600)	牌楼镇、毛祁镇、西柳镇、腾鳌镇、耿庄镇、温香镇、首山镇、兴隆镇、唐马寨镇、隆昌镇、汤河镇、安平乡
[200, 400)	西佛镇、黄泥洼镇、吉洞峪满族乡

表 4-10　锦葫都市圈人口密度空间分布

人口密度分级/(人/km^2)	空间单元（城镇）
≥1500	锦州市与葫芦岛市主城区、绥中县主城区、兴城市主城区、义县主城区
[1000, 1500)	凌海市主城区
[600, 1000)	曹庄镇、羊安满族乡、郭家镇、沙后所镇、沟帮子镇、寺儿堡镇、台集屯镇、九龙街道
[400, 600)	高台镇、望海满族乡、刘台子满族乡、高家岭镇、三道沟满族乡、药王满族乡、菊花岛乡、七里河镇、前杨镇、张家堡镇、班吉塔镇、翠岩镇、白台子镇、板石沟乡、温滴楼镇、虹螺岘镇、钢屯镇、杨郊乡、山神庙子乡、塔山乡
[200, 400)	药王庙镇、九道岭镇、高台子镇、闾阳镇、赵屯镇、石山镇、余积镇、双羊镇、沈家台镇、暖池塘镇、沙锅屯乡、黄土坎乡

表 4-11　盘营都市圈人口密度空间分布

人口密度分级/(人/km^2)	空间单元（城镇）
≥1500	盘锦市主城区、营口市主城区、大洼区主城区、大石桥市主城区、盖州市主城区
[1000, 1500)	盘山县主城区
[600, 1000)	新立镇、沟沿镇
[400, 600)	高坎镇、吴家镇、旗口镇
[200, 400)	西安镇、新兴镇、东风镇、平安镇、胡家镇、陈家镇、虎庄镇、永安镇、青石岭镇、团甸镇、沙岗镇

表 4-12　丹东都市圈人口密度空间分布

人口密度分级/(人/km^2)	空间单元（城镇）
≥1500	丹东市主城区、东港市主城区、凤城市主城区
[1000, 1500)	
[600, 1000)	前阳镇、长安镇
[400, 600)	十字街镇、合隆满族乡、古楼子乡、青椅山镇、杨木川镇
[200, 400)	长山镇、东汤镇、边门镇、虎山镇、马家店镇、龙王庙镇、小甸子镇、宝山镇、蓝旗镇、大堡蒙古族乡、爱阳镇、石城镇、鸡冠山镇、毛甸子镇、长甸镇、永甸镇

二、辽宁省都市圈城镇空间结构分析

（一）辽宁省都市圈城镇化水平分析

本书采用2016年底非农业人口数量来计算辽宁省都市圈城镇化水平，辽宁省都市圈城镇化水平为71.81%，是全省城镇化水平（67.05%）的1.07倍，是全国城镇化水平（54.77%）的1.31倍。其中，沈阳都市圈城镇化水平为76.25%，大连都市圈城镇化水平为73.18%，鞍山都市圈城镇化水平为70.26%，锦葫都市圈城镇化水平为69.95%，盘营都市圈城镇化水平为68.67%，丹东都市圈城镇化水平为69.41%，见表4-13。沈阳都市圈和大连都市圈城镇化水平最高，是因为中心城市沈阳市和大连市一直都是辽宁省内重点发展的城市，其发展水平较高；鞍山都市圈城镇化水平在辽宁省都市圈中处于中等水平，主要是因为鞍山都市圈中的城镇处于工业化中期，吸引农村劳动力的能力不及大连市和沈阳市；锦葫都市圈和丹东都市圈城镇化水平相对较低，主要是因为这两个都市圈所处的区域依然处在工业化发展的初级阶段，第二、第三产业比重较低。另外，辽宁省都市圈内部城镇间的城镇化水平差距较大，核心圈城镇化水平远高于紧密圈和机会圈，而紧密圈中集中了较多的县市级地理单元，其城镇化水平高于以建制乡镇为主的机会圈。

表4-13　辽宁省都市圈城镇化水平

项目	沈阳都市圈	大连都市圈	鞍山都市圈	锦葫都市圈	盘营都市圈	丹东都市圈
城镇化水平/%	76.25	73.18	70.26	69.95	68.67	69.41
与全省城镇化比	1.14	1.09	1.05	1.04	1.04	1.04
与全国城镇化比	1.39	1.34	1.28	1.28	1.27	1.27

（二）辽宁省都市圈城镇空间分布特征

城镇间的空间组合形式是都市圈最为直观的区域空间形式，都市圈城镇空间结构是区域内社会经济特征和自然环境要素在城镇体系布局上的空间投影。都市圈作为一个复杂的巨系统，具有自组织功能，研究城镇空间结构的自组织特征通常采用分形方法，同时，分形维数是描述分形的有效参数，因此本书采用集聚维数和网格维数来描述辽宁省都市圈城镇空间分布的向心性和均衡性特征。

1. 辽宁省都市圈城镇空间分布的向心性特征

（1）模型的选取

都市圈城镇空间分布的向心性是指都市圈内各城镇按某种规则围绕中心城市的分布状态，呈现出凝聚态分布特征，且分形体从中心向外均匀变化，从而表现出随机聚集的分形，因此可借助几何测度关系来确定以半径 r 为圆的范围内城镇数量 $N(r)$ 与半径 r 的关系，即有 $N(r) \propto r^D$，D 为分形维数，因为半径 r 影响分形维数值，可将其转化为平均半径，所以以都市圈内最大城市（中心城市）为重心，定义城镇随机空间分布的平均半径 R_s[190]：

$$R_s \equiv < \sqrt{\left(\frac{1}{s}\right)\sum_{i=1}^{s} r_i^2} > \tag{4-9}$$

式中，R_s 为平均半径；s 为都市圈内城镇的数量；r_i 为都市圈内第 i 个城镇到中心城市的欧式距离（也称重心距离，$i = 1, 2, 3, \cdots, n$）；<>表示平均。

根据城镇体系随机集聚的分形特征，如果在一定时空条件下，都市圈平均半径 R_s 与城镇个数 s 间的关系为 $R_s \propto s^{1/D}$ 或者 $s \propto R_s{}^D$，说明中心城市的吸引力呈现出分形的特征，可以对其进行双对数转化得到式（4-10）：

$$\ln R_s = R_0 + D - \ln s \tag{4-10}$$

式中，R_0 为一常数量；D 为分形维数，其是衡量都市圈城镇体系围绕中心城市随机集聚分布特征的指数，所以 D 被称为集聚维数。

集聚维数 D 描述的是都市圈内城镇围绕中心城市的随机集聚，即都市圈内核心城镇密度的分布从中心城市向外减弱，集聚维数也可叫作半径维数。集聚维数通常等于 2。$D>2$，表明都市圈内核心城镇密度的空间分布从中心城市向外表现为递增的特征，呈现出漏斗式的离散状态，这属于正常情况，且 D 值越大，表明都市圈核心城镇空间分布的离散程度就越明显；$D=2$，表明都市圈内核心城镇密度的空间分布在各方向上是均匀变化的，即都市圈内核心城镇在空间分布上呈均匀分布态势；$D<2$，表明都市圈内核心城镇密度的空间分布从中心城市向外逐渐递减，即都市圈内核心城镇在空间分布上呈集聚态分布特征，且 D 值越小，表明都市圈核心城镇空间分布的集聚程度就越突出[190]。

（2）辽宁省都市圈集聚维数的计算

运用向心性分形模型，对辽宁省都市圈城镇体系中心城市与核心城镇间的经济距离（参见第三章表 3-16～表 3-21），按大小进行排序，借助式（4-9）可以计算出辽宁省都市圈各中心城市与核心城镇的平均半径 R_s，将点（R_s, s）绘成对数散点图，并对其进行回归模拟，求出集聚维数 D，如图 4-9～图 4-14 和表 4-14 所示。

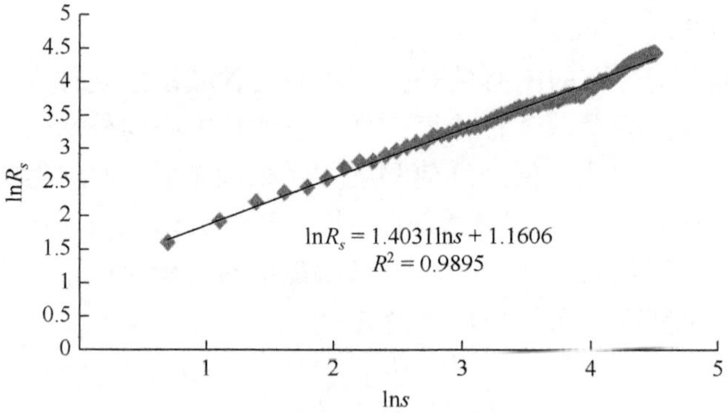

图 4-9　沈阳都市圈城镇体系的随机集聚特征

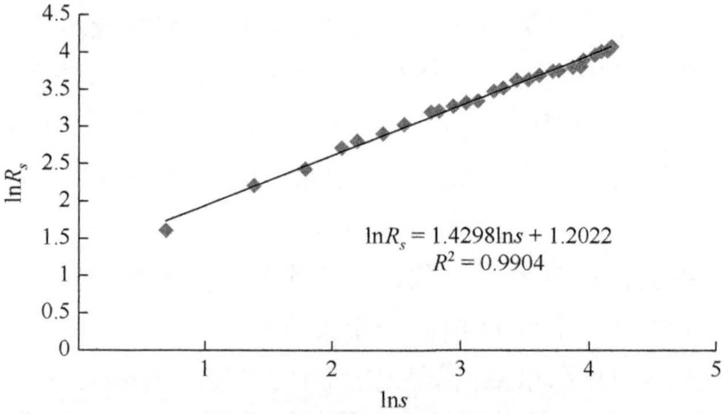

图 4-10　大连都市圈城镇体系的随机集聚特征

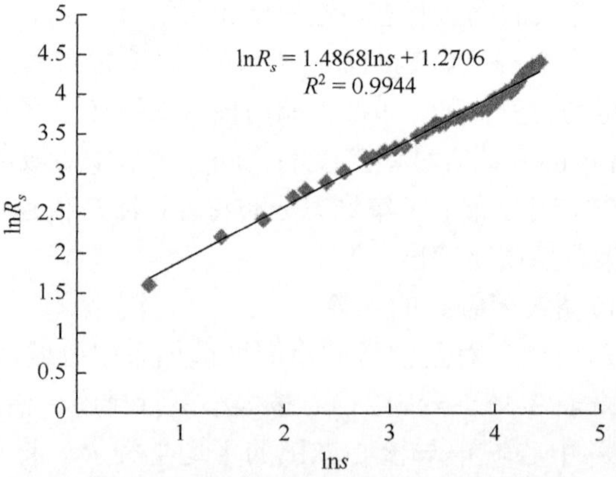

图 4-11　鞍山都市圈城镇体系的随机集聚特征

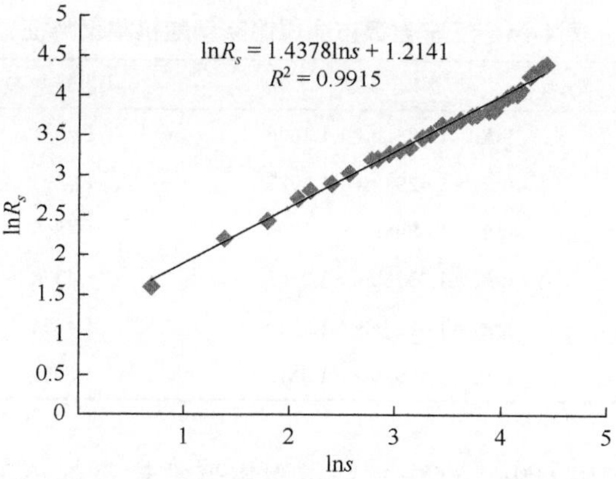

图 4-12　锦葫都市圈城镇体系的随机集聚特征

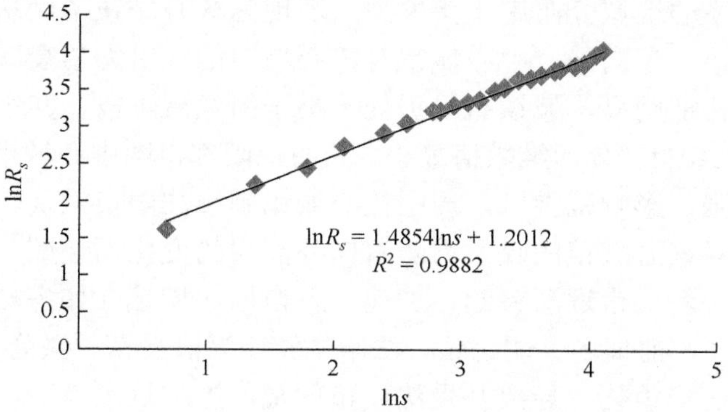

图 4-13　盘营都市圈城镇体系的随机集聚特征

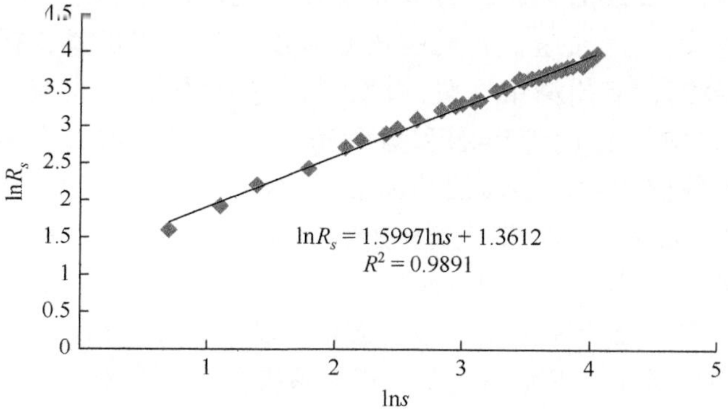

图 4-14　丹东都市圈城镇体系的随机集聚特征

表 4-14　辽宁省都市圈城镇空间随机集聚特征

名称	测定方程	集聚维数 D	相关系数 R^2
沈阳都市圈	$\ln R_s = 1.4031\ln s + 1.1606$	1.4031	0.9895
大连都市圈	$\ln R_s = 1.4298\ln s + 1.2022$	1.4298	0.9904
鞍山都市圈	$\ln R_s = 1.4868\ln s + 1.2706$	1.4868	0.9944
锦葫都市圈	$\ln R_s = 1.4378\ln s + 1.2141$	1.4378	0.9915
盘营都市圈	$\ln R_s = 1.4854\ln s + 1.2012$	1.4854	0.9882
丹东都市圈	$\ln R_s = 1.5997\ln s + 1.3612$	1.5997	0.9891

通过表 4-14 可以看出，辽宁省都市圈集聚维数 D 都小于 2，相关系数都大于 0.95，表明拟合情况较好，辽宁省都市圈城镇空间分布表现出较为紧密的特征，城镇空间扩展较为紧密。辽宁省都市圈核心城镇围绕中心城市呈集聚分布特征，城镇体系的地域分布属于集聚型，表现为核心城镇密度从中心城市向外逐渐减小的规律，越向外，中心城市对核心城镇的吸引力的衰减速度就越快，中心城市首位特征明显，城镇布局仍处于不平衡发展阶段。其中，沈阳都市圈集聚维数 $D = 1.4031$，分形维数值最小，表明沈阳都市圈中心城市对周围核心城镇的辐射作用强、影响范围广，周围核心城镇围绕沈阳市呈现较好的集聚态分布，中心城市对核心城镇的吸引力随着向外圈层的变化而递减。另外，沈阳都市圈中抚顺市、新民市逐渐突起，加速了各自周边城镇（如塔峪镇、千金乡、碾盘乡、河北乡、前甸乡、胡台镇、法哈牛镇、兴隆堡镇、兴隆镇、当前堡镇、柳河沟镇等）的城镇化，导致其受沈阳市的辐射影响逐渐减少，即沈阳市对其吸引力的衰减速度逐渐增大。大连都市圈内的城镇体系表现为核心城镇围绕大连市的自组织演化规律，并且城镇体系的各要素空间分布从中心城市大连市向北密度逐渐衰减，城镇沿交通轴线分布明显，瓦房店市和普兰店区对比其他核心城镇发展速度较快，加速了其周围核心城镇（如皮口街道、杨树房街道、大刘家街道、元台镇、复州湾镇、复州城镇等）的城镇化，也减少了大连市对这些城镇的辐射影响。锦葫都市圈和盘营都市圈集聚维数 D 分别为 1.4378 和 1.4854，分形维数值相对较小，锦葫都市圈和盘营都市圈都属于双核型都市圈，都市圈核心城镇围绕中心城市形成紧密的空间分布。其中，锦葫都市圈城镇数量多，空间范围小，中心城市对外辐射影响较沈阳都市圈和大连都市圈中心城市的辐射影响小，使得都市圈内主要核心城市兴城市、凌海市、北镇市、义县对其周围城镇（如沙后所镇、望海满族乡、药王满族乡、石山镇、翠岩镇、温滴楼镇、闾阳镇、前杨镇、七里河镇等）的影响较强。鞍山都市圈集聚维数 $D = 1.4868$，分形维数值相对较高，鞍山都市圈中心城市鞍山市作为计划经济时期的经济重心城市，随着 20 世纪 90 年代后工业化率的下降，经济发展缓慢，城镇化进程不快，

使得鞍山都市圈中心城市对其他核心城镇的辐射影响较沈阳都市圈、大连都市圈和锦葫都市圈要小。迅速崛起的新兴城市海城市的经济高速发展，提高了其周围乡镇（如西柳镇、甘泉镇、南台镇等）的城市化水平和经济发展速度，也使得鞍山都市圈中心城市对西部核心城镇辐射影响的衰减速度加快。丹东都市圈作为特殊类型的都市圈，其集聚维数 $D=1.5997$，分形维数值相对最大，表明丹东都市圈中心城市对周围核心城镇的辐射影响较辽宁省其他都市圈要小很多，城镇数量少，空间范围小，但丹东都市圈核心城镇围绕中心城市呈集聚态分布，中心城市对核心城镇的吸引力随着向外圈层的变化而迅速递减，城镇向外推进缓慢。

2. 辽宁省都市圈城镇空间分布的均衡性特征

（1）模型的选取

网格维数可以描述都市圈城镇空间分布的均衡性水平，运用网格化可以求得城镇分布的信息量，即对都市圈空间范围进行网格化处理，改变网格的尺寸 r，与其对应的网格数 $N(r)$ 也随之发生变化，则有 $N(r)\propto r^{-\alpha}$，根据豪斯多夫维数公式可以得出，$\alpha=D_0$ 为分形维数（容量维），若各个网格中出现城镇的概率为 P_i，则可以计算出整个都市圈内城镇分布的信息量 $I(r)$[190]：

$$I(r)=-\sum_{i=1}^{N(r)}P_i\ln P_i \tag{4-11}$$

式中，$N(r)$ 为非空小网格的数目；$I(r)$ 为信息量，改变小网格的尺度 r，可得到一系列 $I(r)$ 值。如果城镇的空间分布具有无标度性，则 $I(r)$ 具有分形性质，满足 $I(r)=r^{-D_1}$，D_1 为信息维，上述的容量维 D_0 和信息维 D_1 都可以用网格化测得，所以被称为网格维数。实际上，网格维数存在一个一般的分形公式，即

$$D_q=\frac{1}{q-1}\lim_{r\to 0}\frac{\ln\sum_{i=1}^{N(r)}P_i^q}{\ln r} \tag{4-12}$$

式中，q 为参数（$q=-\infty,\cdots,-2,-1,0,1,2,\cdots,+\infty$）。当 $q=0$ 时，D_0 为容量维；当 $q=1$ 时，D_1 为信息维；当 $q=2$ 时，D_2 为关联维，且有 $D_0>D_1>D_2$。

根据研究经验，网格维数值在0～2，城镇空间分布越均衡，网格维数越高（越趋近于二维）。$D=0$，表示都市圈内只有一个城市，这种现象不会出现；$D=2$，表示所有城镇在都市圈内都是均匀分布的；通常情况下，$1<D<2$，D 值越大表示都市圈内各城镇空间分布越均衡，反之则越集中；$D\to 1$，表示都市圈内的所

有城镇都均匀地分布在一条直线上[190]。

（2）辽宁省都市圈网格维数的计算

运用空间分布均衡性的分形模型式（4-12），以辽宁省都市圈城镇所在的区域为研究对象进行“网格”分析，以考察辽宁省都市圈城镇空间分布的均衡性水平。沈阳都市圈的主体部分区域为北纬 41°13′～42°33′、东经 122°13′～124°07′，这一区域范围内的城镇数为 45 个；大连都市圈的主体部分区域为北纬 38°73′～40°05′、东经 121°13′～122°55′，这一区域范围内的城镇数为 23 个；鞍山都市圈的主体部分区域为北纬 40°59′～41°61′、东经 122°51′～123°47′，这一区域范围内的城镇数为 28 个；锦葫都市圈的主体部分区域为北纬 40°15′～41°77′、东经 120°01′～121°87′，这一区域范围内的城镇数为 45 个；盘营都市圈的主体部分区域为北纬 40°29′～41°16′、东经 122°62′～123°51′，这一区域范围内的城镇数为 22 个；丹东都市圈的主体部分区域为北纬 40°24′～40°97′、东经 123°66′～124°72′，这一区域范围内的城镇数为 26 个。

把矩形区的边长看作 1 个单位长度（长边与宽边取不同单位），分别将各边 k 等分，研究区域被分成 k^2 个网格，且有 $r=1/k$，r 为小网格尺寸；统计被城镇占据的网格数 $N(r)$，以及每个网格中的镇点数 N_{ij}，算出网格中有城镇的概率 $P_{ij}(r)$，然后计算相应的信息量 $I(r)$；改变 r，可得到不同的 $N(r)$ 和 $I(r)$，做出双对数坐标图 $\ln N(r)$-$\ln(1/r)$ 以及 $I(r)$-$\ln(1/r)$，并对无标度区散点进行回归拟合，可以得到容量维和信息维，如图 4-15～图 4-20 和表 4-15 所示。

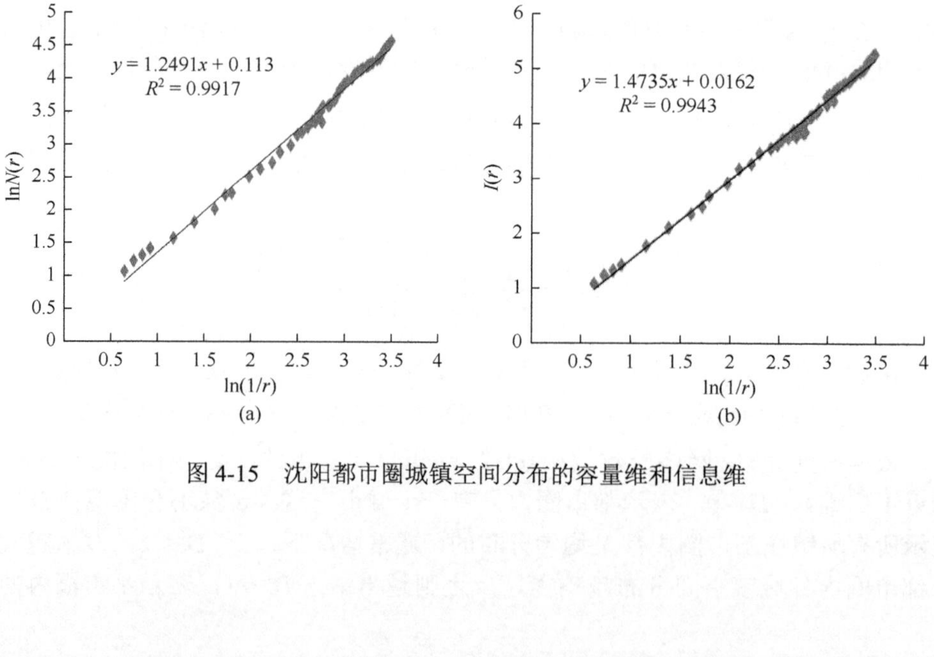

图 4-15　沈阳都市圈城镇空间分布的容量维和信息维

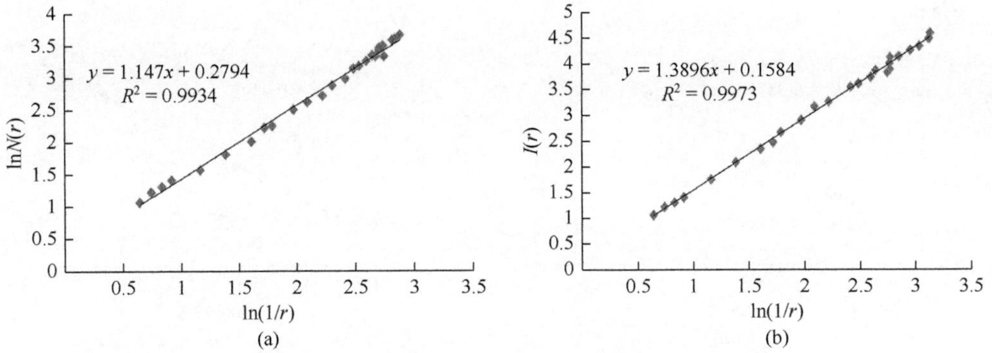

图 4-16　大连都市圈城镇空间分布的容量维和信息维

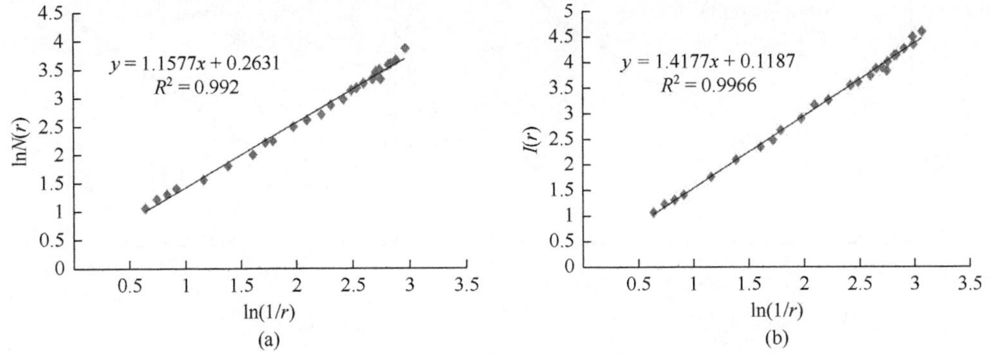

图 4-17　鞍山都市圈城镇空间分布的容量维和信息维

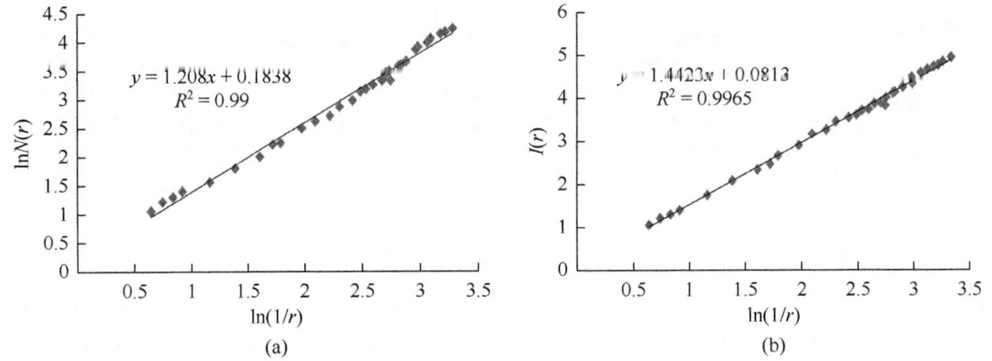

图 4-18　锦葫都市圈城镇空间分布的容量维和信息维

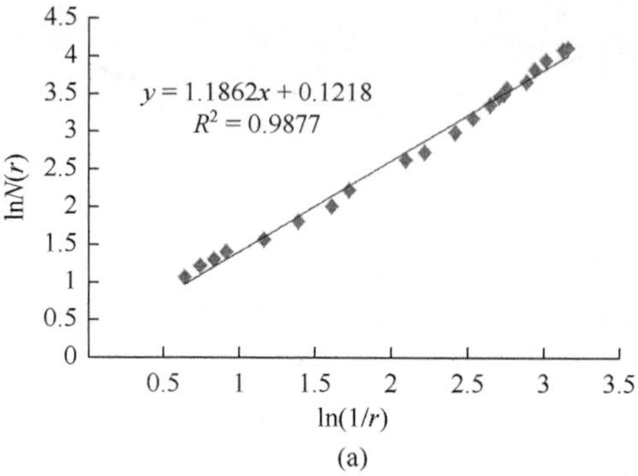

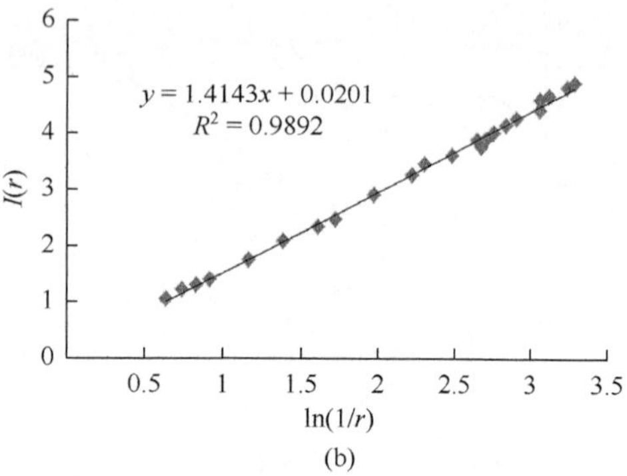

图 4-19　盘营都市圈城镇空间分布的容量维和信息维

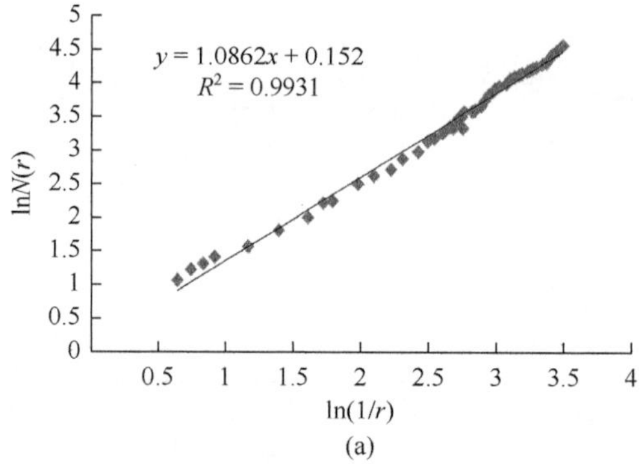

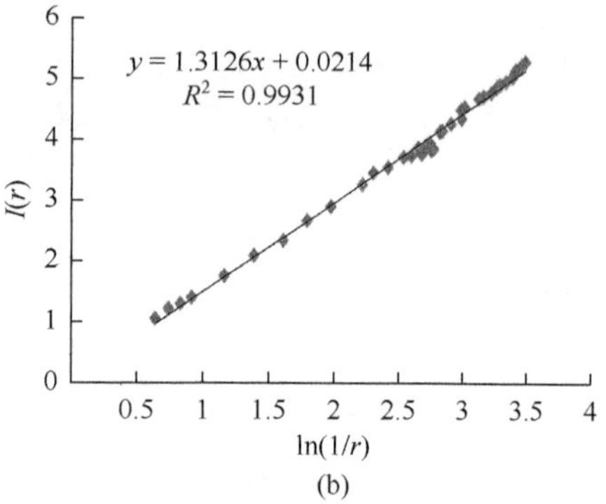

图 4-20　丹东都市圈城镇空间分布的容量维和信息维

表 4-15　辽宁省都市圈城镇空间分布均衡性特征

网格维数及判定系数		沈阳都市圈	大连都市圈	鞍山都市圈	锦葫都市圈	盘营都市圈	丹东都市圈
网格维数 D	容量维 D_0	1.2491	1.147	1.1577	1.208	1.1862	1.0862
	信息维 D_1	1.4735	1.3896	1.4177	1.4423	1.4143	1.3126
相关系数 R^2		＞0.95	＞0.95	＞0.95	＞0.95	＞0.95	＞0.95

通过表 4-15 可以看出，辽宁省都市圈的网格维数都满足 $1<D<2$，相关系数 $R^2>0.95$，拟合情况较好，表明辽宁省都市圈城镇空间分布具有一定的均衡性，都市圈内的城镇体系分布较为适中。网格维数较小，城镇密度较大。沈阳都市圈、锦葫都市圈网格维数 D 值接近，与辽宁省其他都市圈相比较，分形维数值最大，表明沈阳都市圈和锦葫都市圈城镇空间分布较其他都市圈最均衡、城镇密度最大、城镇体系空间分布也最适中，城镇是在城镇密度较大下的均衡分布，主要是由于沈阳都市圈和锦葫都市圈城镇数量多，城镇密度较其他都市圈大；鞍山

都市圈网格维数 D 值也较大，表明鞍山都市圈城镇空间分布的均衡性也较好，鞍山都市圈和盘营都市圈与沈阳都市圈和锦葫都市圈相比，城镇数量少、城镇密度小，城镇是在城镇密度较小下的均衡分布；大连都市圈网格维数 D 值较低，城镇空间分布的均衡度不如沈阳都市圈、锦葫都市圈、鞍山都市圈、盘营都市圈，主要是由于大连都市圈地域范围呈狭长状，都市圈内城镇数量少、城镇密度小；丹东都市圈网格维数 D 值在辽宁省都市圈中最小，城镇空间分布的均衡度也最低，主要由于丹东都市圈处于形成的初级阶段，城镇数量少、都市圈范围小，城镇体系还不完善。

三、辽宁省都市圈城际空间联系结构分析

都市圈内城镇间经济联系比较密切，并形成了特定的空间联系结构。都市圈内城镇间的联系更多地表现为城市流与经济流。因此，本节构建基于城市流强度和经济联系强度的都市圈城际空间联系模型，来定量描述辽宁省都市圈城际空间联系的现状，归纳总结其结构特征。辽宁省都市圈城镇体系中，乡镇数量较多，当前辽宁省都市圈乡镇第二产业、金融业和房地产行业不是很发达，乡镇间及乡镇与县（市）间的城市流相对较弱。基于此，本节研究的辽宁省都市圈城镇，选择都市圈内县或县级市作为研究对象，对于县级以下的乡镇，在每一个县（市）内选择 1～2 个乡镇作为研究对象。

（一）基于城市流强度的辽宁省都市圈城际空间联系

1. 基于城市流强度的都市圈城际空间联系模型选取

当前都市圈空间联系的研究主要集中在中心城市与核心城镇间关系或位序等方面，缺少对都市圈内城镇间的人流、物流、信息流等要素的动态分析。城市流是指城市之间的人流、物流、信息流、资金流、技术流等空间流在城市区域所发生的频繁、双向或多向的流动现象[191]。城市流强度是指在区域各城市之间的联系中，城市外向功能（集聚与辐射）所产生的影响量[192]。因此，都市圈内城市流大小，对都市圈整体效益有较大影响。本书以城市流强度作为研究的出发点，构建都市圈城际空间联系模型，从而确定辽宁省都市圈城际空间联系的基本形式。其计算过程如下：

$$L_{qij} = \frac{G_{ij} / G}{G_j / G} \, (i = 1, 2, \cdots, m \,;\, j = 1, 2, \cdots, n) \tag{4-13}$$

$$E_{ij} = G_{ij} - G_i \times (G_j / G) \tag{4-14}$$

$$E_i = \sum_{j=1}^{n} E_{ij} \tag{4-15}$$

式中，L_{qij} 为都市圈内 i 城镇 j 行业从业人员的区位商；E_{ij} 为都市圈 i 城镇 j 行业的外向功能量；E_i 为 i 城镇 n 个行业总的外向功能量；G_{ij} 为都市圈 i 城镇 j 行业从业人数；G_i 为都市圈 i 城镇从业人数；G_j 为全国 j 行业从业人数；G 为全国从业人数。若 $L_{qij}<1$，由于在 i 城镇的从业人数比重小于全国的比重，则不存在对外服务功能，即 $E_{ij}=0$；若 $L_{qij}>1$，除满足自身需求外，能够为其他城市提供服务。i 城镇的功能效率 N_i 的公式表示如下：

$$N_i = \mathrm{GDP}_i / G_i \tag{4-16}$$

式中，GDP_i 为都市圈 i 城镇的国民生产总值。

城市流强度 F_i 公式表示如下：

$$F_i = N_i \times E_i \tag{4-17}$$

式中，F_i 为都市圈 i 城镇的城市流强度；N_i 为都市圈 i 城镇的功能效率；E_i 为都市圈 i 城镇的外向功能量。

都市圈内的城镇可以看作是由各种要素组成的巨大磁场，分布在都市圈内的各种规模、类型的城镇间存在着不同大小和方向上的相互作用力[193]。可以修正城市引力模型，来反映都市圈城际空间联系强度。其计算模型公式如下：

$$R_{\mathrm{ab}} = GF_{\mathrm{a}}F_{\mathrm{b}}/D_{\mathrm{ab}}^2 \tag{4-18}$$

式中，R_{ab} 为都市圈城镇 A 与城镇 B 间空间联系强度；F_{a}、F_{b} 分别为都市圈城镇 A、城镇 B 的城市流强度；D_{ab} 为都市圈城镇 A 与城镇 B 间的距离；G 为都市圈内两城镇间的介质系数，为计算方便取值为 1。

从式（4-13）～式（4-18）可以看出，都市圈城市流强度集中了区位商、城市功能效率以及城镇产业规模三方面。在利用计算城市流强度的方法对节点等级体系进行划分的过程中，可以发现城市流强度能够比较客观地反映城市的外向辐射能力和城市综合实力，是一种划分节点等级体系的科学方法。

2. 辽宁省都市圈城际空间联系分析

采用 2016 年辽宁省都市圈各城镇主要部门的从业人数进行城市流强度分析，考虑指标选择的可操作性和代表性，本书选择批发和零售业、第二产业、社会服务业、金融业、房地产业等行业的从业人数来研究辽宁省都市圈城镇间的城市流强度。

根据式（4-13）～式（4-18），求得辽宁省各都市圈城际空间联系强度，见

表 4-16～表 4-21。根据表 4-16～表 4-21 中数据，本书设定辽宁省都市圈城际空间联系强度大于 1 的城镇具有联系。辽宁省都市圈城际空间联系强度关系可分成三层网络联系，即一级网络联系（＞50）、二级网络联系（10～50）、三级网络联系（＜10），由此得出的辽宁省都市圈城际空间联系结构示意图，如图 4-21～图 4-26 所示。

表 4-16　基于城市流强度的沈阳都市圈城际空间联系强度表

地区	沈阳市	新民市	辽中区	抚顺市	抚顺县	灯塔市	铁岭县	溪湖区
沈阳市	—	527	347	864	109	127	83	95
新民市		—	56	14	6	18	5	4.9
辽中区			—	11	1.7	34	0.8	0.6
抚顺市				—	127	11	21	7
抚顺县					—	0.5	1.4	9
灯塔市						—	1.3	0.8
铁岭县							—	0.4
溪湖区								—

表 4-17　基于城市流强度的大连都市圈城际空间联系强度表

地区	大连市	旅顺口区	瓦房店市	普兰店区	长兴岛经济技术开发区	铁山街道	长城街道
大连市	—	814	82	65	24	418	451
旅顺口区		—	22	10	0.7	312	243
瓦房店市			—	29	11.7	0.3	0.3
普兰店区				—	11.4	0.2	0.3
长兴岛经济技术开发区					—	0.12	0.13
铁山街道						—	27
长城街道							—

表 4-18　基于城市流强度的鞍山都市圈城际空间联系强度表

地区	鞍山市	千山区	海城市	台安县	辽阳县	弓长岭区	大屯镇	西柳镇
鞍山市	—	714	127	24	9	18	1.8	7
千山区		—	19	3	12	11.6	0.7	0.7
海城市			—	11	4.7	1.8	0.8	31
台安县				—	1.3	0.3	0.2	1.8
辽阳县					—	11.4	0.14	1.3

续表

地区	鞍山市	千山区	海城市	台安县	辽阳县	弓长岭区	大屯镇	西柳镇
弓长岭区						—	0.3	0.8
大屯镇							—	0.4
西柳镇								—

表 4-19　基于城市流强度的锦葫都市圈城际空间联系强度表

地区	锦州市	葫芦岛市	绥中县	建昌县	兴城市	义县	北镇市	凌海市
锦州市	—	796	65	16	29	127	11	27
葫芦岛市		—	81	11	55	9	8.7	7
绥中县			—	12	11.8	2.2	1.1	2.24
建昌县				—	6	1.7	0.5	0.3
兴城市					—	4.2	3.2	11.4
义县						—	5.5	12.3
北镇市							—	1.4
凌海市								—

表 4-20　基于城市流强度的盘营都市圈城际空间联系强度表

地区	盘锦市	营口市	大洼区	盘山县	大石桥市	盖州市	新立镇	沟沿镇
盘锦市	—	796	65	16	29	127	11	27
营口市		—	81	11	55	9	8.7	7
大洼区			—	12	11.8	2.2	1.1	2.24
盘山县				—	6	1.7	0.5	0.3
大石桥市					—	4.2	3.2	11.4
盖州市						—	5.5	12.3
新立镇							—	1.4
沟沿镇								—

表 4-21　基于城市流强度的丹东都市圈城际空间联系强度表

地区	丹东市	东港市	凤城市	前阳镇	东汤镇	虎山镇
丹东市	—	384	71	24	17	16
东港市		—	53	21	4	2
凤城市			—	4	11	2
前阳镇				—	1.1	0.3

续表

地区	丹东市	东港市	凤城市	前阳镇	东汤镇	虎山镇
东汤镇					—	0.6
虎山镇						—

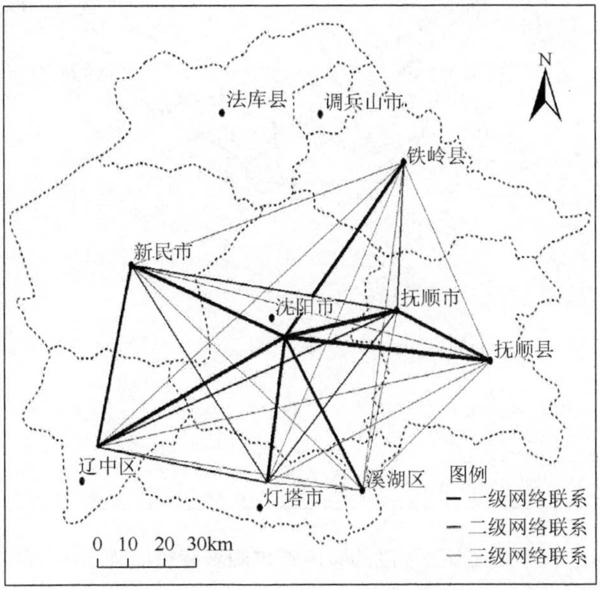

图 4-21　基于城市流强度的沈阳都市圈城际空间联系结构示意图

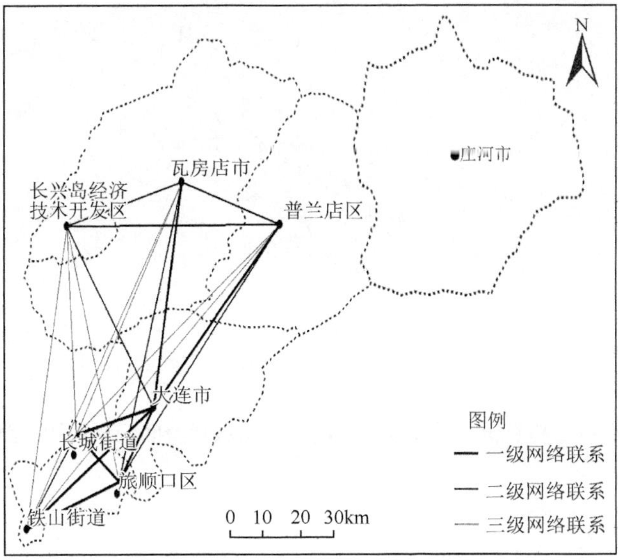

图 4-22　基于城市流强度的大连都市圈城际空间联系结构示意图

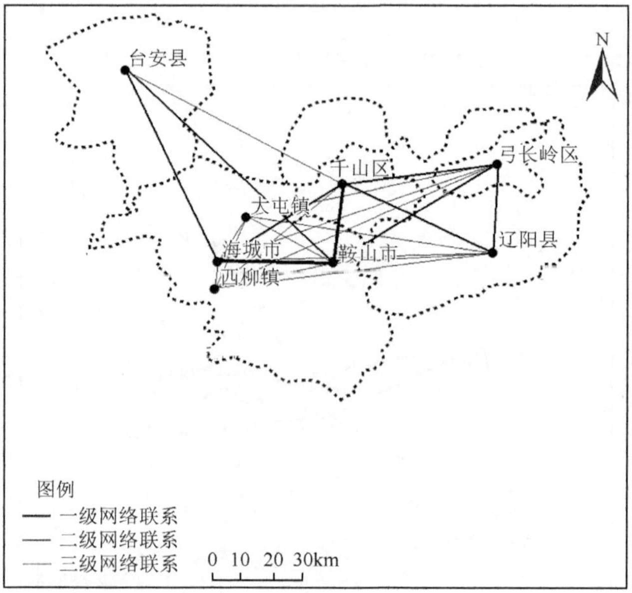

图 4-23　基于城市流强度的鞍山都市圈城际空间联系结构示意图

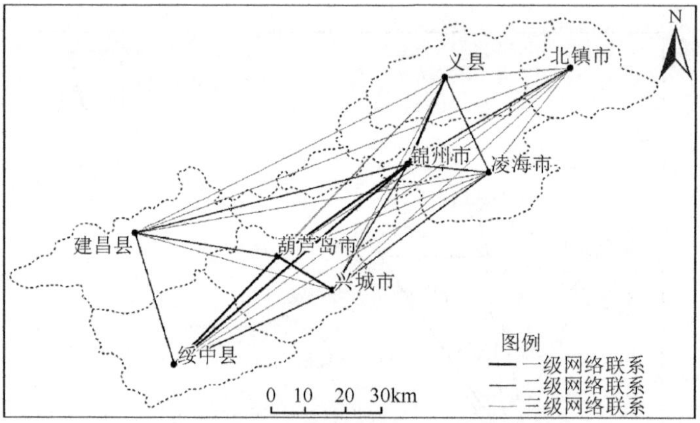

图 4-24　基于城市流强度的锦葫都市圈城际空间联系结构示意图

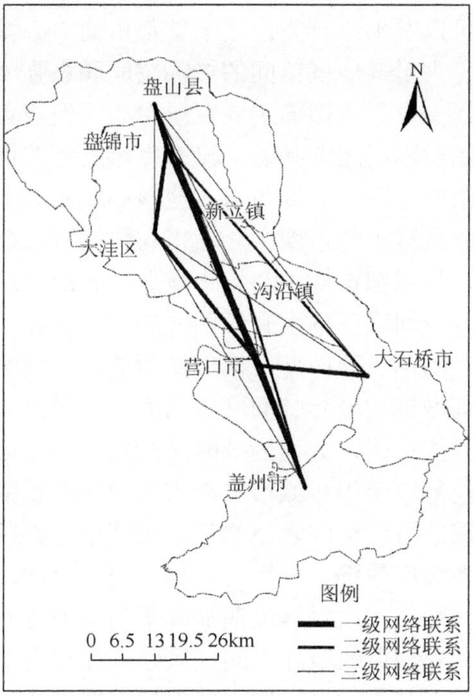

图 4-25　基于城市流强度的盘营都市圈城际空间联系结构示意图

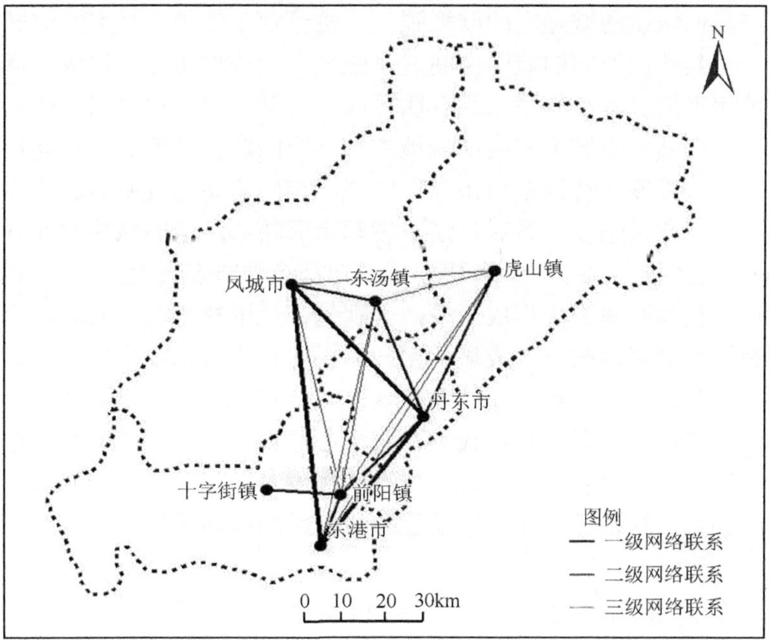

图 4-26　基于城市流强度的丹东都市圈城际空间联系结构示意图

从上述计算结果可以看出：首先，辽宁省都市圈中心城市与其他核心城镇间的城际空间联系强度远大于其他城镇间的城际空间联系强度，处于遥遥领先的地位，表明中心城市是辽宁省都市圈的主要发展中心，但随着空间距离的增加，中心城市对核心城镇的辐射作用逐渐减弱，没有完全发挥首位城市的辐射作用，属于弱核牵引，其中沈阳都市圈中心城市对其他核心城镇的牵引最强，大连都市圈中心城市次之，接下来是鞍山都市圈中心城市与作为双核都市圈的锦葫都市圈和盘营都市圈中心城市，丹东都市圈中心城市最弱。其次，辽宁省都市圈中心城市与其他核心城镇的城际空间联系强度有较明显的空间差异，其中，沈阳都市圈中心城市沈阳市与东部、西部、西南部及南部城镇的城际空间联系强度明显高于与北部、西北部及西南部城镇的城际空间联系强度，沈阳市与抚顺市、新民市、辽中区的城际空间联系强度最强，分别为 864、527、347，远大于与其他城镇的城际空间联系强度；大连都市圈中心城市大连市与西南部城镇的城际空间联系强度远大于与其他方向城镇的城际空间联系强度，大连市与旅顺口区、长城街道、铁山街道的城际空间联系强度最强，分别为 814、451、418，鞍山都市圈中心城市与西部和北部城镇的城际空间联系强度明显高于与其他方向城镇的城际空间联系强度，其中与千山区和海城市的城际空间联系强度分别为 714 和 127；锦葫都市圈中心城市锦州市与葫芦岛市的城际空间联系强度明显高于中心城市与其他核心城镇的城际空间联系强度，中心城市与绥中县、义县和兴城市的城际空间联系强度稍高于与其他城镇的城际空间联系强度；盘营都市圈中心城市间的城际空间联系强度高于与其他城镇间的城际空间联系强度，中心城市与大洼区、盘山县、大石桥市、盖州市的城际空间联系强度明显高于与其他核心城镇间的城际空间联系强度；丹东都市圈中心城市与南部城镇的城际空间联系强度高于与其他方向城镇的城际空间联系强度，特别是与东港市的城际空间联系强度明显高于与其他方向城镇的城际空间联系强度。最后，辽宁省都市圈核心城镇间城际空间联系强度较弱，城市网络联系体系不健全，各核心城镇在都市圈节点层次上的网络连接较弱，城镇间的城际空间联系尚未形成规模，表现为邻近的核心城镇间城际空间联系强度弱，相距较远的城镇间未形成城际空间联系。辽宁省都市圈核心城镇间的城际空间联系主要是县（市）级城镇间及县（市）级城镇与乡镇级城镇间形成的城际空间联系，且城际空间联系普遍较小，与中心城市和核心城镇间城际空间联系相比有较大差距；而辽宁省都市圈城镇体系中占绝对数量的乡镇级城镇间几乎未形成城际空间联系，这些城镇存在接受服务与辐射的迫切需要。

（二）基于经济联系强度的辽宁省都市圈城际空间联系

城市流强度是区域城市间联系中城市外向的影响量，而经济联系强度描述的是城镇间经济联系强弱，既能反映经济中心城市对周围地区的影响力，也能反映周围地区对经济中心辐射能力的接受程度。根据第三章经济联系强度公式，再根据 2016 年辽宁省相关统计数据，计算辽宁省都市圈各城镇间的经济联系强度，见表 4-22～表 4-27。本书设定辽宁省都市圈各城镇间的经济联系强度如果大于 5，则城镇间有联系，并把经济联系强度值划分为 4 个等级，即一级网络联系（＞15）、二级网络联系（10～15）、三级网络联系（5～10）、四级网络联系（0～5），从而绘制辽宁省都市圈城际空间联系结构示意图，如图 4-27～图 4-32 所示。

表 4-22　基于经济联系强度的沈阳都市圈城际空间联系强度表

地区	沈阳市	新民市	辽中区	抚顺市	抚顺县	灯塔市	铁岭县	溪湖区
沈阳市	—	35.0	15.7	38.4	13.5	37.4	13.5	12.7
新民市		—	19.3	5.4	1.6	11.8	1.7	2.0
辽中区			—	6.4	0.7	13.2	0.5	1.2
抚顺市				—	11.1	5.2	8.4	6.1
抚顺县					—	2.4	1.3	5.4
灯塔市						—	0.3	5.5
铁岭县							—	0.4
溪湖区								—

表 4-23　基于经济联系强度的大连都市圈城际空间联系强度表

地区	大连市	旅顺口区	瓦房店市	普兰店区	长兴岛经济技术开发区	铁山街道	长城街道
大连市	—	17.7	11.2	12.7	7.6	10.3	11.0
旅顺口区		—	5.1	4.3	1.1	10.5	10.4
瓦房店市			—	7.2	5.1	0.4	0.4
普兰店区				—	5.7	0.3	0.3
长兴岛经济技术开发区					—	0.2	0.2
铁山街道						—	6.1
长城街道							—

表 4-24　基于经济联系强度的鞍山都市圈城际空间联系强度表

地区	鞍山市	千山区	海城市	台安县	辽阳县	弓长岭区	西柳镇
鞍山市	—	16.7	11.2	4.1	7.2	6.9	4.7
千山区		—	5.1	1.4	6.4	6.1	0.6
海城市			—	2.1	5.3	1.6	5.4

续表

地区	鞍山市	千山区	海城市	台安县	辽阳县	弓长岭区	西柳镇
台安县				—	1.2	0.7	0.7
辽阳县					—	5.7	0.8
弓长岭区						—	0.6
西柳镇							—

表 4-25 基于经济联系强度的锦葫都市圈城际空间联系强度表

地区	锦州市	葫芦岛市	绥中县	建昌县	兴城市	义县	北镇市	凌海市
锦州市	—	18.7	5.7	3.1	12.5	14.5	5.5	11.2
葫芦岛市		—	13.4	6.2	15.2	2.7	1.4	5.1
绥中县			—	6.4	7.6	0.5	0.3	1.0
建昌县				—	5.4	0.7	0.3	0.5
兴城市					—	5.9	2.5	5.7
义县						—	4.1	5.6
北镇市							—	2.4
凌海市								—

表 4-26 基于经济联系强度的盘营都市圈城际空间联系强度表

地区	盘锦市	营口市	大洼区	盘山县	大石桥市	盖州市	新立镇	沟沿镇
盘锦市	—	19.2	7.5	6.2	9.2	11.8	4.5	4.1
营口市		—	8.1	7.5	11.4	10.3	2.7	3.0
大洼区			—	5.8	6.9	7.4	3.7	2.1
盘山县				—	3.5	2.3	2.7	2.1
大石桥市					—	2.4	2.1	3.3
盖州市						—	3.2	2.1
新立镇							—	0.3
沟沿镇								—

表 4-27 基于经济联系强度的丹东都市圈城际空间联系强度表

地区	丹东市	东港市	凤城市	前阳镇	东汤镇	虎山镇
丹东市	—	16.2	15.9	5.1	3.1	2.2
东港市		—	13.4	11.4	0.4	0.2
凤城市			—	0.4	10.5	1.0
前阳镇				—	0.2	0.2

续表

地区	丹东市	东港市	凤城市	前阳镇	东汤镇	虎山镇
东汤镇					—	0.6
虎山镇						—

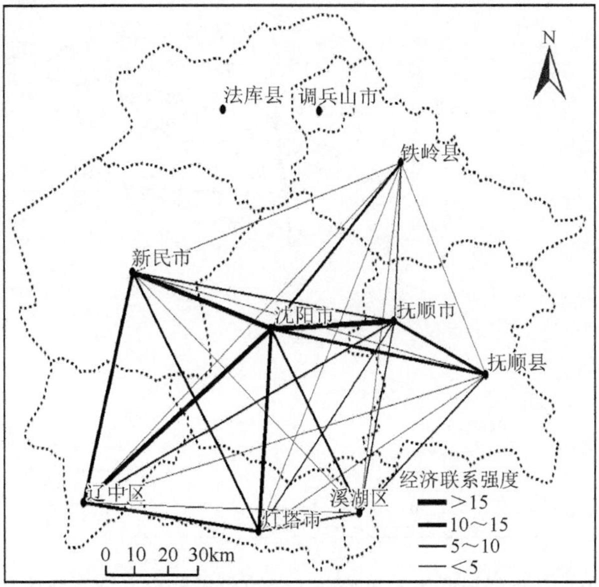

图 4-27 基于经济联系强度的沈阳都市圈城际空间联系结构示意图

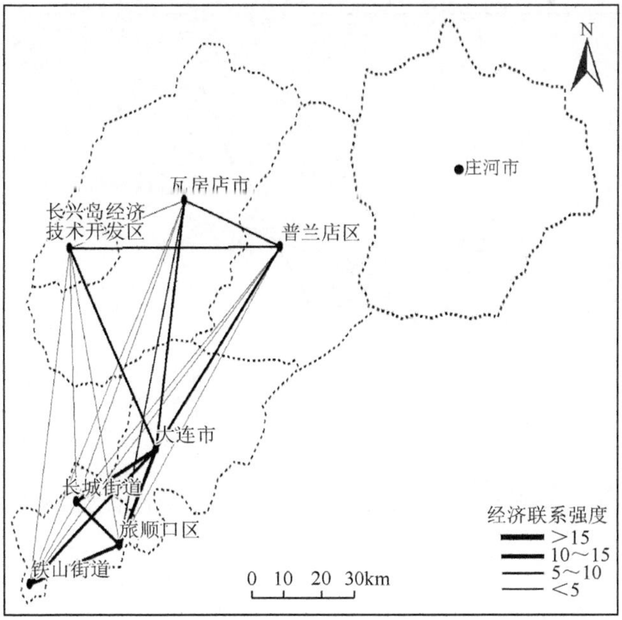

图 4-28 基于经济联系强度的大连都市圈城际空间联系结构示意图

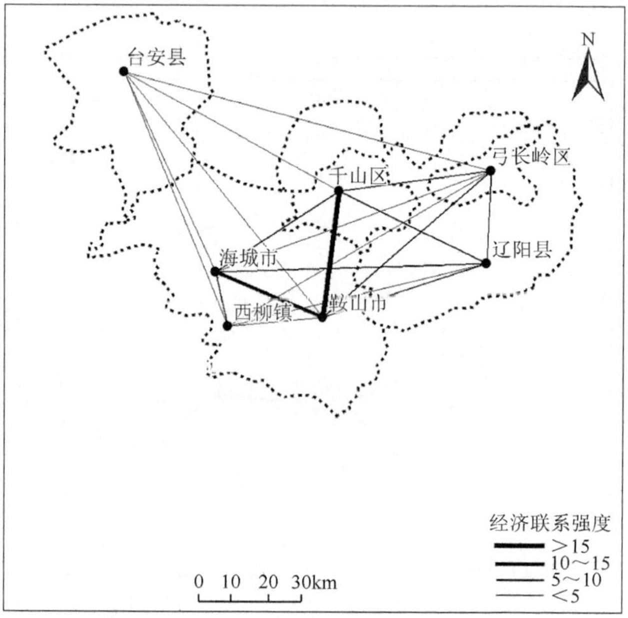

图 4-29　基于经济联系强度的鞍山都市圈城际空间联系结构示意图

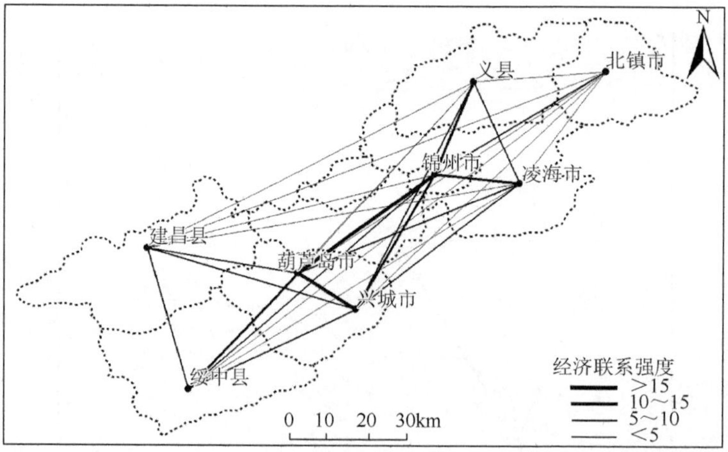

图 4-30　基于经济联系强度的锦葫都市圈城际空间联系结构示意图

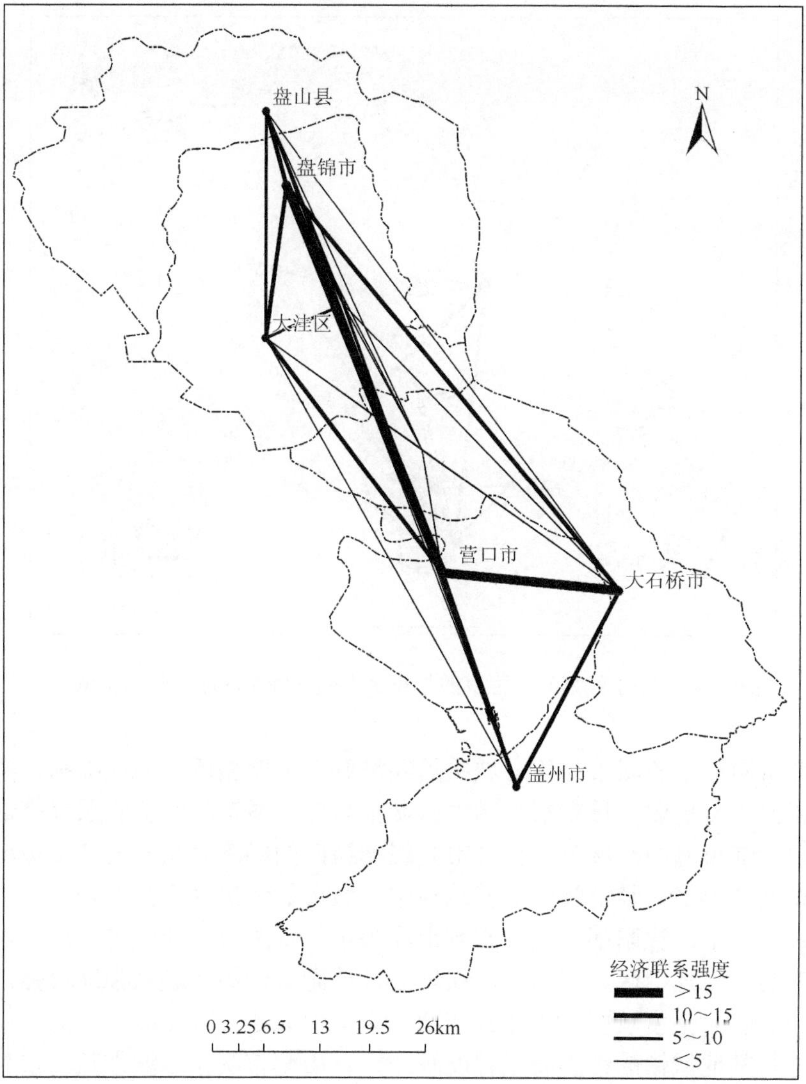

图 4-31　基于经济联系强度的盘营都市圈城际空间联系结构示意图

从表 4-22～表 4-27 和图 4-27～图 4-32 可以看出：首先，辽宁省都市圈中心城市是都市圈的经济联系中心，各都市圈中心城市与核心城镇的经济联系水平差异较大，各都市圈内核心城镇与中心城市有着较强的经济联系且有等级之分。随着核心城镇与中心城市空间距离的增加，辽宁省都市圈中心城市的经济辐射作用减弱，具体表现为沈阳都市圈中心城市与核心城镇的经济联系强度最强，与抚顺市、灯塔市和新民市的经济联系强度超过 30，与其他城镇的经济联系强度也较强，大连都市圈的中心城市与核心城镇的经济联系强度较沈阳都市圈弱，鞍山都市圈

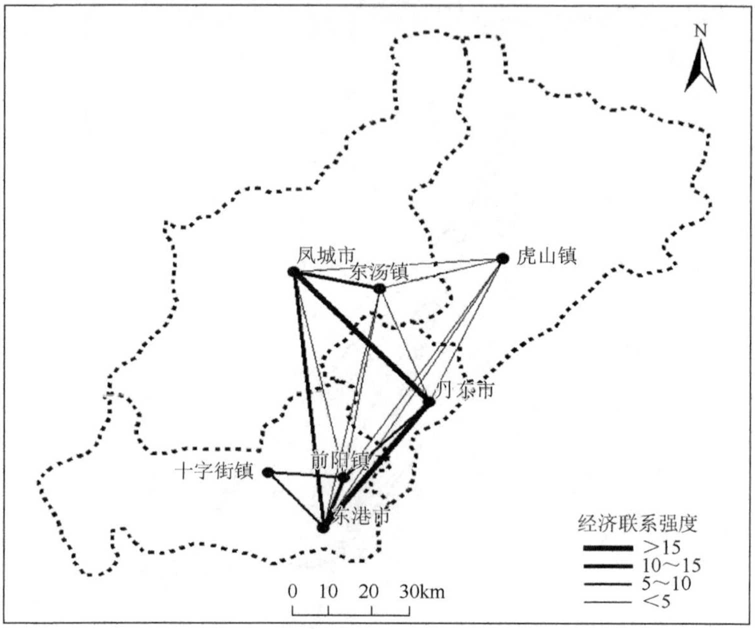

图 4-32　基于经济联系强度的丹东都市圈城际空间联系结构示意图

和盘营都市圈的中心城市与核心城镇的经济联系强度相近，与沈阳都市圈和大连都市圈相比强度更弱，丹东都市圈中心城市与核心城镇的经济联系强度最弱。其次，辽宁省都市圈中心城市与县（市）级城镇间的经济联系较与乡镇级城镇的经济联系要紧密得多，紧密圈中的城镇与中心城市的经济联系强度普遍大于机会圈内的城镇。其中，沈阳都市圈中心城市沈阳市与抚顺市、新民市、灯塔市的经济联系强度强，与辽中区、抚顺县、铁岭县及溪湖区的经济联系强度较强，与其他城镇的经济联系强度较弱；大连都市圈中心城市大连市与旅顺口区的经济联系强度最强，与其他城镇的经济联系强度较弱；鞍山都市圈中心城市鞍山市与千山区和海城市的经济联系强度较强，与其他城镇间的经济联系强度较弱；锦葫都市圈中心城市锦州市与葫芦岛市间的经济联系强度最强，中心城市与其他城镇间的经济联系强度整体较弱；盘营都市圈表现为中心城市间具有较强的经济联系；丹东都市圈中心城市与东港市和凤城市的经济联系强度较强，与其他城镇的经济联系强度较弱。再次，辽宁省都市圈核心城镇间经济联系强度较弱，经济联系主要表现在县（市）级城镇间及县（市）级城镇与其周围乡镇间，乡镇级核心城镇间的经济联系强度最弱，经济联系未形成规模，导致整个都市圈城镇网络联系不健全。最后，辽宁省都市圈经济联系强度表现出圈层结构的特点，主要表现为低级别城镇围绕在高级别城镇周围。

值得一提的是，基于经济联系强度和城市流强度的都市圈城际空间联系不完全一致，两者有所差别，主要是城市流强度从都市圈内城镇专业化和综合化的角度揭示城镇间的功能联系，而经济联系强度从都市圈城镇综合经济实力和人口数量的角度揭示都市圈城镇间的功能联系。

四、辽宁省都市圈经济空间结构分析

（一）辽宁省都市圈经济总量结构分析

2016 年辽宁省都市圈 GDP 为 20918.77 亿元，占辽宁省 GDP 总量的 73.07%，但辽宁省各都市圈间及各都市圈内经济空间分布呈现出较大的差异。其中，沈阳都市圈 GDP 为 6620.64 亿元，占沈阳市 GDP 总量的 87.24%，占辽宁省都市圈 GDP 总量的 35.24%，占辽宁省 GDP 总量的 23.13%；大连都市圈 GDP 为 7007.94 亿元，占大连市 GDP 总量的 91.54%，占辽宁省都市圈 GDP 总量的 37.30%，占辽宁省 GDP 总量的 24.48%；鞍山都市圈 GDP 为 2278.02 亿元，占鞍山市 GDP 总量的 83.72%，占辽宁省都市圈 GDP 总量的 12.13%，占辽宁省 GDP 总量的 7.96%；锦葫都市圈 GDP 为 1944.15 亿元，占锦州市和葫芦岛市 GDP 总量的 88.17%，占辽宁省都市圈 GDP 总量的 10.34%，占辽宁省 GDP 总量的 6.79%；盘营都市圈 GDP 为 2131.13 亿元，占盘锦市和营口市 GDP 总量的 86.38%，占辽宁省都市圈 GDP 总量的 11.33%，占辽宁省 GDP 总量的 7.44%；丹东都市圈 GDP 为 936.89 亿元，占丹东市 GDP 总量的 84.61%，占辽宁省都市圈 GDP 总量的 4.99%，占辽宁省 GDP 总量的 3.27%（表 4-28）。辽宁省都市圈 GDP 的 95.4%来自第二产业和第三产业，其中第二产业约占 50.5%，第三产业约占 44.9%，沈阳都市圈第二产业比重为 48.3%，第三产业比重为 46.1%；大连都市圈第二产业比重为 50.4%，第三产业比重为 46.9%；鞍山都市圈第二产业比重为 62.3%，第三产业比重为 35.8%；锦葫都市圈第二产业比重为 54.3%，第三产业比重为 40.8%；盘营都市圈第二产业比重为 52.1%，第三产业比重为 49.6%；丹东都市圈第二产业比重为 37.1%，第三产业比重为 53.2%（表 4-29）。以上分析表明，辽宁省都市圈 GDP 在辽宁省经济总量中比重比较大，沈阳都市圈和大连都市圈是辽宁省经济发展的主要力量。辽宁省都市圈 GDP 中第二产业比重大于第三产业比重，说明辽宁省都市圈目前是工业主导型经济。其中，鞍山都市圈第二产业比重远大于第三产业比重，锦葫都市圈次之，大连都市圈、沈阳都市圈和盘营都市圈第二、第三产业比重相当，表明辽宁省都市圈产业结构需进一步调整，有较大的调整空间。

表 4-28　辽宁省都市圈经济总量结构

名称	GDP/亿元	占中心城市 GDP 总量/%	占辽宁省都市圈 GDP/%	占辽宁省 GDP/%
沈阳都市圈	6620.64	87.24	35.24	23.13
大连都市圈	7007.94	91.54	37.30	24.48
鞍山都市圈	2278.02	83.72	12.13	7.96
锦葫都市圈	1944.15	88.17	10.34	6.79
盘营都市圈	2131.13	86.38	11.33	7.44
丹东都市圈	936.89	84.61	4.99	3.27
总量	20918.77	—	—	73.07

表 4-29　辽宁省都市圈第二、第三产业比重　　（单位：%）

名称	第二产业比重	第三产业比重
沈阳都市圈	48.3	46.1
大连都市圈	50.4	46.9
鞍山都市圈	62.3	35.8
锦葫都市圈	54.3	40.8
盘营都市圈	52.1	49.6
丹东都市圈	37.1	53.2
总量	50.5	44.9

（二）辽宁省都市圈城镇经济发展水平空间分布

采用单一指标 GDP 不能全面揭示辽宁省都市圈城镇经济发展水平空间分布特征，所以需要构建一套科学客观的指标体系来准确测度都市圈城镇经济发展水平空间分布特征。本书的指标体系采用有关学者研究城镇经济水平空间分布的成果，并根据研究的实际需要对其研究方法加以改动，对辽宁省都市圈经济发展水平空间分布进行分析，即用经济发展指标（包含 6 项指标）与社会生活指标（包含 3 项指标）来评价经济发展水平空间分布（表 4-30）。

表 4-30　经济实力评价指标体系

一级指标	二级指标
经济发展指标	在岗职工年平均工资（元）X_1
	非农产业产值比重（%）X_2
	人均固定投资（元）X_3
	人均 GDP（元）X_4
	人均消费品零售总额（元）X_5

续表

一级指标	二级指标
经济发展指标	人均财政收入（元）X_6
社会生活指标	万人在校中学生（个）X_7
	万人拥有医生数（个）X_8
	城镇化水平（%）X_9

运用 SPSS 软件，对 2016 年辽宁省都市圈各城镇经济实力指标数据进行主成分分析，按照主成分对应的特征值大于 1 的选择原则得出两个主因子累计方差贡献率为 85.41%，表明该指标体系涵盖了绝大部分信息，代表性较强，可以用两个综合指标来代替 9 个指标；再按照方差极大法对因子载荷矩阵进行旋转，运用回归法计算出主成分得分，得出两个主因子的权重分别为 57.82%、42.18%，可以计算出辽宁省都市圈各城镇经济实力的综合评价值，并根据综合实力得分情况把辽宁省都市圈城镇划分为 4 类，即发达城镇（≥0.5）、较发达城镇［0～0.5）、较落后城镇［–0.4～0）和落后城镇（<–0.4），见表 4-31～表 4-36。

表 4-31 沈阳都市圈城镇经济发展水平分类

经济发展水平分类	综合得分	城镇	数目
发达城镇	≥0.5	沈阳市主城区、新民市主城区、抚顺市主城区、灯塔市主城区	4
较发达城镇	［0, 0.5）	辽中区主城区、铁岭县主城区、胡台镇、法哈牛镇、兴隆堡镇、罗家房镇、茨榆坨街道、杨士岗镇、新民屯镇、长滩镇、冷子堡镇、刘二堡镇、肖寨门镇、依牛堡子镇、秀水河子镇、大孤家子镇、十间房镇、塔峪镇、火连寨镇、溪湖区主城区、东洲区、前甸镇、会元乡、佟二堡镇、李石街道、河北乡、柳河子镇、柳条寨镇、沈旦堡镇	29
较落后城镇	［–0.4, 0）	前当堡镇、公主屯镇、柳河沟镇、梁山镇、四方台镇、三面船镇、千金乡、石文镇、海浪乡、石桥子镇、碾盘乡、章党镇、救兵镇、峡河乡、望头山镇、拉古满族乡、新台子镇、凡河镇、腰堡镇	19
落后城镇	<–0.4	东蛇山子镇、大柳屯镇、哈达镇、上马镇、张其寨乡、阿吉镇、横道河子镇、蔡牛镇	8

表 4-32 大连都市圈城镇经济发展水平分类

经济发展水平分类	综合得分	城镇	数目
发达城镇	≥0.5	大连市主城区、旅顺口区主城区、三涧堡街道、龙头街道、普兰店区主城区、瓦房店市主城区	6
较发达城镇	［0, 0.5）	铁山街道、双岛湾街道、长城街道、北海街道、元台镇、长兴岛经济技术开发区	6
较落后城镇	［–0.4, 0）	大刘家街道、杨树房街道、皮口街道、炮台镇、瓦窝镇、莲山街道、复州湾镇	7
落后城镇	<–0.4	城子坦街道、双塔街道、复州城镇、杨家满族乡	4

表 4-33 鞍山都市圈城镇经济发展水平分类

经济发展水平分类	综合得分	城镇	数目
发达城镇	≥0.5	鞍山市主城区、千山区主城区、海城市主城区、辽阳县主城区	4
较发达城镇	[0, 0.5)	唐家房镇、大屯镇、甘泉镇、南台镇、西柳镇、穆家镇、刘二堡镇、唐马寨镇、首山镇、兴隆镇、弓长岭区主城区、黄泥洼镇	12
较落后城镇	[−0.4, 0)	毛祁镇、腾鳌镇、耿庄镇、温香镇、隆昌镇、吉洞峪满族乡、汤河镇、安平乡	8
落后城镇	<−0.4	牌楼镇、西佛镇	2

表 4-34 锦葫都市圈城镇经济发展水平分类

经济发展水平分类	综合得分	城镇	数目
发达城镇	≥0.5	锦州市主城区、葫芦岛市主城区、绥中县主城区、兴城市主城区、义县主城区、凌海市主城区	6
较发达城镇	[0, 0.5)	曹庄镇、郭家镇、高家岭镇、张家堡镇、沟帮子镇、白台子镇、班吉塔镇、翠岩镇、寺儿堡镇、钢屯镇、杨郊乡、九龙街道、沙锅屯乡	13
较落后城镇	[−0.4, 0)	羊安满族乡、高台镇、九道岭镇、閭阳镇、余积镇、沈家台镇、台集屯镇、塔山乡、虹螺岘镇、板石沟乡、暖池塘镇、前杨镇	12
落后城镇	<−0.4	药王庙镇、三道沟满族乡、双羊镇、赵屯镇、菊花岛乡、黄土坎乡、沙后所镇、望海满族乡、刘台子满族乡、高台子镇、石山镇、七里河镇、温滴楼镇、药王满族乡、山神庙子乡	15

表 4-35 盘营都市圈城镇经济发展水平分类

经济发展水平分类	综合得分	城镇	数目
发达城镇	≥0.5	盘锦市主城区、营口市主城区、大石桥市主城区、盖州市主城区、大洼区主城区、盘山县主城区	6
较发达城镇	[0, 0.5)	新立镇、沟沿镇、高坎镇、旗口镇	4
较落后城镇	[−0.4, 0)	吴家镇、东风镇、平安镇、胡家镇	4
落后城镇	<−0.4	西安镇、新兴镇、陈家镇、虎庄镇、永安镇、青石岭镇、团甸镇、沙岗镇	8

表 4-36 丹东都市圈城镇经济发展水平分类

经济发展水平分类	综合得分	城镇	数目
发达城镇	≥0.5	丹东市主城区、东港市主城区、凤城市主城区	3
较发达城镇	[0, 0.5)	前阳镇、长安镇、十字街镇、合隆满族乡、东汤镇、边门镇、虎山镇、古楼子乡、长山镇、马家店镇	10
较落后城镇	[−0.4, 0)	龙王庙镇、宝山镇、大堡蒙古族乡、爱阳镇、石城镇、鸡冠山镇、毛甸子镇、青椅山镇	8
落后城镇	<−0.4	长甸镇、小甸子镇、蓝旗镇、永甸镇、杨木川镇	5

从表 4-31～表 4-36 可以看出，辽宁省都市圈经济发达城镇为 29 个、较发达城镇为 74 个、较落后城镇为 58 个、落后城镇为 42 个。发达城镇和较发达城镇占辽宁省都市圈城镇数量的 50.7%，较落后和落后城镇占 49.3%。沈阳都市圈发达城镇占沈阳都市圈城镇数量的 6.67%，大连都市圈发达城镇占大连都市圈城镇数量的 26.1%，鞍山都市圈发达城镇占鞍山都市圈城镇数量的 15.4%，锦葫都市圈发达城镇占锦葫都市圈城镇数量的 13.0%，盘营都市圈发达城镇占盘营都市圈城镇数量的 27.3%，丹东都市圈发达城镇占丹东都市圈城镇数量的 11.5%，表明辽宁省都市圈之间经济发展差距较大，各都市圈内城镇经济空间发展水平差距也比较明显。中心城市和县（市）级城镇经济实力综合得分最高，经济实力综合得分较差的城镇都是乡镇级地理单元；经济实力综合得分较高的城镇大多位于交通较发达、原有经济基础较好的地区，而大多数经济实力综合得分较低的城镇原有经济基础和交通都较差。另外，辽宁省都市圈城镇经济发展水平空间呈圈层结构，大体和都市圈圈层结构相对应，特别是乡镇一级的地理单元和都市圈圈层结构对应较好。从整体来看，辽宁省都市圈经济发展水平较低的地理单元占多数，区域差异比较显著，经济发展水平空间分布大体呈现出围绕中心城市呈圈层递减的特征。

第三节　辽宁省都市圈空间结构形成的影响因素分析

都市圈是区域经济发展到一定阶段的产物，是具有较高城市化水平的区域，所以影响区域经济发展和城市化进程的因素都可能对都市圈空间结构产生影响。国外学者对影响区域空间结构的因素进行了大量研究，如克里斯塔勒把影响区域空间结构的因素归结为市场、行政和交通[194]，查尼（Charney）认为区域空间结构的变化主要是源于经济行为的结果[195]，洛博（Lobo）、大卫（David）则认为集聚与扩散是导致区域空间结构改变的原因[196]。我国学者针对我国区域空间结构的形成和发展进行了大量研究，如顾朝林[197]认为影响区域城镇体系空间结构的因素是知识经济、信息社会及全球经济一体化，刘耀彬[198]把区域城镇体系空间结构的发展因素归结为自然因素、经济状况、政治因素、交通和信息因素等。

综合国内外学者对区域空间结构形成的影响因素的研究，本书将影响都市圈空间结构形成的因素大致归纳为产业状况、交通因素、自然条件和政策机制几个主要因素。这些因素对都市圈空间结构以及人口空间布局、经济空间布局、城镇空间布局和城际空间布局的形成起到了关键性作用，如图 4-33 所示。

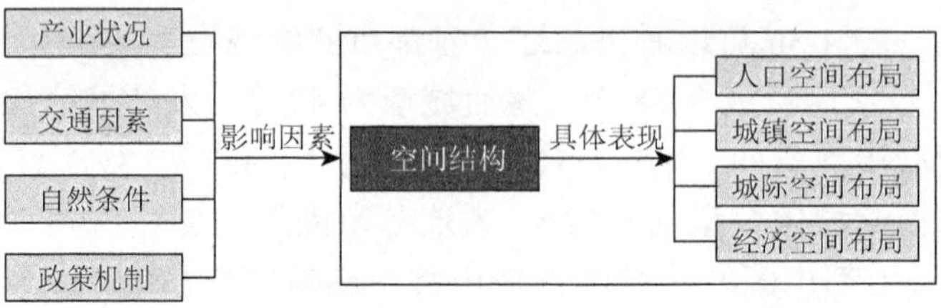

图 4-33　影响都市圈空间结构的主要因素

一、产业状况对辽宁省都市圈空间结构的影响

辽宁省都市圈相对辽宁省来说具有良好的产业基础。从表 4-29 中可以看出，辽宁省都市圈 2016 年三产比例为 4.6∶50.5∶44.9，第二产业比重偏高，而且第二产业中的传统制造业与重工业比重较高，工业比例不平衡。其中，第二、第三产业产值主要集中于辽宁省都市圈的中心城市沈阳市、大连市、鞍山市、锦州市、葫芦岛市和营口市，明显高于中心城市以外的其他核心城镇的产业产值；第三产业结构特征表现为消费性第三产业的贡献大，但第三产业中的服务及咨询业还较为落后。辽宁省各都市圈国有经济较非国有经济的比重明显偏高，国有企业缺乏活力，非国有企业经济发展缓慢，有竞争力的企业缺乏，造成辽宁省都市圈产业素质较低、经济效益不高等问题。另外，尽管辽宁省都市圈内许多产品在国内外市场上具有一定竞争力，如大连市的造船，鞍山市的钢铁、石化、纺织产品等，但总体上依然没有摆脱一般产品多、优质产品少，中低档产品多、技术含量高的产品少，初级产品多、附加值高的产品少的“三多三少”现象，而且产品、行业间关联度小，产品链短，附配件、半成品比重高，生产规模化、集约化、专业化程度低。另外，辽宁省都市圈城镇主导产业布局重复的情况较为严峻，很多城镇都将装备制造业、食品加业工、医药制造业、纺织服装业等列为支柱产业，城镇间没有明确的分工，城际联系较弱，不能很好地实现优势企业的联合，没有发挥集聚效益，且都市圈内基础设施较差，产业关联度较低。

总的来说，辽宁省产业结构差异较大，都市圈中心城市与核心城镇间的产业水平差距较大，经济增长关联性不强，各城市主导产业发展水平较低，产业在各城镇间的重复建设情况较为严重，产业专门化程度偏低。

（一）中心城市与核心城镇间产业水平的差距对辽宁省都市圈空间结构的影响

辽宁省都市圈中心城市与核心城镇间的产业水平差距较大，主要表现为：第二、第三产业产值主要集中于辽宁省都市圈的中心城市沈阳市、大连市、鞍山市、锦州市、葫芦岛市、营口市内，其高于中心城市以外的其他核心城镇的产业产值，产业的发展使各种空间要素向中心城市聚集，造成人口与经济在中心城市聚集，中心城市的规模逐步扩大，而都市圈其他核心城镇缺少发展机会。另外，辽宁省都市圈中心城市与核心城镇间产业水平差距较大，相互间的联动不显著，经济增长相关度不高，不能形成明显的扩散效应，造成辽宁省都市圈空间结构具有明显的“以中心城市为核心且城际联系不强”的特征。

（二）城镇间的产业同构化对辽宁省都市圈空间结构的影响

目前，辽宁省都市圈城镇主导产业发展普遍存在着结构雷同和重复建设的情况，特色产业不突出，产业在空间上交叉明显，加上行政壁垒等，导致城镇产业选择与配置远没有达到最佳状态，产业同构现象严重。辽宁省都市圈城镇产业结构差异不甚明显，导致优势产业不强大、地方经济特色不鲜明、城镇之间产业合作不多、同类产业竞争激烈，如鞍山都市圈内辽阳县、海城市和弓长岭区石化产品类型相似，但它们之间的产业协作甚少。其结果是，在激烈的市场竞争中，鞍山都市圈各城镇的产业之间缺乏联系，不是以一个整体出现，难以形成合力；单个企业在市场竞争中孤军奋战，势单力薄，效果不佳。另外，辽宁省都市圈同类产品在各城镇间形成梯度，规模大、发展好的核心城镇利用自身优势压制了周围城镇的发展水平，使这些城镇失去了相应的发展动力，导致城镇间的差距越来越大。

二、交通因素对辽宁省都市圈空间结构的影响

辽宁省都市圈目前已经形成了以沈阳市、大连市、鞍山市、锦州市为中心的铁路、高速公路、航空、港口的交通网络体系。高速公路和快速轨道交通发展最为迅速，初步形成了立体化的交通运输网络，使得辽宁省都市圈内各城镇之间以及都市圈与外部区域之间的空间相互作用频繁，经济联系日益紧密，从而影响都市圈的空间结构。

辽宁省都市圈内各城镇对外交通除了沈阳市、锦州市、大连市、鞍山市、营口市较为发达外，其余城镇总体表现为欠发达。和沿海发达区域相比较，辽宁省都市圈交通网络体系尚不健全，都市圈内中心城市通往其他核心城镇的“放射型”快速通道还没有完善，核心城镇间大多还没有直接的高速公路和铁路连接。

总体来看，辽宁省都市圈尚未形成较为完善的交通网络结构，各都市圈普遍呈现出向中心城市集聚的向心型态势，这也致使辽宁省都市圈呈现出以中心城市为绝对核心的放射型空间结构。辽宁省都市圈中只有核心圈的沈阳市、锦州市、

大连市的交通网络较为密集，紧密圈和机会圈的交通网络表现一般，圈域整体交通体系有待提高。在都市圈发展的初级阶段，放射状的路网结构是合理的，但随着都市圈的进一步发展，核心城镇与中心城市的联系增强，使得中心城市短时间内快速发展而其他核心城镇发展较慢，从而致使整个都市圈整体效益不佳。因为辽宁省都市圈内城镇间的公路网尚未完全形成，都市圈交通体系有较大的发展空间，交通条件的发展直接影响着辽宁省都市圈空间结构。

三、自然条件对辽宁省都市圈空间结构的影响

城市是在人类改造自然环境的基础上形成的，所以城市空间结构也受到自然条件的影响。辽宁省都市圈拥有优越的自然条件，其中沈阳都市圈位于辽宁省中部，以平原为主，山地、丘陵集中在东南部；大连都市圈内山地丘陵多，平原低地少，整个地形为北高南低、北宽南窄；鞍山都市圈地势整体东南高而西北低，东南部为千山山区，中部为冲积扇平原，自然条件较好；锦葫都市圈位于辽宁省的西南部，区域内以山区、平原为主，自然条件也较好。辽宁省都市圈内有大小河流 300 余条，其中流经辽宁省都市圈的河流主要有辽河、浑河、大凌河、太子河等，都市圈内森林覆盖率较高，各种资源丰富，设施配套齐全。

辽宁省资源丰富，但分布明显不均衡，这也是造成辽宁省都市圈现有空间结构特征的主要原因之一。辽宁省都市圈内城镇空间布局呈现近水远山的态势，城镇密度大的地区多位于地势平坦的辽宁省中部的沈阳地区。另外，自然资源也对辽宁省都市圈城镇职能有较大影响，如鞍山都市圈内大量的铁矿石资源为该区域的钢铁工业的发展奠定了坚实的基础。

四、政策机制对辽宁省都市圈空间结构的影响

近些年来，辽宁省提出了很多发展规划，如辽中南城市群、辽宁沿海经济带等，为了追求本地区利益最大化，在这些规划的提出与实施过程中，政府对主要城市的政策倾斜对都市圈的空间结构产生影响。辽宁省都市圈内主要城市从政府得到的利好政策远远多于其他城镇，如辽宁省对沈阳市、大连市、鞍山市、锦州市出台的各项优惠政策，对其密集的基础设施建设和重点产业进行了扶持。

辽宁省都市圈建设是以政府决策为主导，这种政策机制形成了主要对中心城市或重点城镇投入的局面，致使辽宁省都市圈内中心城市和其他核心城镇间的经济发展差距变大，城市功能受到限制，无法实现都市圈内资源的优化。一方面，受政策机制益处较多的城市经济发展较快，城市规模迅速扩张，各种要素向城市集聚，表现出很强的极化效应，而扩张效应较慢；另一方面，受政策机制益处较

少的城镇发展较为缓慢，不能较好地发展优势产业，使得经济发展停滞不前，都市圈内产业类型不全，城镇间不能有效地分工与协作，导致整个都市圈规模结构出现首位城市过大的特征，职能结构表现出层次较低、专门化不高的特征，而空间结构表现出以中心城市为核心的圈层结构而不是网络结构特征。另外，受政策机制的影响，辽宁省都市圈中心城市与核心城镇间的经济联系不强，要素流动受到限制，产业重复建设和企业无序竞争现象突出，不能形成有效的专业分工，影响都市圈空间结构的发展。

第四节　辽宁省都市圈空间结构的特征及效益分析

一、辽宁省都市圈空间结构的总体特征

（一）辽宁省都市圈圈层结构特征明显

从第三章对辽宁省都市圈空间结构的分析中可以看出，辽宁省都市圈圈层结构特征明显，形成了核心圈、紧密圈和机会圈的结构特征，每个圈层有自己的界限和成员；随着社会经济的发展，主城区不断向外做圈层式扩展，并且随着城镇空间联系的加强，都市圈的圈层结构也随之发生变化。辽宁省都市圈核心圈中，商业和居住功能明显，第二、第三产业掺杂在一起；紧密圈与中心城市联系密切，接受中心城市部分功能的辐射，圈层地带的节点城镇具有相当的发展规模，具有一定层次的综合性城市功能；机会圈与中心城市联系较弱，直接接受中心城市辐射的程度较低（表3-34～表3-39）。

（二）城镇空间分布不均衡且城镇体系规模结构不合理

辽宁省都市圈城镇空间分布不均衡表现为：沈阳都市圈和锦葫都市圈城镇密度最大，鞍山都市圈和盘营都市圈次之，丹东都市圈城镇密度最小。各都市圈内部城镇空间分布也不均衡：沈阳都市圈西南和东部城镇密度大，南部次之，北部和西北部城镇密度最小；大连都市圈中南部城镇密度大，北部和西北部城镇密度小；鞍山都市圈北部和西部城镇密度大，东部和南部城镇密度小；锦葫都市圈中部城镇密度大，西南部和东北部城镇密度小。另外，辽宁省都市圈内城镇体系规模结构不合理，小城镇较多，大城市缺失，特别是辽宁省都市圈内没有超大城市；锦葫都市圈中心城市和小城镇实力相对较弱，没有大城市，城镇规模比较小，中心城市综合实力不强，辐射带动能力不足，都市圈发展不快，一体化进程缓慢。

（三）城际联系以垂直联系为主，横向联系较弱

辽宁省都市圈内城镇体系间的相互联系较弱，更多表现为都市圈中心城市与核心城镇间的联系，核心城镇间的联系有待加强。此外，辽宁省都市圈中，中心城市与核心城镇的联系也表现出明显的区域空间差异，如沈阳都市圈中沈阳市与东部城镇抚顺市、西南部的灯塔市和辽中区联系较强，而与区域内其他城镇的联系较弱；鞍山都市圈中，中心城市鞍山市与北部和东部的辽阳县和千山区联系较强，而与区域内其他城镇的联系较弱；大连都市圈中，中心城市大连市与西南部的旅顺口区联系较强，而与区域内其他城镇的联系较弱；而锦葫都市圈中，中心城市锦州市和葫芦岛市联系较强，而与区域内其他城镇的联系较弱。

（四）极化现象明显，沿交通线发展形成点-轴模式

目前，辽宁省都市圈中心城市的聚集效应和扩散效应的相互作用是推动都市圈空间结构形成和发展的根本力量，中心城市经济实力强、投资环境好、科技力量集中、市场容量大，这些优势使原有的集聚效应还在进一步扩大，但相比之下，其扩散功能就明显不足，具体表现为都市圈圈内的各类生产资料向中心城市汇集，但缺乏产业配套设施，以及城市体系出现断层等一系列原因，使各类生产资料无法通过产业链等方式从中心城市扩散到周边核心城镇，中心城市聚集效应过度而扩散功能不足造成“一点极化”的局面较为明显。另外，辽宁省都市圈扩散主要是由中心城市沿着主要交通线向外围核心城镇扩散，中心城市是都市圈经济和社会活动的极核，依托多条交通线形成了放射状的发展轴线，以此发挥辐射带动和极化功能。

二、辽宁省都市圈空间结构的效益分析

都市圈空间结构的效益一般由 3 个方面来衡量：一是都市圈城镇体系是否合理，城镇在空间上分布适度；二是中心城市规模是否合理；三是都市圈城镇间联系的密切程度。只有各种城镇在空间上分布适度，才能使区域城镇体系产生最好的综合效益。辽宁省都市圈表现为中心城市过度集聚，外围城镇之间联系较弱，破坏了整个都市圈内的平衡和有序状态，这并非是超大城市规模绝对过大，而是与其他城市相比相对规模过大，扩散效应还不明显。这样的空间结构极化效应带来的绩效提高是要付出一定机会成本和代价的。

首先，空间结构中起关键作用的是最弱要素而不是最强要素，空间结构是靠

整体功能发挥作用的，而整体功能发挥的程度往往由其中最差的要素来决定。辽宁省都市圈内部经济发展并不均衡，虽然中心城市沈阳市、大连市已跻身全国较为发达城市的前列，但周边城市仍然处于较为落后的状态。这种差距一方面是实现经济起飞必然要经历的阶段，首位城市强烈的集聚作用反映出增长极的形成及其集聚扩张；但从另一方面来说，它也反映出区域集聚经济程度较差，产业配套能力差。城镇体系中出现特大城市、大城市的断层，使地区经济缺乏充足的集聚环境和载体，大量资源和产业只能向超大城市集聚。这种空间结构的极化影响到超大城市的辐射作用和示范作用，不利于中心城市的辐射，难以带动都市圈的全面发展。就社会结构和经济的可持续发展而言，辽宁省都市圈空间结构的效益无疑是低的。

其次，辽宁省都市圈人口与产业一直在向中心城市集聚，这种人口、产业集聚带来的城市蔓延、连绵现象造成巨大的环境和交通成本压力，不仅加重了超大城市的负荷，也不利于超大城市的产业发展和自身建设，增加了中心城市内部的交易成本和负荷性，减少了整体经济效益。

最后，辽宁省都市圈中心极化特征严重，城镇之间缺乏除行政隶属关系之外的经济与产业联系，造成城市之间，特别是周边核心城镇之间的联系较弱。这一特征与都市圈“区域整体发展”的概念内涵是相悖离的，也使都市圈失去了区别于一般区域的主要优势与意义，无法实现预期的社会经济效益。

第五章　辽宁省都市圈空间结构的演化研究

都市圈是一个系统概念，是由众多系统组成的，其内部各子系统之间的相互作用是其存在和发展的主要动力。都市圈空间范围的划分是通过构建空间相互作用的重力系统模型来实现的。都市圈通常是指以一个或几个城市为中心，与中心城市保持密切社会经济联系的邻近城镇区域共同构成的地域空间上相互临近、功能上互相协作、形态上呈现圈层结构、具有一体化趋向的城市密集区，是中心城市服务功能不断集散、与周边城市地区密切联系所波及的最大功能的地域范围，也是具有密切功能联系、一体化趋向明显的城镇空间组织形式。在都市圈形成和发展的不同阶段，其中心城市的等级规模与作用强度不同，其对外部经济社会的影响范围也有所不同，形成不同空间尺度的功能地域，进而引起都市圈空间范围和圈层结构的变化。

本章在第三章、第四章所得结论和研究方法的基础上进一步分析辽宁省都市圈空间结构在时间上的演化特征，以当前辽宁省都市圈的城镇体系为基础，利用第三章经济联系强度模型和经济隶属度模型，通过分析辽宁省都市圈中心城市对核心城镇的经济联系在时间上的变化，动态度量辽宁省都市圈范围的变动规律，进一步分析辽宁省都市圈城镇体系及圈层结构的变化特征。本章主要研究辽宁省都市圈最近20年空间结构的演化，并选择1995年、2005年、2016年3个年份的数据做比较，对辽宁省都市圈空间结构演化的研究，有助于对辽宁省都市圈空间结构的优化调整。

第一节　辽宁省都市圈空间范围的演化研究

一、中心城市与核心城镇间经济联系及经济隶属度的演化

利用第三章经济联系强度公式（3-4）以及经济隶属度公式（3-6），计算1995年、2005年和2016年3个时间节点的辽宁省都市圈中心城市对外经济联系强度与经济隶属度变化，从而进一步确定辽宁省都市圈空间范围的变化特征，见表5-1～表5-6。

表 5-1　沈阳都市圈中心城市对外经济联系强度及经济隶属度变化

地区	1995 年		2005 年		2016 年	
	经济联系强度	经济隶属度	经济联系强度	经济隶属度	经济联系强度	经济隶属度
辽中区						
辽中区主城区	5.71	0.46	4.35	0.62	15.70	1.26
冷子堡镇	2.75	0.32	3.86	0.85	8.68	0.70
刘二堡镇	1.86	0.21	2.18	0.30	7.92	0.64
茨榆坨街道	2.68	0.61	3.92	0.54	13.23	1.06
新民屯镇	1.92	0.26	3.31	0.42	10.34	0.83
杨士岗镇	2.21	0.36	2.58	0.46	10.15	0.81
长滩镇	3.34	0.23	3.12	0.36	9.60	0.77
四方台镇	3.63	0.29	4.51	1.57	7.58	0.61
法库县						
三面船镇	2.12	0.57	4.16	0.62	6.89	0.55
依牛堡子镇	3.60	0.47	2.71	0.51	5.85	0.47
新民市						
新民市主城区	3.12	0.66	3.51	0.54	35.02	2.81
公主屯镇	4.12	0.29	3.92	0.86	9.23	0.74
兴隆镇	3.17	0.31	3.92	0.51	17.23	1.38
前当堡镇	4.06	0.19	2.68	0.49	9.38	0.75
大民屯镇	3.70	0.44	1.92	0.73	16.39	1.32
兴隆堡镇	2.35	0.86	1.90	0.29	22.93	1.84
胡台镇	3.86	0.83	2.55	0.43	42.24	3.39
法哈牛镇	4.68	0.49	1.96	0.51	29.90	2.40
东蛇山子镇	3.92	0.24	3.61	0.58	8.20	0.66
罗家房镇	3.34	0.38	2.42	0.62	18.33	1.47
三道岗子镇	1.53	0.49	2.21	0.29	12.24	0.98
张家屯镇	3.63	0.61	3.27	0.57	10.60	0.85
灯塔市						
灯塔市主城区	3.12	0.31	3.53	0.55	37.38	3.00
佟二堡镇	2.71	0.42	2.52	0.48	9.41	0.76
铧子镇	3.75	0.53	2.33	0.82	14.76	1.19
沈旦堡镇	1.86	0.21	2.45	0.57	11.05	0.89
柳条寨镇	2.68	0.61	1.12	0.51	12.49	1.00
柳河子镇	1.92	0.26	3.41	0.67	10.33	0.83

续表

地区	1995 年		2005 年		2016 年	
	经济联系强度	经济隶属度	经济联系强度	经济隶属度	经济联系强度	经济隶属度
大河南镇	2.21	0.36	2.39	0.61	13.09	1.05
本溪溪湖区						
溪湖区主城区	3.63	0.29	3.74	0.56	12.66	1.02
火连寨镇	2.15	0.41	2.27	0.48	3.38	0.27
石桥子镇	3.34	0.38	2.27	0.85	9.28	0.64
铁岭县						
铁岭县主城区	2.58	0.51	1.58	0.49	13.52	0.84
新台子镇	1.12	0.66	1.78	0.63	20.17	1.62
凡河镇	3.12	0.29	2.02	0.57	19.59	1.57
腰堡镇	3.17	0.31	1.60	0.47	12.13	0.97
横道河子镇	4.06	0.19	2.58	0.51	7.73	0.62
抚顺市						
章党镇	2.21	0.36	3.35	0.86	8.92	0.72
会元乡	3.34	0.38	2.12	0.29	6.79	0.54
塔峪镇	1.53	0.49	3.17	0.57	8.03	0.64
抚顺县						
石文镇	1.53	0.49	3.70	0.64	12.98	1.04
拉古满族乡	3.34	0.23	3.86	0.83	13.25	1.06

表 5-2　大连都市圈中心城市对外经济联系强度及经济隶属度变化

地区	1995 年		2005 年		2016 年	
	经济联系强度	经济隶属度	经济联系强度	经济隶属度	经济联系强度	经济隶属度
旅顺口区						
旅顺口区主城区	9.27	1.42	11.03	2.41	13.72	3.61
北海街道	6.89	0.55	4.96	0.40	9.33	1.19
双岛湾街道	5.74	0.46	9.23	0.74	8.86	1.31
三涧堡街道	3.18	0.26	17.23	1.38	10.61	1.70
长城街道	3.94	0.32	9.38	0.75	9.02	1.64
龙头街道	2.44	0.20	16.39	1.32	13.23	1.06
铁山街道	3.99	0.32	5.66	0.45	10.34	1.83
普兰店区						
普兰店区主城区	4.50	0.36	42.24	3.39	12.68	1.26

续表

地区	1995年		2005年		2016年	
	经济联系强度	经济隶属度	经济联系强度	经济隶属度	经济联系强度	经济隶属度
皮口街道	3.24	0.26	29.90	2.40	6.34	0.79
城子坦街道	5.85	0.47	5.24	0.42	7.86	0.51
大刘家街道	2.12	0.17	4.13	0.33	8.91	0.70
杨树房街道	0.84	0.07	4.58	0.37	7.92	0.64
双塔街道	2.04	0.16	2.10	0.17	9.21	0.66
莲山街道	1.76	0.14	2.43	0.20	5.22	0.46
瓦房店区						
瓦房店区主城区	2.25	0.18	2.29	0.18	9.17	1.03
瓦窝镇	2.99	0.24	2.07	0.17	4.74	0.49
元台镇	10.34	0.83	1.99	0.16	4.29	0.32
复州城镇	3.63	0.29	8.20	0.66	5.71	0.46
复州湾镇	10.15	0.81	4.23	0.34	4.58	0.51
炮台镇	7.12	0.57	18.33	1.47	3.12	0.66
杨家满族乡	9.60	0.77	12.24	0.98	4.68	0.49
长兴岛经济技术开发区	7.58	0.61	10.60	0.85	5.64	1.26

表 5-3　鞍山都市圈中心城市对外经济联系强度及经济隶属度变化

地区	1995年		2005年		2016年	
	经济联系强度	经济隶属度	经济联系强度	经济隶属度	经济联系强度	经济隶属度
千山区						
千山区主城区	2.82	0.21	3.62	0.67	9.72	2.16
唐家房镇	2.61	0.52	3.41	0.54	5.75	1.62
大屯镇	3.34	0.29	1.42	0.73	4.82	1.21
甘泉镇	3.21	0.85	3.44	0.66	4.61	1.52
海城市						
海城市主城区	1.53	0.49	2.83	0.42	8.21	1.85
牌楼镇	1.18	0.63	3.16	0.38	2.58	0.51
毛祁镇	3.12	0.47	3.63	0.61	3.17	0.57
南台镇	1.60	0.47	3.15	0.66	3.70	0.64
甘泉镇	2.58	0.51	1.12	0.83	3.35	0.86
大屯镇	1.22	0.66	3.34	0.29	3.86	0.83
西柳镇	2.12	0.29	7.17	0.81	4.68	0.67

续表

地区	1995 年		2005 年		2016 年	
	经济联系强度	经济隶属度	经济联系强度	经济隶属度	经济联系强度	经济隶属度
腾鳌镇	3.57	0.37	4.06	0.57	3.63	0.61
耿庄镇	4.26	0.19	2.71	0.26	4.15	0.57
温香镇	2.71	0.54	4.35	0.62	3.68	0.63
台安县						
台安县主城区	2.16	0.35	2.18	0.30	5.14	1.23
辽阳县						
辽阳县主城区	3.22	0.34	3.31	0.42	7.17	2.31
首山镇	1.78	0.41	2.58	0.46	4.06	1.19
穆家镇	2.84	0.37	3.12	1.42	4.70	0.69
兴隆镇	2.73	0.61	4.51	1.57	5.35	0.66
唐马寨镇	1.14	0.28	2.17	0.48	3.92	0.74
刘二堡镇	3.12	0.51	4.16	0.62	4.12	0.69
黄泥洼镇	1.35	0.19	2.71	0.51	2.17	0.31
隆昌镇	2.38	0.61	2.35	0.48	4.06	0.59
吉洞峪满族乡	1.68	0.63	3.51	0.54	3.83	0.73
弓长岭区						
弓长岭区主城区	3.12	0.56	3.92	0.51	6.92	1.24
汤河镇	2.72	1.62	2.68	0.49	4.68	0.57
安平乡	3.52	0.41	1.92	0.73	3.92	0.61

表 5-4　锦葫都市圈中心城市对外经济联系强度及经济隶属度变化

地区	1995 年		2005 年		2016 年	
	经济联系强度	经济隶属度	经济联系强度	经济隶属度	经济联系强度	经济隶属度
绥中县						
绥中县主城区	4.58	0.51	5.72	1.76	9.33	1.19
高台镇	3.12	0.66	3.12	0.47	8.86	1.31
建昌县						
建昌县主城区	3.17	0.31	3.12	0.51	9.02	1.64
兴城市						
兴城市主城区	3.70	0.44	5.46	1.27	10.34	1.83
沙后所镇	2.35	0.86	3.62	0.67	3.12	0.31
曹庄镇	3.86	0.83	3.41	0.54	12.68	1.26

续表

地区	1995年		2005年		2016年	
	经济联系强度	经济隶属度	经济联系强度	经济隶属度	经济联系强度	经济隶属度
郭家镇	4.68	0.49	3.44	0.66	6.34	0.79
羊安满族乡	3.92	0.24	3.21	0.59	7.86	0.51
刘台子满族乡	3.12	0.31	3.15	0.66	8.91	0.70
高家岭镇	7.34	1.07	4.06	0.57	7.92	0.64
三道沟满族乡	3.63	0.61	4.35	0.62	9.21	0.66
药王满族乡	4.15	0.36	3.92	0.54	8.33	0.23
菊花岛乡	3.12	0.31	2.58	0.46	5.61	0.29
义县						
义县主城区	1.96	0.21	4.51	1.57	7.12	0.57
七里河镇	2.68	0.21	4.16	0.62	9.60	0.77
九道岭镇	1.42	0.56	3.51	0.54	7.58	0.19
高台子镇	2.21	0.36	3.92	0.86	5.22	0.46
前杨镇	3.34	0.23	3.61	0.58	3.12	0.31
张家堡镇	3.20	0.47	3.27	0.57	9.17	1.03
闾阳镇	2.12	0.36	3.41	0.67	4.29	0.32
赵屯镇	1.63	0.29	3.74	0.56	9.72	2.16
沟帮子镇	2.15	0.41	5.75	1.19	5.75	1.62
凌海市						
凌海市主城区	9.21	0.66	7.16	1.87	4.61	1.52
石山镇	7.17	2.31	4.51	0.59	7.92	0.64
余积镇	4.06	1.19	3.58	0.69	8.21	1.85
双羊镇	4.70	0.69	4.12	0.72	3.34	0.38
班吉塔镇	8.91	0.70	3.52	0.62	1.53	0.49
沈家台镇	7.92	0.64	3.57	0.83	1.18	0.63
翠岩镇	9.21	0.66	3.86	0.57	2.12	0.57
白台子镇	8.33	0.23	3.15	0.52	1.60	0.47
板石沟乡	5.61	0.29	4.05	0.71	2.58	0.51
温滴楼镇	2.75	0.32	3.88	0.56	1.12	0.66
连山区						
虹螺岘镇	2.68	0.61	5.84	2.42	3.17	0.57
台集屯镇	1.92	0.26	3.58	0.58	4.06	0.19
钢屯镇	2.21	0.36	4.32	0.57	9.21	0.66
寺儿堡镇	3.34	0.23	4.16	0.63	8.33	0.23
杨郊乡	3.63	0.29	3.35	0.74	5.61	0.29

续表

地区	1995 年		2005 年		2016 年	
	经济联系强度	经济隶属度	经济联系强度	经济隶属度	经济联系强度	经济隶属度
山神庙子乡	2.15	0.41	3.92	0.65	6.14	0.21
塔山乡	8.91	0.70	3.27	0.59	7.12	0.57
南票区						
九龙街道	9.21	0.66	4.17	1.32	7.58	0.19
暖池塘镇	8.33	0.23	3.63	0.54	5.22	0.46
沙锅屯乡	5.61	0.29	3.86	0.59	3.86	0.83
黄土坎乡	6.14	0.21	4.59	0.61	4.68	0.49

表 5-5　盘营都市圈中心城市对外经济联系强度及经济隶属度变化

地区	1995 年		2005 年		2016 年	
	经济联系强度	经济隶属度	经济联系强度	经济隶属度	经济联系强度	经济隶属度
大洼区						
大洼区主城区	4.58	0.51	5.72	1.76	14.71	1.46
西安镇	3.12	0.66	3.12	0.47	6.53	0.49
新立镇	5.24	0.29	3.12	0.23	7.12	2.47
新兴镇	3.17	0.31	3.12	0.51	5.62	1.47
东风镇	2.35	0.86	3.62	0.67	5.32	0.91
平安镇	3.70	0.44	5.46	1.27	6.12	1.26
盘山县						
盘山县主城区	3.86	0.83	3.41	0.54	18.84	3.28
胡家镇	4.68	0.49	3.44	0.66	6.16	1.35
陈家镇	3.92	0.24	3.21	0.59	6.16	0.26
吴家镇	3.12	0.31	3.15	0.66	2.13	0.42
大石桥市						
大石桥市主城区	3.63	0.61	4.35	0.62	18.62	2.67
旗口镇	4.15	0.36	3.92	0.54	5.41	0.59
高坎镇	3.12	0.31	2.58	0.46	3.16	0.38
虎庄镇	1.96	0.21	4.51	1.57	3.63	0.61
沟沿镇	2.68	0.21	4.16	0.62	6.42	0.73
永安镇	1.42	0.56	3.51	0.54	2.71	0.26

续表

地区	1995年		2005年		2016年	
	经济联系强度	经济隶属度	经济联系强度	经济隶属度	经济联系强度	经济隶属度
盖州市						
盖州市主城区	3.34	0.23	3.61	0.58	3.86	0.85
青石岭镇	3.20	0.47	3.27	0.57	2.58	0.46
沙岭镇	2.12	0.36	3.41	0.67	4.51	1.57
团甸镇	1.63	0.29	3.74	0.56	7.16	0.87

表 5-6　丹东都市圈中心城市对外经济联系强度及经济隶属度变化

地区	1995年		2005年		2016年	
	经济联系强度	经济隶属度	经济联系强度	经济隶属度	经济联系强度	经济隶属度
东港市						
东港市主城区	2.82	0.21	3.62	0.67	9.72	2.16
前阳镇	2.61	0.52	3.41	0.54	5.75	1.62
长安镇	3.34	0.29	1.42	0.73	4.82	1.21
十字街镇	3.21	0.85	3.44	0.66	4.61	1.52
合隆满族乡	1.60	0.49	0.83	0.42	2.61	1.12
长山镇	1.53	0.49	2.83	0.42	8.21	1.85
马家店镇	1.18	0.63	3.16	0.38	2.58	0.51
龙王庙镇	3.12	0.47	3.63	0.61	3.17	0.57
小甸子镇	1.60	0.47	3.15	0.66	3.70	0.64
凤城市						
东汤镇	1.22	0.66	3.34	0.29	3.86	0.83
边门镇	2.12	0.29	7.17	0.81	4.68	0.67
宝山镇	3.57	0.37	4.06	0.57	3.63	0.61
蓝旗镇	4.26	0.19	2.71	0.26	4.15	0.57
大堡蒙古族乡	2.71	0.54	4.35	0.53	3.68	0.63
爱阳镇	2.92	0.62	4.04	0.62	4.15	0.70
石城镇	2.16	0.35	2.18	0.30	5.14	1.23
鸡冠山镇	3.02	0.58	3.96	0.61	3.82	0.69
宽甸满族自治县						
虎山镇	1.78	0.41	2.58	0.46	4.06	1.19
古楼子乡	2.84	0.37	3.12	0.83	4.70	0.69
毛甸子镇	2.73	0.61	4.51	1.57	5.35	0.66

续表

地区	1995 年		2005 年		2016 年	
	经济联系强度	经济隶属度	经济联系强度	经济隶属度	经济联系强度	经济隶属度
长甸镇	2.42	0.93	2.17	0.48	3.92	0.74
永甸镇	3.12	0.51	4.16	0.62	4.12	0.69
青椅山镇	1.35	0.19	2.71	0.51	2.17	0.31
杨木川镇	3.52	0.41	1.92	0.73	3.92	0.61

由表 5-1～表 5-6 可以得出，辽宁省都市圈中心城市与其他核心城镇间经济联系强度及经济隶属度的变化表现出空间聚集特征，其范围主要集中在距中心城市 40～65km，对外经济联系强度变化呈现先分散后集中的发展趋势，1995～2016年中心城市与核心城镇间经济联系强度及经济隶属度先减小后增大，到2005年，中心城市与周围核心城镇的经济联系程度日趋紧密。在空间结构上，辽宁省都市圈中心城市与邻近城镇经济联系强度日益紧密，辽宁省都市圈受距离衰减律作用呈现圈层结构分异特征，形成了以中心城市为中心的联系较为紧密的圈层。中心城市与核心城镇的经济联系强度及经济隶属度在各都市圈之间也有差距，沈阳都市圈中心城市与核心城镇的经济联系强度和经济隶属度最大，大连都市圈、锦葫都市圈次之，丹东都市圈最弱。其中，沈阳都市圈中心城市沈阳市与新民市、蒲东街道、抚顺市、溪湖区、胡台镇、罗家房镇、沈旦堡、新民屯镇、李石街道、茨榆坨街道、沈旦堡镇、新台子镇、前甸镇、四方台镇、三面船镇等核心城镇一直保持着较强的经济联系强度及经济隶属度，而河北乡、拉古满族乡、公主屯镇、大柳屯镇、柳河沟镇、梁山镇、长滩镇、四方镇、三面镇、塔峪镇、东洲区、千金乡、碾盘乡、会元乡、海浪乡、兵乡、峡河乡、张其寨乡、横道河子镇、蔡牛镇等核心城镇与沈阳市的经济联系强度及经济隶属度相对较弱，变化也相对不明显；在建制乡镇中，兴隆镇、杨士岗、石文镇、新台子镇、凡河镇、腰堡镇、柳河子镇、柳条寨镇、歪头山镇、前当堡镇、东蛇山子镇、冷子堡镇等乡镇与沈阳市的经济联系强度及经济隶属度增加较为明显，这些城镇与沈阳市或与其所在的县市间经济联系依存度高，产业关联度大，空间作用明显；从城镇分布来看，沈阳市与西部及西南部城镇的联系较与其他方向城镇的联系紧密。大连都市圈中心城市大连市与旅顺口区、三涧堡街道、龙头街道、普兰店区、双岛湾街道、长城街道、北海街道、瓦房店市等核心城镇一直保持着较强的经济联系强度及经济隶属度，与铁山街道、大刘家街道、杨树房街道、元台镇、复州湾镇、炮台镇、皮口镇、城子坦街道、双塔街道、莲山街道、瓦窝镇、复州城镇的经济联系强度及经济隶属度变化较大，与西部及东北部城镇的联系较与其他方向城镇的联系紧密。鞍山都市圈中心城市鞍山市与千山区主城区、唐家房镇、穆家镇、海城市、西柳

镇、辽阳县、兴隆镇、弓长岭区主城区等核心城镇一直保持着较强的经济联系强度及经济隶属度，中心城市与北部城镇的联系较与其他方向城镇的联系紧密。锦葫都市圈中心城市锦州市和葫芦岛市与兴城市、曹庄镇、郭家镇、沙后所镇、凌海市、翠岩镇、板石沟乡、寺儿堡镇、台集屯镇、石山镇、余积镇、双羊镇、沈家台镇、虹螺岘镇、钢屯镇、杨郊乡、九龙街道、沙锅屯乡、黄土坎乡等核心城镇一直保持着较强的经济联系强度及经济隶属度，中心城市锦州市和葫芦岛市间城镇的联系较中心城市与其他方向城镇的联系紧密。盘营都市圈中心城市盘锦市和营口市与大洼区、盘山县、大石桥市、盖州市、沟沿镇、高坎镇等核心城镇一直保持着较强的经济联系强度及经济隶属度，中心城市盘锦市和营口市间城镇的联系较中心城市其他方向城镇的联系紧密。丹东都市圈中心城市丹东市与东港市主城区、前阳镇、边门镇、虎山镇等核心城镇一直保持着较强的经济联系强度及经济隶属度，中心城市与北部和南部城镇的联系较与其他方向城镇的联系紧密；与辽宁省其他都市圈相比，丹东都市圈对外经济联系变化较小，中心城市实力较弱。辽宁省都市圈中心城市对其他核心城镇的经济联系强度及经济隶属度的影响呈现地域不均衡性，主要是因为交通网络分布不均衡，因此中心城市与部分核心城镇的经济联系强度较弱，说明交通网络结构作为都市圈空间结构的重要内容，其空间可达性在一定程度上影响着都市圈空间结构的历史演变。

二、辽宁省都市圈空间范围的演化

利用第三章划分都市圈空间范围的方法，把都市圈中与中心城市经济联系强度大于 5、经济隶属度大于 0.5 的最外部城镇作为都市圈空间范围的外部边界，由表 5-1～表 5-6 可以看出 1995 年、2005 年和 2016 年辽宁省都市圈中心城市与核心城镇间的经济联系强度和经济隶属度，并得出这 3 个年份辽宁省都市圈的城镇体系。另外，根据第三章划分都市圈圈层的方法，把与中心城市经济联系强度≥10、经济隶属度≥0.8 的城镇划入紧密圈层内，把与中心城市经济联系强度为［3, 10），经济隶属度为［0.2, 0.8）的城镇划入机会圈层内；由于中心城市与核心城镇的经济联系强度和经济隶属度的变化，辽宁省都市圈的圈层结构也相应地发生变化，见表 5-7～表 5-12 及图 5-1～图 5-6。

表 5-7　沈阳都市圈圈层空间范围变动表

年份	紧密圈（经济联系强度≥10，经济隶属度≥0.8）	机会圈（3≤经济联系强度＜10，0.2≤经济隶属度＜0.8）
1995	胡台镇、新民市主城区、罗家房镇、蒲东街道、茨榆坨街道、新民屯镇、抚顺市主城区、李石街道、河北乡、拉古满族乡、溪湖区主城区、沈旦堡镇、新台子镇	公主屯镇、大柳屯镇、柳河沟镇、梁山镇、长滩镇、四方台镇、三面船镇、塔峪镇、东洲区、千金乡、碾盘乡、前甸镇、会元乡、海浪乡、救兵镇、峡河乡、张其寨乡、横道河子镇、蔡牛镇

续表

年份	紧密圈（经济联系强度≥10，经济隶属度≥0.8）	机会圈（3≤经济联系强度＜10，0.2≤经济隶属度＜0.8）
2005	胡台镇、新民市主城区、罗家房镇、蒲东街道、茨榆坨街道、新民屯镇、抚顺市主城区、李石街道、河北乡、拉古满族乡、溪湖区主城区、沈旦堡镇、新台子镇、兴隆堡镇、石文镇、腰堡镇	公主屯镇、大柳屯镇、柳河沟镇、梁山镇、长滩镇、四方台镇、三面船镇、塔峪镇、东洲区、千金乡、碾盘乡、前甸镇、会元乡、海浪乡、救兵镇、峡河乡、张其寨乡、横道河子镇、蔡牛镇、前当堡镇、肖寨门镇、哈达镇、火连寨镇
2016	胡台镇、法哈牛镇、兴隆堡镇、新民市主城区、兴隆镇、罗家房镇、蒲东街道、茨榆坨街道、杨士岗镇、新民屯镇、抚顺市主城区、李石街道、河北乡、拉古满族乡、石文镇、石桥子镇、歪头山镇、溪湖区主城区、柳河子镇、柳条寨镇、沈旦堡镇、新台子镇、凡河镇、腰堡镇	前当堡镇、公主屯镇、东蛇山子镇、大柳屯镇、柳河沟镇、梁山镇、长滩镇、冷子堡镇、刘二堡镇、四方台镇、肖寨门镇、三面船镇、依牛堡子镇、秀水河子镇、大孤家子镇、十间房镇、塔峪镇、东洲区、千金乡、碾盘乡、前甸镇、会元乡、章党镇、海浪乡、上马镇、哈达镇、救兵镇、峡河乡、张其寨乡、火连寨镇、佟二堡镇、阿吉镇、横道河子镇、蔡牛镇

表 5-8　大连都市圈圈层空间范围变动表

年份	紧密圈（经济联系强度≥10，经济隶属度≥0.8）	机会圈（3≤经济联系强度＜10，0.2≤经济隶属度＜0.8）
1995	旅顺口区主城区、三涧堡街道、龙头街道、普兰店区主城区	双岛湾街道、长城街道、北海街道、瓦房店市主城区、杨家满族乡、长兴岛经济技术开发区
2005	旅顺口区主城区、三涧堡街道、龙头街道、铁山街道、普兰店区主城区、元台镇	双岛湾街道、长城街道、北海街道、瓦房店市主城区、瓦窝镇、杨家满族乡、长兴岛经济技术开发区
2016	旅顺口区主城区、三涧堡街道、龙头街道、铁山街道、普兰店区主城区、大刘家街道、杨树房街道、元台镇、复州湾镇、炮台镇	双岛湾街道、长城街道、北海街道、皮口街道、城子坦街道、双塔街道、莲山街道、瓦房店市主城区、瓦窝镇、复州城镇、杨家满族乡、长兴岛经济技术开发区

表 5-9　鞍山都市圈圈层空间范围变动表

年份	紧密圈（经济联系强度≥10，经济隶属度≥0.8）	机会圈（3≤经济联系强度＜10，0.2≤经济隶属度＜0.8）
1995	千山区主城区、唐家房镇、穆家镇、吉洞峪满族乡	海城市主城区、西柳镇、辽阳县主城区、首山镇、兴隆镇、弓长岭区主城区
2005	千山区主城区、唐家房镇、大屯镇、穆家镇、刘二堡镇	海城市主城区、毛祁镇、西柳镇、腾鳌镇、西佛镇、辽阳县主城区、首山镇、兴隆镇、唐马寨镇、黄泥洼镇、弓长岭区主城区、汤河镇、安平乡
2016	千山区主城区、唐家房镇、大屯镇、南台镇、甘泉镇、大屯镇、穆家镇、吉洞峪满族乡、刘二堡镇	甘泉镇、海城市主城区、牌楼镇、毛祁镇、西柳镇、腾鳌镇、耿庄镇、温香镇、西佛镇、辽阳县主城区、首山镇、兴隆镇、唐马寨镇、黄泥洼镇、隆昌镇、弓长岭区主城区、汤河镇、安平乡

表 5-10 锦葫都市圈圈层空间范围变动表

年份	紧密圈（经济联系强度≥10，经济隶属度≥0.8）	机会圈（3≤经济联系强度<10，0.2≤经济隶属度<0.8）
1995	兴城市主城区、曹庄镇、郭家镇、沙后所镇、凌海市主城区、翠岩镇、板石沟乡、寺儿堡镇、台集屯镇	义县主城区、石山镇、余积镇、双羊镇、沈家台镇、虹螺岘镇、钢屯镇、杨郊乡、九龙街道、沙锅屯乡、黄土坎乡
2005	兴城市主城区、曹庄镇、郭家镇、沙后所镇、凌海市主城区、翠岩镇、板石沟乡、寺儿堡镇、班吉塔镇、台集屯镇	高家岭镇、义县主城区、石山镇、余积镇、双羊镇、沈家台镇、虹螺岘镇、钢屯镇、杨郊乡、九龙街道、沙锅屯乡、黄土坎乡、药王满族乡、沟帮子镇
2016	兴城市主城区、曹庄镇、羊安满族乡、郭家镇、沙后所镇、七里河镇、前杨镇、张家堡镇、凌海市主城区、班吉塔镇、翠岩镇、白台子镇、板石沟乡、温滴楼镇、寺儿堡镇、台集屯镇	绥中县主城区、高台镇、药王庙镇、望海满族乡、刘台子满族乡、高家岭镇、三道沟满族乡、药王满族乡、菊花岛乡、义县主城区、九道岭镇、高台子镇、闾阳镇、赵屯镇、沟帮子镇、石山镇、余积镇、双羊镇、沈家台镇、虹螺岘镇、钢屯镇、杨郊乡、山神庙子乡、塔山乡、九龙街道、暖池塘镇、沙锅屯乡、黄土坎乡

表 5-11 盘营都市圈圈层空间范围变动表

年份	紧密圈（经济联系强度≥10，经济隶属度≥0.8）	机会圈（3≤经济联系强度<10，0.2≤经济隶属度<0.8）
1995	大洼区主城区、盘山县主城区、大石桥市主城区	盖州市主城区、西安镇、东风镇、胡家镇、吴家镇、旗口镇、虎庄镇、青石岭镇、沙岗镇、团甸镇
2005	大洼区主城区、盘山县主城区、大石桥市主城区、沟沿镇、高坎镇	盖州市主城区、西安镇、新兴镇、东风镇、胡家镇、吴家镇、陈家镇、旗口镇、虎庄镇、青石岭镇、沙岗镇、团甸镇
2016	大洼区主城区、盘山县主城区、大石桥市主城区、新立镇、沟沿镇、高坎镇	盖州市主城区、西安镇、新兴镇、东风镇、平安镇、胡家镇、吴家镇、陈家镇、旗口镇、虎庄镇、永安镇、青石岭镇、沙岗镇、团甸镇

表 5-12 丹东都市圈圈层空间范围变动表

年份	紧密圈（经济联系强度≥10，经济隶属度≥0.8）	机会圈（3≤经济联系强度<10，0.2≤经济隶属度<0.8）
1995	东港市主城区、前阳镇、边门镇、虎山镇	长山镇、凤城市主城区、大堡蒙古族乡、石城镇、鸡冠山镇、杨木川镇
2005	东港市主城区、前阳镇、长安镇、东汤镇、边门镇、虎山镇、古楼子乡	长山镇、马家店镇、凤城市主城区、宝山镇、大堡蒙古族乡、石城镇、鸡冠山镇、长甸镇、永甸镇、杨木川镇
2016	东港市主城区、前阳镇、长安镇、十字街镇、合隆满族乡、东汤镇、边门镇、虎山镇、古楼子乡	长山镇、马家店镇、龙王庙镇、小甸子镇、凤城市主城区、宝山镇、蓝旗镇、大堡蒙古族乡、爱阳镇、石城镇、鸡冠山镇、毛甸子镇、长甸镇、永甸镇、青椅山镇、杨木川镇

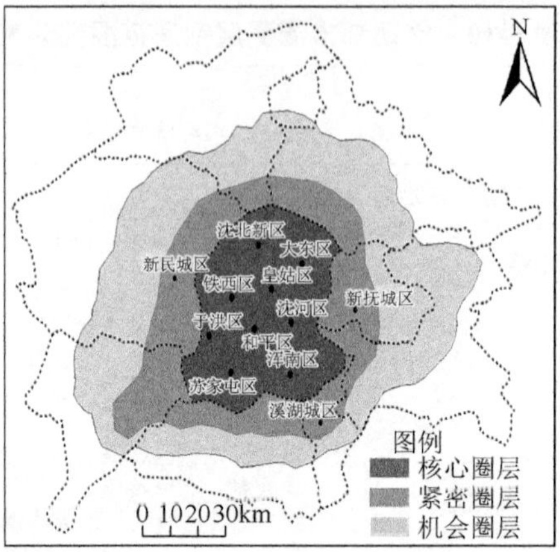

(a)

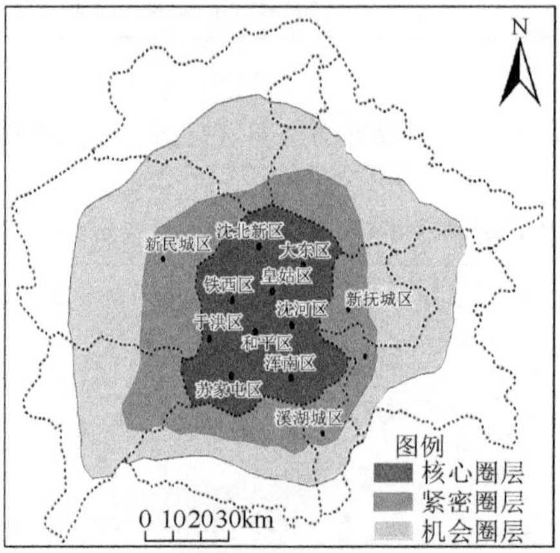

(b)

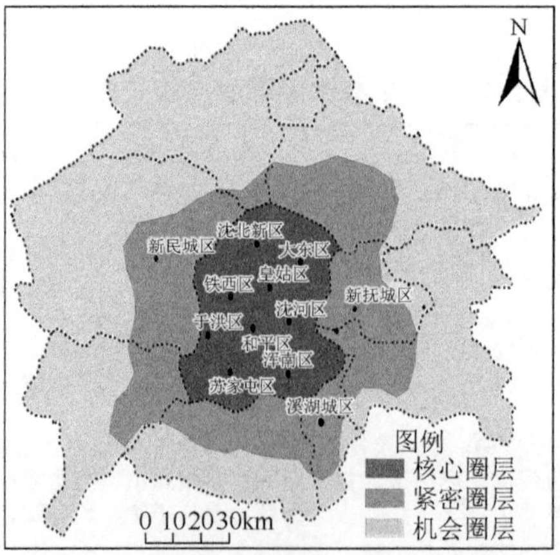

(c)

图 5-1　沈阳都市圈空间范围演化示意图

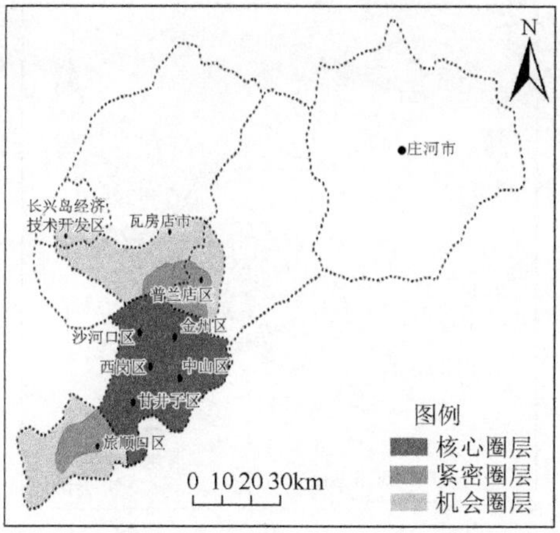

(a)

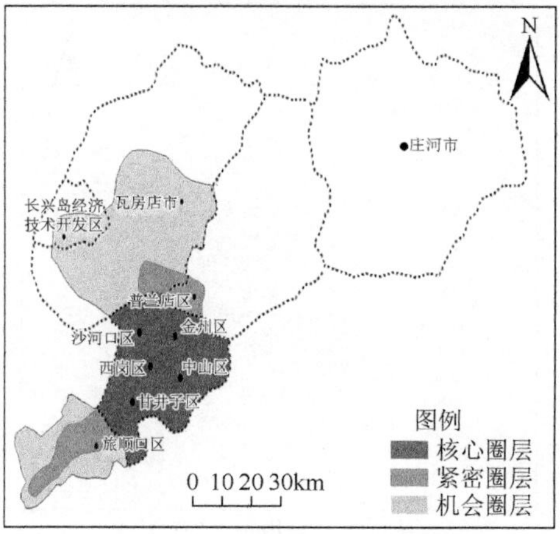

(b)

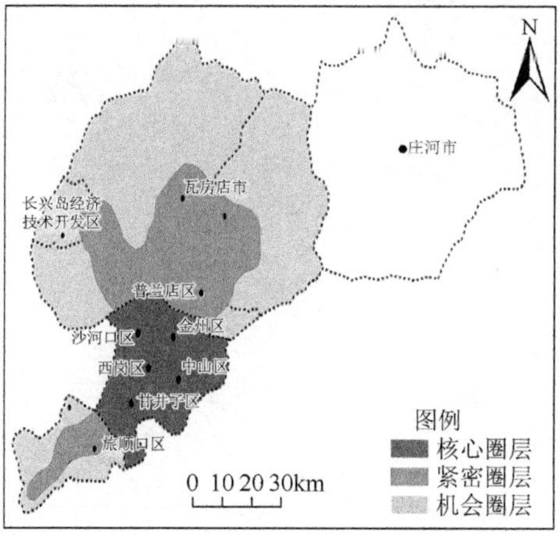

(c)

图 5-2　大连都市圈空间范围演化示意图

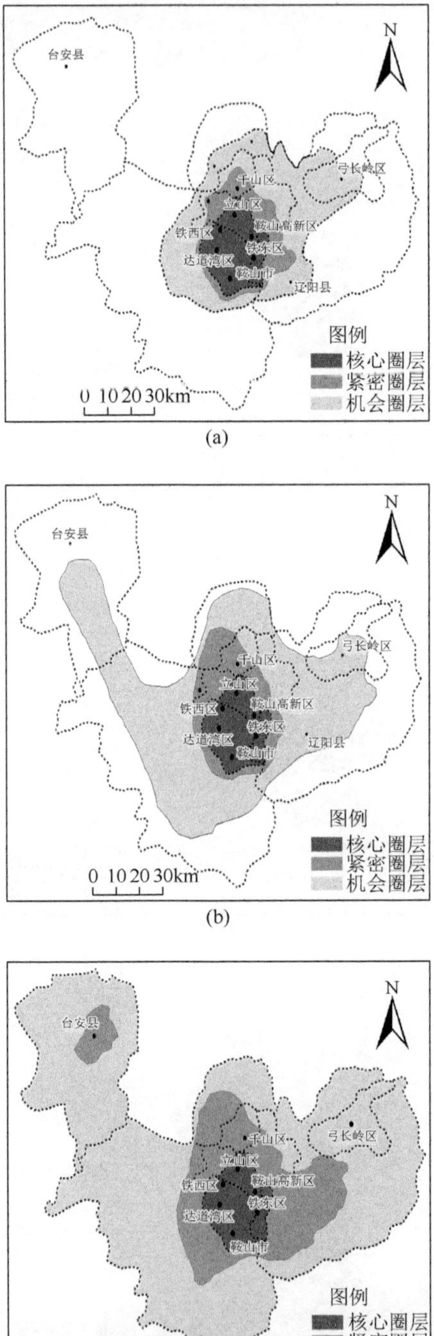

(a)

(b)

(c)

图 5-3　鞍山都市圈空间范围演化示意图

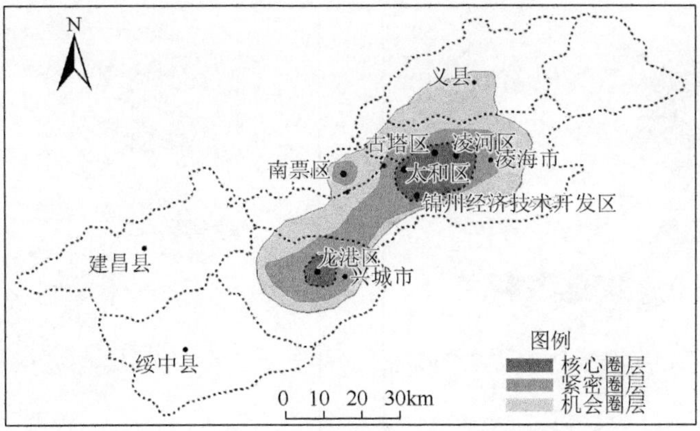

(a)

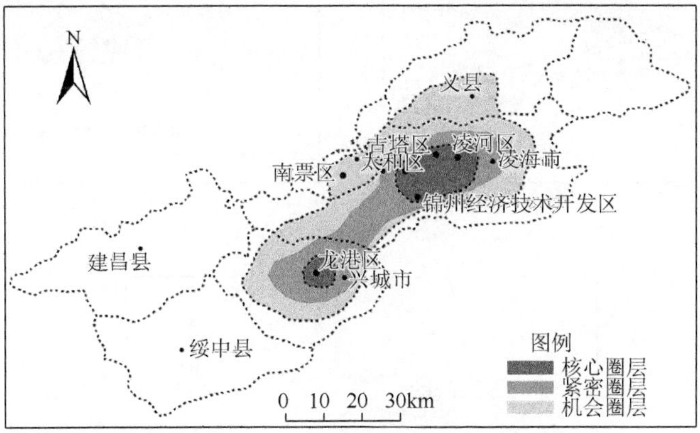

(b)

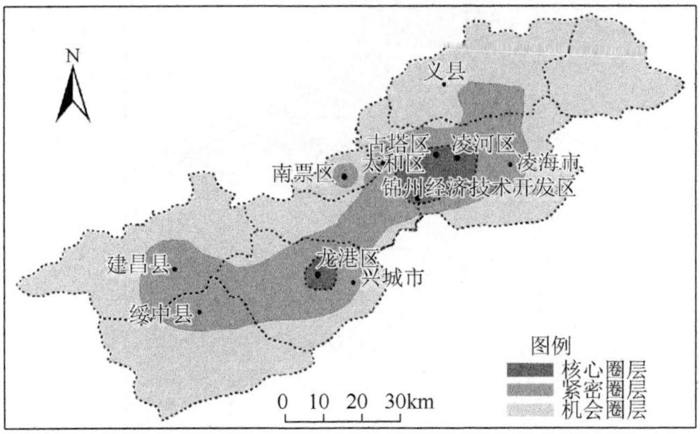

(c)

图 5-4　锦葫都市圈空间范围演化示意图

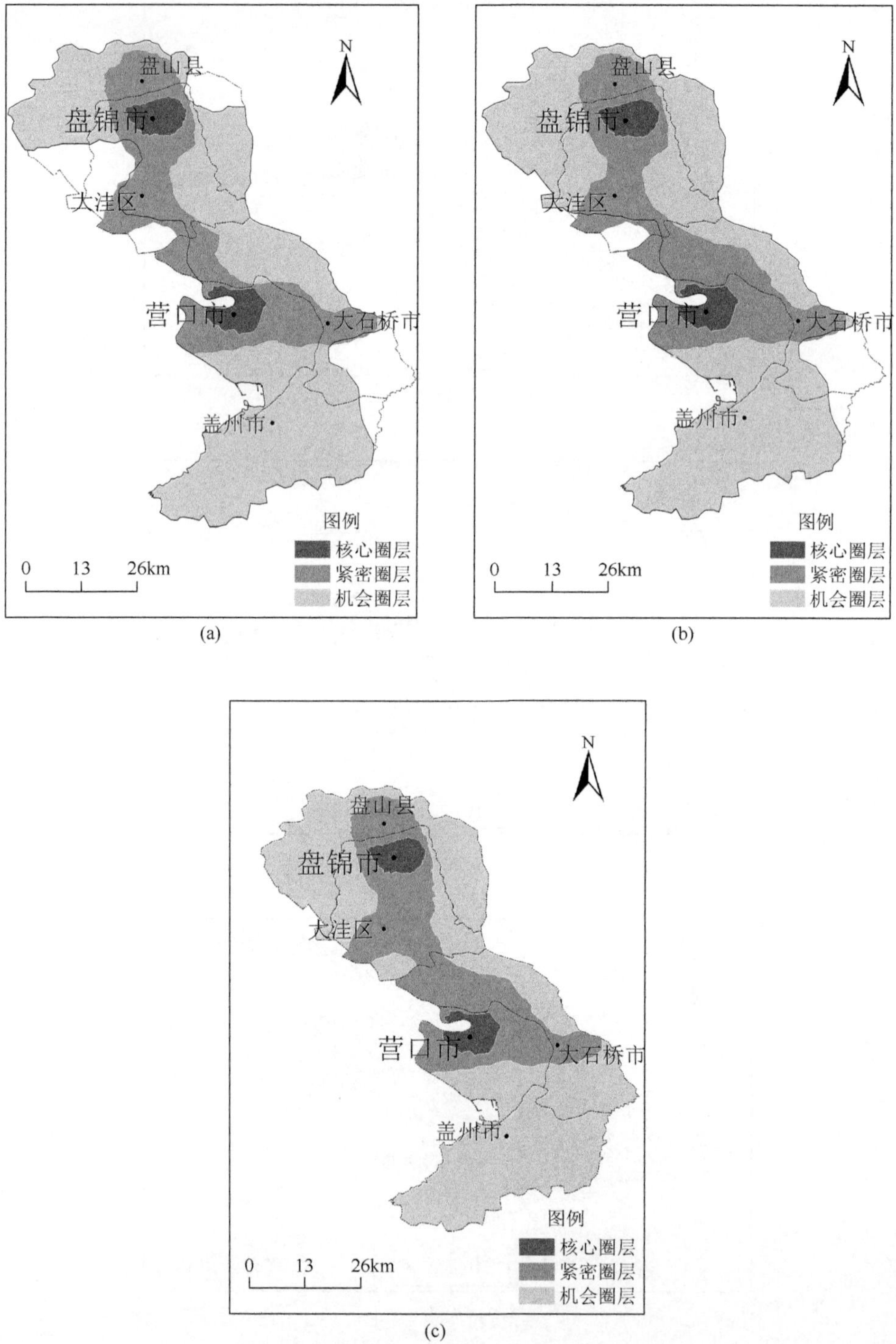

图 5-5　盘营都市圈空间范围演化示意图

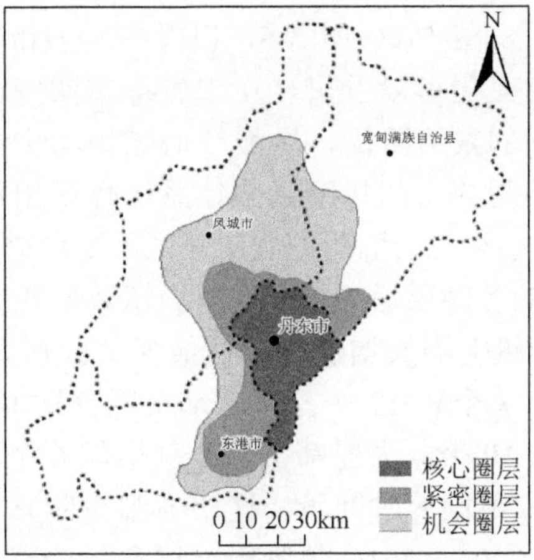

(a)

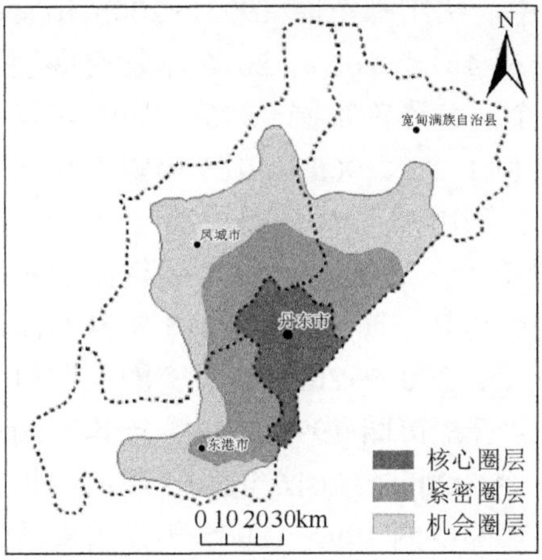

(b)

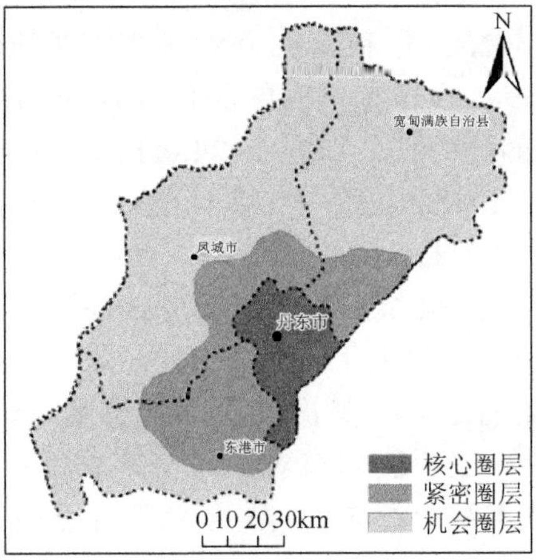

(c)

图 5-6　丹东都市圈空间范围演化示意图

从表 5-7～表 5-12 及图 5-1～图 5-6，以及中心城市与核心城镇间的经济联系强度和经济隶属度的变化可以看出，辽宁省都市圈空间范围具有明显的层级性和动态性，即在不同的发展阶段，区域核心城镇与中心城市直接影响的范围不断向外扩张，形成不同的空间尺度划分体系，体现出都市圈职能集散效应的空间拓展过程。紧密圈层和机会圈层的空间范围不断向外扩张，其面积和城镇数量逐渐增加，不同都市圈各圈层增加的面积及城镇数量各有不同。1995～2016 年，沈阳都市圈紧密圈层和机会圈层增加的城镇最多，分别为 11 个和 15 个；锦葫都市圈次之，分别增加 7 个和 17 个；鞍山都市圈分别增加 5 个和 12 个；丹东都市圈分别增加 5 个和 10 个；大连都市圈分别增加 6 个和 6 个；盘营都市圈分别增加 3 个和 4 个。在不同的时间段，辽宁省都市圈紧密圈层和机会圈层城镇增加数量有较大差别，2005～2016 年紧密圈层和机会圈层城镇增加的数量要多于 1995～2005 年。其中，沈阳都市圈 1995～2005 年紧密圈层和机会圈层增加的城镇数量分别为 3 个和 4 个，2005～2016 年紧密圈层和机会圈层增加的城镇数量分别为 8 个和 11 个；大连都市圈 1995～2005 年紧密圈层和机会圈层增加的城镇数量分别为 2 个和 1 个，2005～2016 年紧密圈层和机会圈层增加的城镇数量分别为 4 个和 5 个；鞍山都市圈 1995～2005 年紧密圈层和机会圈层增加的城镇数量分别为 1 个和 7 个，2005～2016 年紧密圈层和机会圈层增加的城镇数量分别为 4 个和 5 个；锦葫都市圈 1995～2005 年紧密圈层和机会圈层增加的城镇数量分别为 1 个和 3 个，2005～2016 年紧密圈层和机会圈层增加的城镇数量分别为 6 个和 14 个；盘营都市圈 1995～2005 年紧密圈层和机会圈层增加的城镇数量分别为 2 个和 2 个，2005～2016 年紧密圈层和机会圈层增加的城镇数量分别为 1 个和 2 个；丹东都市圈 1995～2005 年紧密圈层和机会圈层增加的城镇数量分别为 3 个和 4 个，2005～2016 年紧密圈层和机会圈层增加的城镇数量分别为 2 个和 6 个。1995 年、2005 年和 2016 年沈阳都市圈的面积分别为 9498.5km^2、11304.2km^2、14519.4km^2，大连都市圈的面积分别为 6936.3km^2、8820.3km^2、11556.8km^2，鞍山都市圈的面积分别为 5024.0km^2、6358.5km^2、7850.0km^2，锦葫都市圈的面积分别为 5805.9km^2、7538.1km^2、9767.8km^2，盘营都市圈的面积分别为 5532.1km^2、7011.3km^2、8063.9km^2，丹东都市圈的面积分别为 5278.3km^2、6079.0km^2、7234.6km^2，辽宁省都市圈的空间范围逐步增大，且 2005～2016 年空间增加的范围大于 1995～2005 年空间增加的范围。其中，沈阳都市圈空间范围增加的最多，其次是大连都市圈，鞍山都市圈和丹东都市圈空间范围增加的最少，表明沈阳市对外经济联系强度变化最大。总的来说，2005 年以后，辽宁省都市圈中心城市对外经济联系强度明显增强，集聚和辐射功能越来越强大。

第二节　辽宁省都市圈空间结构的演化

都市圈空间结构复杂，涉及要素和层面较多。都市圈内各城镇间存在较为紧密的经济联系和社会联系，区域一体化趋势明显，通过人流、物流、信息流等相互作用。本章分析都市圈空间结构发展演化过程时，依据都市圈空间结构的主要特征，选择几个最具代表性的指标进行分析总结。圈层结构也是都市圈最主要、最显著的空间特征。辽宁省都市圈圈层结构体系由核心圈、紧密圈和机会圈构成，圈层结构特征明显，特别是沈阳都市圈和大连都市圈的圈层结构特征尤为明显。所以本章根据都市圈圈层结构特征，主要从城镇、人口、经济联系的角度出发，对辽宁省都市圈圈层结构的演化进行分析。其中，核心圈选取各都市圈中心城市的建成区面积、人口密度、市区非农业人口和经济变异系数来分析辽宁省都市圈核心圈层空间结构的演化特征；紧密圈和机会圈选取紧密圈层内和机会层圈内的城镇体系、圈层内人口密度、圈层内城镇网络均衡度来分析辽宁省都市圈紧密圈层和机会圈层空间结构的演化特征，进一步揭示辽宁省都市圈空间结构发展规律。

一、辽宁省都市圈核心圈层空间结构的演化

（一）核心圈层建成区面积、人口密度、市区非农业人口的演化

本节选取辽宁省都市圈核心圈层的中心城市沈阳市、大连市、鞍山市、锦州市、葫芦岛市、盘锦市、营口市和丹东市作为研究对象，对这些城市的建成区面积、人口密度、市区非农业人口进行分析，找出辽宁省都市圈核心圈层空间结构演化的特征和规律。表 5-13 显示的是 1995 年、2005 年、2016 年辽宁省都市圈中心城市主城区规模变动的相关指标。

表 5-13　辽宁省都市圈中心城市主城区规模变动指标

名称	年份	建成区面积/km^2	人口密度/(人/km^2)	市区非农业人口/万人
沈阳都市圈	1995	346	1102	342
	2005	375	1326	411
	2016	455	1564	448
大连都市圈	1995	329	927	241
	2005	362	1274	267
	2016	396	1352	306

续表

名称	年份	建成区面积/km^2	人口密度/(人/km^2)	市区非农业人口/万人
鞍山都市圈	1995	89	912	114
	2005	102	932	131
	2016	121	968	146
锦葫都市圈	1995	212	823	108
	2005	223	867	121
	2016	276	926	140
盘营都市圈	1995	236	769	116
	2005	257	813	137
	2016	292	874	152
丹东都市圈	1995	39	682	19
	2005	42	781	26
	2016	55	833	37

从表 5-13 可以看出，从建成区面积来看，辽宁省都市圈中心城市建成区面积不断增加，1995～2005 年，大连都市圈中心城市建成区扩大面积最大，鞍山都市圈中心城市建成区扩容率最大，丹东都市圈中心城市建成区扩大面积和扩容率最小。1995～2016 年，沈阳都市圈中心城市建成区面积增加 109km^2，大连都市圈中心城市建成区面积增加 67km^2，锦葫都市圈中心城市建成区面积增加 64km^2，盘营都市圈中心城市建成区面积增加 56km^2，鞍山都市圈中心城市建成区面积增加 32km^2，丹东都市圈中心城市建成区面积增加 16km^2。其中，沈阳都市圈中心城市建成区面积的增加得益于：①1996 年修订的新一轮城市总体规划，开始强调对中心城市主城区和外围副城（现多称为新城）的建设，扩大了中心城市的规模；②1995 年建成的三环高速公路迅速拉大了沈阳市建成区的建设框架，加速了沈阳市与邻近郊区的一体化进程；③2003 年中央确定实施东北老工业基地振兴战略以来，沈阳市启动铁西工业区更新改造、北部大学城建设、东部汽车城建设，启动并建成四环路，进一步带动城市跨越浑河发展，沈抚新城、蒲河新城、佟沟新城、胡台新城等城市空间开发迅速，形成了目前以主城为核心、新城为组团的沈阳都市圈中心城市建成区空间结构格局，环形放射状的中心城市主城区空间拓展已成趋势，增大了中心城市的范围。大连都市圈中心城市建成区面积的增加是在 1990 年完成的《大连市城市总体规划调整方案》（简称“90 规划”）的基础上完成的，“90 规划”重点打造大窑湾保税港区和金石滩国家旅游度假区等对

外开放先导区；2002年，金州区的得胜镇和大李家镇被划入大连市，使得大连都市圈核心圈层范围不断增大。锦葫都市圈中心城市锦州市和葫芦岛市是国家重要的工业基地，锦州市建成区面积的增加主要是因为20世纪90年代后锦州经济技术开发区和凌海工业经济带的迅速发展，而葫芦岛市建成区面积的增加主要是因为90年代龙湾新市区的建设及发展；另外，城市的旧城改造、房地产的发展都使得锦葫都市圈中心城市建成区面积增加。鞍山都市圈中心城市建成区扩张较为缓慢，鞍山市城市建设与发展是建立在工业大规模扩展的基础上的，因此城市的发展与工业化之间有着密切的联系，而改革开放后，在向市场体制转轨的过程中，鞍山市工业改革陷入困境。90年代后，不合理的工业结构使得鞍山市工业化率逐年降低，城市化推进速度较为缓慢，城市化率和工业化率几乎都出现了停滞，1995～2005年都没有明显的上升趋势，影响了鞍山市建成区面积的增加速度。盘营都市圈中心城市盘锦市和营口市是辽宁省重要的工业城市，2000年后营口经济技术开发区和盘锦经济技术开发区的迅速发展和城市的旧城改造，以及房地产的发展都使得盘营都市圈中心城市建成区面积增加。和辽宁省其他都市圈相比较，丹东都市圈中心城市建成区扩张极为缓慢，丹东市作为中国最大的边境城市，交通基础设施落后，经济发展缓慢，严重影响丹东都市圈中心城市的向外扩张。

从人口密度和市区非农业人口来看，辽宁省都市圈中心城市人口密度和市区非农业人口不断扩大，沈阳都市圈、大连都市圈中心城市人口密度和市区非农业人口增加较鞍山都市圈、盘营都市圈和锦葫都市圈明显。和国内外其他较为成熟的都市圈相比较，辽宁省都市圈中心城市人口规模仍旧偏小，1995～2016年人口年平均增长率仅为4.7%。1995～2016年，中心城市沈阳市市区非农业人口增加106万人，中心城市大连市市区非农业人口增加65万人，中心城市鞍山市市区非农业人口增加32万人，中心城市锦葫市和葫芦岛市市区非农业人口增加32万人，中心城市丹东市市区非农业人口仅增加18万人，市区非农业人口增加的速度较为缓慢，影响辽宁省都市圈空间结构的进一步发展。

（二）核心圈层经济变异系数的演化

都市圈内城镇间的发展除了绝对差异外，还有相对差异。相对差异的指标有很多，如极值比率、标准差、变异系数、基尼指数、泰尔指数等。本书拟采用变异系数来衡量辽宁省都市圈各圈层人均GDP发展水平的相对差异。其计算公式如下[199]：

$$V = \frac{\sqrt{\sum_{i=1}^{n} \frac{(Y_i - Y)^2}{N}}}{Y} \tag{5-1}$$

式中，V 为变异系数；Y_i 为各单元值；Y 为圈域的平均值；N 为单元数目。

本节选择核心圈层中心城市的人均 GDP 计算辽宁省都市圈核心圈层经济变异系数发展演化的指标。

根据式（5-1），可以计算出辽宁省都市圈核心圈层经济变异系数，见表 5-14。

表 5-14　5 个年份辽宁省都市圈核心圈层经济变异系数

名称	1995 年	2000 年	2005 年	2010 年	2016 年
沈阳都市圈	0.581	0.611	0.676	0.643	0.582
大连都市圈	0.536	0.642	0.671	0.751	0.567
鞍山都市圈	0.445	0.531	0.581	0.572	0.519
锦葫都市圈	0.397	0.415	0.471	0.462	0.451
盘营都市圈	0.364	0.408	0.462	0.451	0.442
丹东都市圈	0.321	0.347	0.392	0.426	0.408

从表 5-14 可以看出，辽宁省都市圈核心圈层经济变异系数在不同阶段分别表现为不断扩大或不断缩小的规律。从横向来看，沈阳都市圈核心圈层 2005 年经济变异系数最大，达 0.676；1995 年最小，为 0.581。大连都市圈核心圈层 2010 年经济变异系数最大，达 0.751；1995 年最小，为 0.536。鞍山都市圈核心圈层 2005 年经济变异系数最大，达 0.581；1995 年最小，为 0.445。锦葫都市圈核心圈层 2005 年经济变异系数最大，达 0.471；1995 年最小，为 0.397。盘营都市圈核心圈层 2005 年经济变异系数最大，达 0.462；1995 年最小，为 0.364。丹东都市圈核心圈层 2010 年经济变异系数最大，达 0.426；1995 年最小，为 0.321。沈阳都市圈核心圈层和大连都市圈核心圈层的经济变异系数较大，其最小值也要比锦葫都市圈、盘营都市圈和丹东都市圈核心圈层的最大值要大，所以沈阳都市圈核心圈层和大连都市圈核心圈层的经济差异要远大于其他 4 个都市圈，而丹东都市圈核心圈层的经济变异系数最小，表明丹东都市圈核心圈层内部经济差异最小。从纵向来看，沈阳都市圈、鞍山都市圈和锦葫都市圈和盘营都市圈的核心圈层经济变异系数在 1995～2005 年增大，在 2005～2016 年减小，表明沈阳都市圈、鞍山都市圈、锦葫都市圈和盘营都市圈核心圈层的内部经济差异在 1995～2005 年是增大的，在 2005～2016 年是减小的。大连都市圈和丹东都市圈的核心圈层经济变异系数在 1995～2010 年是增大的，在 2010～2016 年是减小的，表明大连都市圈和丹东都市圈核心圈层的内部经济差异在 1995～2010 年是增大的，在 2010～2016 年是减小的。总的来说，辽宁省都市圈核心圈层经济变异系数在 2005 年前保持增大趋势，表明

2005 年前辽宁省都市圈核心圈层的内部经济差异一直在增大。而 2010 年后，辽宁省都市圈核心圈层的经济变异系数开始减小，表明 2010 年后辽宁省都市圈核心圈层的内部经济差异都在变小。这主要是由于 2003 年国家提出振兴东北老工业基地后，开始对东北地区，特别是辽宁省加大投资，而作为辽宁省经济发展核心部分的辽宁省都市圈，是国家和辽宁省资金、政策倾斜的重点，辽宁省都市圈开始加速发展，都市圈内部的差异开始减小，各都市圈在辽宁省中的地位和作用不同，其内部差异也有所不同。

二、辽宁省都市圈紧密圈层空间结构的演化

（一）紧密圈层空间范围及城镇体系的演化

通过统计得出的 1995 年、2005 年、2016 年辽宁省都市圈紧密圈层空间范围及城镇体系构成，见表 5-7～表 5-12 及图 5-1～图 5-6。1995 年、2005 年、2016 年辽宁省都市圈紧密圈层城市等级规模，见表 5-15。

表 5-15　3 个年份辽宁省都市圈紧密圈层城市等级规模　（单位：个）

名称	年份	超大城市	特大城市	大城市		中等城市	小城市	
				Ⅰ型大城市	Ⅱ型大城市		Ⅰ型小城市	Ⅱ型小城市
沈阳都市圈	1995	0	0	0	0	0	2	11
	2005	0	0	0	0	1	3	12
	2016	0	0	0	0	1	3	20
大连都市圈	1995	0	0	0	0	0	1	3
	2005	0	0	0	0	0	1	5
	2016	0	0	0	0	0	2	8
鞍山都市圈	1995	0	0	0	0	0	0	4
	2005	0	0	0	0	0	0	5
	2016	0	0	0	0	0	0	9
锦葫都市圈	1995	0	0	0	0	0	0	9
	2005	0	0	0	0	0	0	11
	2016	0	0	0	0	0	1	15
盘营都市圈	1995	0	0	0	0	0	0	4
	2005	0	0	0	0	0	0	5
	2016	0	0	0	0	0	0	6
丹东都市圈	1995	0	0	0	0	0	0	4
	2005	0	0	0	0	0	0	7
	2016	0	0	0	0	0	0	9

从表 5-15 可以看出，1995～2016 年，辽宁省都市圈紧密圈层城市数量有较大变化，其变化以小城市为主，特别是Ⅱ型小城市的数量变化占辽宁省都市圈紧密圈层城市数量变化的绝大部分。城市数量的变化在不同时间段有明显差异，2005～2016 年辽宁省都市圈紧密圈层增加的城市数量是 1995～2005 的 2.3 倍。另外，城市数量的变化在不同都市圈间不明显，沈阳都市圈紧密圈层城市数量增加最多，达到 11 个，大连都市圈、鞍山都市圈、锦葫都市圈、盘营都市圈和丹东都市圈紧密圈层城市数量增加较少。1995～2016 年，辽宁省都市圈紧密圈层中没有出现超大城市、特大城市和大城市，仅 2005 年沈阳都市圈紧密圈出现 1 个人口超过 100 万人的中等城市抚顺市；小城市数量增加了 35 个，从 1995 年的 38 个增加到了 2016 年的 73 个。其中，1995～2005 年，辽宁省都市圈紧密圈层小城市增加了 11 个，2005～2016 年增加了 24 个，表明辽宁省都市圈发展从 2005 年开始加速。1995～2016 年，辽宁省都市圈紧密圈层的城市数量变化有所不同，1995～2016 年，沈阳都市圈紧密圈层小城市增加了 10 个，有 8 个是在 2005～2016 年增加的；锦葫都市圈紧密圈层小城市增加了 7 个，有 5 个是在 2005～2016 年增加的；大连都市圈紧密圈层小城市增加了 6 个，有 4 个是在 2005～2016 年增加的；鞍山都市圈和丹东都市圈紧密圈层小城市各增加了 5 个，有 6 个是在 2005～2016 年增加的；盘营都市圈紧密圈层城市增加数量最少，两个阶段各增加 1 个小城市。总的来说，1995～2016 年，辽宁省都市圈紧密圈层的城市变化显著，从 2005 年前城市变化较缓慢，到 2005 年后城市数量增加速度明显加快，沈阳都市圈表现得尤为明显，但城市体系规模等级不合理，中等城市缺失，城市实力偏弱，影响辽宁省都市圈空间结构的发展。

（二）紧密圈层内部城镇网络均衡度的演化

都市圈是由不同规模等级的城镇体系构成的集合体，都市圈内大、中、小城镇按照客观要求进行分工和协作，构成不可分割的有机整体，形成了都市圈城市网络。

城市网络的理想形态是中心地理论中三角网状的均衡网络形态，每个城市节点都分布在三角网的各个交点，这样的城市网络构成以核心城市为中心的圈层结构特征，如图 5-7 所示。与核心城市相邻的外围形成一个半径为 r 的圈层，圈层内部存在 6 个城市，分别分布于以核心城市为中心的六边形的各个顶点；向外扩大空间范围至半径为 $2r$ 形成第二个圈层，该圈层内部存在 12 个城市，除了六边形的各个顶点存在城市外，六边形的每条边也各形成一个城市，其余圈层向外依此类推[200]。

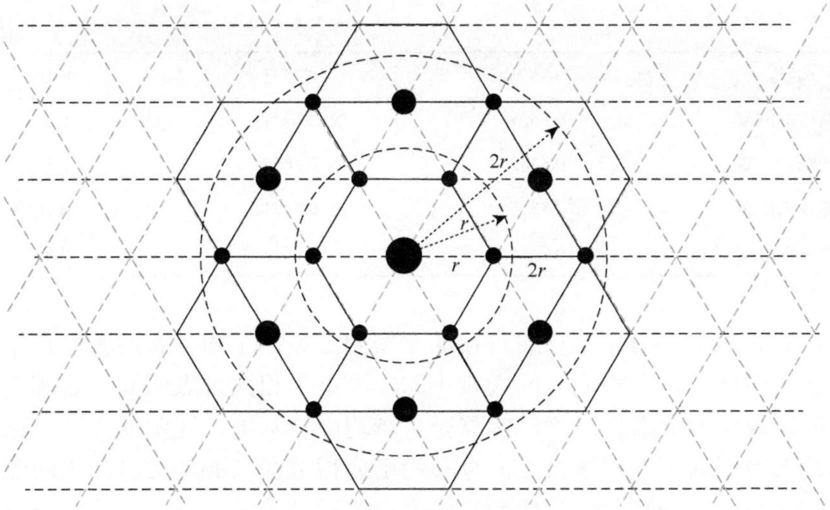

图 5-7　理想城市网络中的圈层结构

对城镇网络均衡度的测算，可依据理论的分析，将整个都市圈地域以核心城市为中心划分为若干个圈层。对于其中第 i 个圈层，假设其内部的城市数目为 N_i，并将这些城市节点按照顺（逆）时针的顺序依次连接起来，设每两个相邻城市节点的空间距离为 d_{ij}，$j=1,\cdots,N_i$，那么该圈层内部城镇空间分布的均衡度指数为[201]

$$\sigma_i = \sqrt{\sum_{j=1}^{N_i}(d_{ij} - \overline{d})^2 / N_i} \tag{5-2}$$

式中，σ_i 为均衡度指数；d_{ij} 为城市 i 与城市 j 的距离；$\overline{d}$ 为各城市间的平均距离。

事实上，σ_i 就是关于第 i 个圈层 d_{ij} 序列的标准差，如果都市圈的城市网络均衡分布，那么所有的 σ_i 应当为 0；而且，σ_i 越大，说明该圈层的城市分布越不均衡，都市圈整体的城镇网络也越不均衡。因此，可以将所有的 σ_i 相乘，来反映都市圈城镇网络所有圈层的综合非均衡性。σ_i 主要用来反映都市圈各圈层内城镇分布的均衡程度以及不同圈层间城镇数目分布的非均衡程度。

对表 5-7～表 5-12 中的辽宁省都市圈紧密圈层内的城镇体系利用式（5-2）计算，可以得出辽宁省都市圈紧密圈层城镇空间分布均衡度指数，见表 5-16，从而进一步揭示辽宁省都市圈紧密圈层城镇体系均衡分布的演化特征。

表 5-16　3 个年份辽宁省都市圈紧密圈层城镇空间分布均衡度指数

名称	1995 年	2005 年	2016 年
沈阳都市圈	0.7348	0.6931	0.6165
大连都市圈	0.8251	0.7346	0.7152

续表

名称	1995 年	2005 年	2016 年
鞍山都市圈	0.6624	0.6431	0.6115
锦葫都市圈	0.6242	0.6082	0.5873
盘营都市圈	0.8316	0.7421	0.7219
丹东都市圈	0.7121	0.6613	0.6361

从表 5-16 可以看出，辽宁省都市圈紧密圈层城镇空间分布均衡度指数随着时间的推移逐渐减小，且不同时间段减小的幅度不尽相同，表明辽宁省都市圈紧密圈层中的城镇空间分布随时间的推移越来越均衡。其中，沈阳都市圈、鞍山都市圈和锦葫都市圈紧密圈层城镇空间分布均衡度指数在 2005～2016 年的变化大于其在 1995～2005 年的变化，沈阳都市圈紧密圈层城镇空间分布均衡度指数变化最大，其次是鞍山都市圈，表明沈阳都市圈、鞍山都市圈和锦葫都市圈紧密圈层城镇空间分布均衡度在 2005～2016 年明显提高，沈阳都市圈紧密圈层城镇空间分布均衡度提高得最快，其次是鞍山都市圈，锦葫都市圈相对较慢；大连都市圈、盘营都市圈和丹东都市圈紧密圈层城镇空间分布均衡度指数在 2005～2016 年的变化小于在 1995～2005 年的变化，大连都市圈紧密圈层城镇空间分布均衡度指数变化尤为明显，表明大连都市圈和丹东都市圈紧密圈层城镇空间分布均衡度在 1995～2005 年提高明显，在 2005～2016 年提高的速度减慢主要是由大连都市圈和丹东都市圈紧密圈层地域狭长，城镇数量在 2005～2016 年增加速度不明显所导致的。

（三）紧密圈层经济变异系数的演化

根据式（5-1），可以计算出辽宁省各都市圈紧密圈层经济变异系数，见表 5-17。

表 5-17　5 个年份辽宁省都市圈紧密圈层经济变异系数

名称	1995 年	2000 年	2005 年	2010 年	2016 年
沈阳都市圈	0.435	0.483	0.531	0.563	0.589
大连都市圈	0.445	0.461	0.484	0.532	0.559
鞍山都市圈	0.337	0.345	0.462	0.382	0.421
锦葫都市圈	0.314	0.325	0.371	0.412	0.431
盘营都市圈	0.302	0.314	0.363	0.406	0.427
丹东都市圈	0.276	0.291	0.321	0.352	0.401

从表 5-14 和表 5-17 可以看出，辽宁省都市圈紧密圈层经济变异系数较核心圈层要小，但与核心圈层不同，辽宁省都市圈紧密圈层经济变异系数一直表现为不断增大的趋势，且增大的幅度各都市圈不尽相同，从横向来看，沈阳都市圈紧密圈层 2016 年经济变异系数最大，达到了 0.589；1995 年最小，为 0.435。大连都市圈紧密圈层 2016 年经济变异系数最大，达到了 0.559；1995 年最小，为 0.445。鞍山都市圈紧密圈层 2005 年经济变异系数最大，达到了 0.462；1995 年最小，为 0.337。锦葫都市圈紧密圈层 2016 年经济变异系数最大，达到了 0.431；1995 年最小，为 0.314。盘营都市圈紧密圈层 2016 年经济变异系数最大，达到了 0.427；1995 年最小，为 0.302。丹东都市圈紧密圈层 2016 年经济变异系数最大，达到了 0.401；1995 年最小，为 0.276。沈阳都市圈紧密圈层和大连都市圈紧密圈层的经济变异系数较大，其最小值也要比锦葫都市圈、盘营都市圈和丹东都市圈紧密圈层的最大值要大，所以沈阳都市圈紧密圈层和大连都市圈紧密圈层的经济差异要远大于其他 4 个都市圈，主要是由于沈阳都市圈和大连都市圈紧密圈层中的抚顺市、新民市、灯塔市、辽中区、旅顺口区、普兰店区等核心城镇发展较好，而其他城镇也接受中心城市及紧邻县（市）级城镇较大的辐射作用，使得紧密圈层内部经济差异大于其他都市圈的紧密圈层；而锦葫都市圈和丹东都市圈紧密圈层的经济变异系数较小，表明锦葫都市圈和丹东都市圈紧密圈层内部经济差异较其他都市圈要小。从纵向来看，1995～2016 年，沈阳都市圈、大连都市圈、锦葫都市圈、盘营都市圈和丹东都市圈紧密圈层经济变异系数一直在增大，表明沈阳都市圈、大连都市圈、锦葫都市圈、盘营都市圈和丹东都市圈紧密圈层的内部经济差异在 1995～2016 年一直是增大的。鞍山都市圈紧密圈层经济变异系数在 1995～2005 年是增大的，在 2005～2010 年是减小的，在 2010～2016 年又开始增大，表明鞍山都市圈紧密圈层的内部经济差异在 2005～2010 年是减小的，在其他时间是不断增大的。总的来说，辽宁省都市圈紧密圈层经济变异系数一直保持增大的趋势，且各都市圈间的增大幅度有较大差别，表明辽宁省都市圈紧密圈层的内部经济差异一直在增大，且内部经济差异增大幅度有明显差异，这是由于辽宁省都市圈紧密圈层中核心城镇起到了主要作用，特别是县（市）级城镇起到的作用明显。

三、辽宁省都市圈机会圈层空间结构的演化

（一）机会圈层空间范围及城镇体系的演化

通过统计得出的 1995 年、2005 年、2016 年辽宁省都市圈紧密圈层空间范围及城镇体系构成，见表 5-7～表 5-12 以及图 5-1～图 5-6。1995 年、2005 年、2016 年辽宁省都市圈机会圈层城市等级规模在不同时间断面的变化有所不同，见表 5-18。

表 5-18　3 个年份辽宁省都市圈机会圈层城市等级规模　（单位：个）

名称	年份	超大城市	特大城市	大城市		中等城市	小城市	
				Ⅰ型大城市	Ⅱ型大城市		Ⅰ型小城市	Ⅱ型小城市
沈阳都市圈	1995	0	0	0	0	0	0	19
	2005	0	0	0	0	0	0	24
	2016	0	0	0	0	0	0	34
大连都市圈	1995	0	0	0	0	0	0	6
	2005	0	0	0	0	0	0	7
	2016	0	0	0	0	0	1	11
鞍山都市圈	1995	0	0	0	0	0	0	6
	2005	0	0	0	0	0	2	11
	2016	0	0	0	0	0	2	16
锦葫都市圈	1995	0	0	0	0	0	0	11
	2005	0	0	0	0	0	1	13
	2016	0	0	0	0	0	2	26
盘营都市圈	1995	0	0	0	0	0	0	10
	2005	0	0	0	0	0	0	12
	2016	0	0	0	0	0	0	14
丹东都市圈	1995	0	0	0	0	0	0	6
	2005	0	0	0	0	0	0	10
	2016	0	0	0	0	0	1	15

从表 5-18 可以看出，2005～2016 年，辽宁省都市圈机会圈层城市数量变化较为明显，机会圈层城市数量增加了 64 个，但数量变化的城市仍都是小城市，未出现大城市级别以上的城市。2005～2016 年辽宁省都市圈机会圈层城市增加的数量 42 个，是 1995～2005 年的 1.9 倍。另外，城市数量的变化在不同都市圈间较为明显，沈阳都市圈和锦葫都市圈机会圈层城市数量增加最多，共达到 32 个；其次是鞍山都市圈和丹东都市圈机会圈层，共增加 22 个；大连都市圈机会圈层城市数量增加较少，仅增加了 6 个；盘营都市圈机会圈层城市数量增加最少，为 4 个。1995～2016 年，沈阳都市圈机会圈层小城市增加 15 个，有 10 个是在 2005～2016 年增加的；锦葫都市圈机会圈层小城市增加 17 个，有 14 个是在 2005～2016 年增加的；丹东都市圈机会圈层小城市增加 10 个，有 6 个是在 2005～2016 年增加的；大连都市圈机会圈层小城市增加 6 个，有 5 个是在 2005～2016 年增加的；鞍山都市圈机会圈层小城市增加 12 个，有 5 个是在 2005～2016 年增加的；盘营都市圈机会圈层小城市增加 4 个。总的来说，1995～2016 年，辽宁省都市圈机会圈层的城市数量变化显著，2005 年前，除鞍山都市圈机会圈层外，辽宁省其他都市圈机会圈层

城市变化较缓慢；2005年后，城市数量增加的速度明显加快，沈阳都市圈和锦葫都市圈与其他都市圈相比较，表现得尤为明显。2005年后，鞍山都市圈机会圈层城市数量增加放缓，主要是因为单一工业衰退导致城市化进程放缓；大连都市圈和盘营都市圈的机会圈层中的城市数量变化幅度较小，主要是因为中心城市发展较快，其他城市发展较为缓慢，城市间的发展差异较大；由于机会圈层是与中心城市联系最为紧密的圈层，且城市体系以小城市为主，因此机会圈层城市的数量能够满足辽宁省都市圈未来空间拓展的需要。

（二）机会圈层内部城镇网络均衡度的演化

对表5-7～表5-12中的辽宁省都市圈机会圈层内的城镇体系利用式（5-2）计算，可以得出辽宁省都市圈机会圈层城镇空间分布均衡度指数，见表5-19。

表5-19　3个年份辽宁省都市圈机会圈层城镇空间分布均衡度指数

名称	1995年	2005年	2016年
沈阳都市圈	0.7561	0.6732	0.5565
大连都市圈	0.8754	0.8315	0.7871
鞍山都市圈	0.8124	0.7817	0.7264
锦葫都市圈	0.6932	0.6316	0.5873
盘营都市圈	0.6744	0.6121	0.5657
丹东都市圈	0.7217	0.6842	0.6533

从表5-19可以看出，3个年份辽宁省都市圈机会圈层城镇空间分布均衡度指数变化和紧密圈层相似，随着时间的推移均衡度指数逐渐减小，表明辽宁省都市圈机会圈层中的城镇空间分布随着时间的推移越来越均衡。辽宁省都市圈机会圈层城镇空间分布均衡度指数普遍高于紧密圈层的城镇空间分布均衡度指数，主要是由于辽宁省都市圈机会圈层的城镇数量和密度明显大于紧密圈层。沈阳都市圈和锦葫都市圈机会圈层城镇空间分布均衡度指数变化明显高于其他都市圈，表明沈阳都市圈和锦葫都市圈机会圈层城镇空间分布均衡度的变化远高于其他都市圈，即均衡度变化速度最快。另外，沈阳都市圈、大连都市圈和鞍山都市圈机会圈层城镇空间分布均衡度指数在2005～2016年的变化大于1995～2005年的变化，沈阳都市圈机会圈层城镇空间分布均衡度指数变化最大，大连都市圈和鞍山都市圈次之，表明沈阳都市圈、大连都市圈和鞍山都市圈机会圈层城镇空

间分布均衡度在 2005～2016 年提高明显，沈阳都市圈机会圈层城镇空间分布均衡度提高得最快；锦葫都市圈、盘营都市圈和丹东都市圈机会圈层城镇空间分布均衡度指数在 2005～2016 年的变化小于 1995～2005 年的变化，表明锦葫都市圈、盘营都市圈和丹东都市圈机会圈层城镇空间分布均衡度在 1995～2005 年提高明显，2005～2016 年提高的速度减小，这主要是由于城镇数量在 2005～2016 年增加的速度放缓。

（三）机会圈层经济变异系数的演化

根据式（5-1），可以计算出辽宁省各都市圈机会圈层经济变异系数，见表 5-20。

表 5-20　5 个年份辽宁省都市圈机会圈层经济变异系数

名称	1995 年	2000 年	2005 年	2010 年	2016 年
沈阳都市圈	0.581	0.611	0.676	0.643	0.582
大连都市圈	0.536	0.642	0.671	0.751	0.567
鞍山都市圈	0.445	0.531	0.581	0.572	0.519
锦葫都市圈	0.397	0.415	0.471	0.462	0.451
盘营都市圈	0.402	0.421	0.469	0.457	0.446
丹东都市圈	0.425	0.447	0.475	0.481	0.496

从表 5-20 可以看出，与核心圈层相似，辽宁省都市圈机会圈层城镇经济变异系数在不同阶段表现为不断增大或不断减小的规律。从横向来看，沈阳都市圈机会圈层 2005 年经济变异系数最大，达 0.676；1995 年最小，为 0.581。大连都市圈机会圈层 2010 年经济变异系数最大，达 0.751；1995 年最小，为 0.536。鞍山都市圈机会圈层 2005 年经济变异系数最大，达 0.581；1995 年最小，为 0.445。锦葫都市圈机会圈层 2005 年经济变异系数最大，达 0.471；1995 年最小，为 0.397。盘营都市圈机会圈层 2005 年经济变异系数最大，达 0.469；1995 年最小，为 0.402。丹东都市圈机会圈层 2016 年经济变异系数最大，达 0.496；1995 年最小，为 0.425。沈阳都市圈机会圈层和大连都市圈机会圈层的经济变异系数较高，表明沈阳都市圈机会圈层和大连都市圈机会圈层内部经济差异大于其他都市圈。而鞍山都市圈、丹东都市圈和锦葫都市圈机会圈层的经济变异系数较小，表明鞍山都市圈、丹东都市圈和锦葫都市圈机会圈层内部经济差异较其他都市圈要小。盘营都市圈机会圈层的经济变异系数最小，表明盘营都市圈机会圈层内部差异也最小，主要是盘

营都市圈机会圈层城镇发展水平都较低，差距小。从纵向来看，1995～2005年，沈阳都市圈、鞍山都市圈、盘营都市圈和锦葫都市圈机会圈层经济变异系数一直在增大，2005～2016年减小，表明沈阳都市圈、鞍山都市圈、盘营都市圈和锦葫都市圈机会圈层的内部经济差异在1995～2005年一直是增大的，在2005～2016年是减小的。大连都市圈机会圈层经济变异系数在1995～2010年是增大的，在2010～2016年是减小的，表明大连都市圈机会圈层的内部经济差异在1995～2010年是增大的，在2010～2016年是减小的。

第三节　辽宁省都市圈空间结构演化的规律

都市圈空间结构的演化，从实质上来说，反映的是特定社会背景下城镇化的发展过程，是不同机制、不同历史沉淀以及不同社会、政治、经济、地理、生态、宗教文化等多元要素共同作用的结果。各种类型的都市圈空间结构是城镇化发展到某个阶段，对应于社会生产组织方式的变革、城乡关系的演替、技术支撑条件的变化而呈现出来的阶段性的外部形态特征。从上述辽宁省都市圈空间结构演化过程来看，辽宁省都市圈空间结构的形成和发展表现出以下规律，辽宁省都市圈空间结构演化规律可供其他都市圈空间结构发展参考和借鉴。

一、中心城市为主导的经济要素在空间上转移和流动的过程

中心城市对辽宁省都市圈空间结构的形成和发展起到了关键作用，辽宁省都市圈各中心城市经济功能巨大，对其他核心城镇的辐射和吸引能力较强，较好地发挥了增长极的作用，从而带动辽宁省都市圈空间结构的发展。在辽宁省都市圈空间结构形成的初期，中心城市的集聚特征尤为明显，其中沈阳都市圈和大连都市圈的中心城市一直保持着较强的集聚能力。同时，中心城市由于经济势能较强，对周围邻近地区的辐射也较明显。中心城市的集聚效应和扩散效应一直伴随着辽宁省都市圈空间结构的发展，是推动辽宁省都市圈空间结构形成和发展的决定性力量，这种集聚和扩散以经济要素流动为主，即各种经济要素在空间上的流动和转移形成了都市圈空间结构。总的来说，辽宁省都市圈空间结构的演化是以中心城市为主导的，是各种经济要素在都市圈内流动的结果。

二、动态性与层次性

辽宁省都市圈空间结构在形成和发展过程中，在不同时期表现出不同的特征，

都市圈内某些要素的变动，能使都市圈空间结构发生变化。辽宁省都市圈空间结构的形成是经济流动的结果，而且影响经济流动的要素涉及自然要素、经济要素和社会要素等，这些要素无时无刻不在发生着变化，决定了都市圈空间结构的动态性特征。另外，辽宁省都市圈由不同规模等级的城镇系统组成，中心城市与核心城镇间以及核心城镇间有着密切的经济联系和互动关系，这种经济联系和互动关系随着城市规模、经济发展水平表现出不同层级，也使都市圈空间结构具有明显的层次性特征。

三、集聚与扩散共同作用的结果

辽宁省都市圈空间结构的形成和发展是中心城市集聚效应和扩散效应的结果。辽宁省都市圈中心城市与核心城镇的联系比较密切，中心城市的经济势能强，对周围核心城镇有较强的吸引和辐射能力，使人口、产品、就业等经济要素在空间上转移和流动。辽宁省都市圈内城镇相互作用的过程，伴随着经济要素的集聚和扩散。在不同的发展时期，辽宁省都市圈内相互作用的特征不尽相同，从而使得经济要素的集聚效应与扩散效应也不相同。

第四节　辽宁省都市圈空间结构演化的趋势

经过多年的建设和发展，都市圈这一空间形式已被政府和学术界所认可。随着经济的快速发展和城镇化水平的不断提高，都市圈将成为我国未来城市化重要的承载空间。随着我国城镇化发展进入新的阶段，都市圈已经成为政府、规划师、学者们普遍接受的概念，若干以大城市为核心的都市圈形成了我国未来城镇化最主要的承载空间。辽宁省地理位置优越，是东北地区通往关内的交通要道和连接欧亚大陆桥的重要门户，在区域经济社会发展中发挥着重要的带动和推进作用。在当前国家推动“一带一路”倡议和中澳、中韩自由贸易签订的背景下，伴随着东北振兴战略的不断深化，辽宁省城镇化速度明显加快，城市职能的空间集聚与扩散作用不断增强，与周围城镇间的联系更加密切，辽宁省都市圈是融入国家“一带一路”开放倡议、参与中蒙俄经济走廊建设，以及“辽满欧”“辽蒙欧”国际多式联运通道建设中的重要节点。根据上文对辽宁省都市圈空间结构演化的分析，辽宁省都市圈空间结构未来发展趋势总结如下。

一、中心城市的中心地位将进一步强化

当前，辽宁省都市圈中心城市的经济发展水平远远超过其他核心城镇的发展

水平，中心城市的各项指标均为都市圈最高。特别是中心城市沈阳市和大连市，和都市圈内其他城镇相比较，处于绝对优势的地位，而且这种优势有进一步加强的趋势，成为名副其实的中心城市。鞍山市、丹东市、锦州市和葫芦岛市对圈内核心城镇的辐射功能也继续加强，其中心地位将得到进一步巩固。

二、城镇化水平将进一步提高并向深度内涵式发展

都市圈是城镇化水平较高的区域，但辽宁省都市圈城镇化水平和发达地区相比较还有较大的上升空间，随着辽宁省都市圈的进一步发展，都市圈城镇化水平将进一步提高。辽宁省都市圈城镇的发展也已从过去的重视数量，向现今重视人均 GDP 的增长、产业结构的合理调整、人员素质的提高、支柱产业的培养等转变。随着辽宁省都市圈内交通方式的改变、通信方式的改变、城镇服务半径与腹地的扩大，各城镇更注重镇区建设，建成区的空间蔓延与扩散明显，城镇的实力将进一步增强。

三、城镇体系将进一步完善并向网络化方向发展

辽宁省都市圈中等城市缺失，小城镇较多，城镇体系不合理，严重影响都市圈的发展。随着城镇的进一步发展，辽宁省都市圈空间结构的演化逐渐由集聚走向扩散，如何促进空间结构的网络化发展，将是辽宁省都市圈重点考虑的问题。

四、空间结构不平衡性将继续加大并需进一步优化

受自然条件、资源开发、历史和交通等因素的影响，辽宁省都市圈城镇发展不平衡的现状将继续存在。从地域空间上看，不同圈层间城镇及不同等级规模城镇间的发展差异明显，特别是邻近中心城市的城镇受到中心城市的辐射影响较大，其经济水平不断提高。另外，由于交通条件的改善，沿交通线的城镇也将成为新的经济增长点，这将进一步加剧区域发展的不平衡，为发挥都市圈整体效益，需进一步优化辽宁省都市圈空间结构。

五、空间发展将呈现集聚与扩散共存趋势

目前，辽宁省都市圈城市首位度较大，中心城市规模远大于其他核心城镇，中心城市对周围核心城镇有较强的吸引和辐射能力。人口和经济要素向中心城市

集聚的现象显著，中心城市功能不断强大，也对周围核心城镇产生影响。所以，在辽宁省都市圈空间结构发展过程中，集聚和扩展同时发生，但目前仍以集聚为主。随着都市圈空间结构的完善，扩散效应将有所提升，但集聚和扩散并存的趋势将长期存在。当前，辽宁省都市圈经济水平还不高，城镇间的相互作用还较弱，为实现辽宁省都市圈的整体发展及空间结构最优化，未来都市圈发展应采取大集聚、小分散的发展模式，使都市圈未来空间发展呈现集聚与扩散并举的局面。

第六章　辽宁省都市圈空间结构优化及措施

都市圈空间结构是经济要素在空间上集聚和扩散的结果，是都市圈内经济要素在空间配置上的反映。都市圈空间结构的优劣会影响都市圈整体效益的好坏，合理的都市圈空间结构能有效提升经济一体化。随着经济的发展，都市圈内社会、经济等要素会发生变化，原有的都市圈空间结构可能不能更好地适应都市圈经济的发展，这时需要采取有效措施和手段，对都市圈空间结构进行干预，调整都市圈空间结构，即优化都市圈空间结构，以实现都市圈更好的发展。

第一节　辽宁省都市圈空间结构优化必要性、原则及价值取向

一、辽宁省都市圈空间结构优化的必要性

（一）有助于都市圈经济结构的调整和完善

都市圈是由数量众多、规模不等的城镇体系组成的，这些城镇构成都市圈最基本的地理单元，也集中了经济、社会、资金、技术、人口等要素，是都市圈各要素相互作用的最基本的载体。以城镇为载体，各种经济要素之间的相互作用关系和数量之和构成了都市圈经济结构。都市圈经济结构直接影响都市圈经济的发展速度。辽宁省都市圈城镇众多，拥有良好的经济发展要素，但辽宁省都市圈各城镇间的经济互动还不是十分活跃，产业结构要素的配置也不是很合理，主要是因为辽宁省都市圈空间结构不是十分合理，辽宁省都市圈城镇体系不健全，缺少特大城市和超大城市，大、中城市数量不足，中等城市数量多。不合理的空间结构直接影响着辽宁省都市圈经济结构。所以，有必要优化辽宁省都市圈空间结构，合理的空间结构有助于经济结构的调整和完善，从而提升辽宁省都市圈整体综合效益。

（二）有助于消除市场机制的缺陷

在当前市场经济时期，市场机制对区域资源配置起关键性作用，也是区域经济运行和发展的基础，但市场机制不能解决所有的经济问题，其也有失灵的时候，

即市场机制不能有效配置资源，对经济发展和合理运行带来阻碍。另外，市场机制也有调节滞后的现象，会对社会经济造成不利影响。辽宁省都市圈市场机制还不健全，因此不能完全依赖市场机制调节都市圈经济发展，特别是辽宁省都市圈涉及不同的行政单元，经济联系较为疏松，需要人为对其经济发展进行干预和指导。而优化辽宁省都市圈空间结构，能够有效弥补市场机制的失灵现象，引导辽宁省都市圈城镇体系的合理发展以及都市圈经济的高效运行。

（三）提高都市圈的资源利用效率

都市圈内城镇间、城乡间的相互作用比较密切，各种要素的流动比较频繁，若资源的配置和利用更为合理，则都市圈经济也更为高效。辽宁省都市圈资源丰富，拥有良好的经济发展要素。由于经济水平的差异及行政体制的限制等，辽宁省都市圈经济整体发展较为缓慢，经济发展的不平衡现象较为突出，资源在都市圈内没能有效地进行配置和利用，使得辽宁省都市圈空间结构不是十分合理。优化和调整辽宁省都市圈空间结构能对都市圈内资源进行有效配置，提升资源的利用效率，从而更合理地利用各种资源，达到辽宁省都市圈资源可持续利用的目的。

（四）调整城镇体系不均衡状态并实现可持续发展

完善的都市圈应具有较为合理的等级规模城镇体系，城镇间的分工较为严格，城镇间的相互作用也较为紧密，都市圈一体化趋势明显。辽宁省都市圈城镇数量较多，但城镇体系结构不合理，缺少大城市，特别是特大城市和超大城市的缺失，阻碍了都市圈整体的进一步发展。另外，辽宁省都市圈中小城镇数量多，经济体量较小，参与都市圈分工与协作的能力较低。不合理的城镇体系影响了辽宁省都市圈的快速发展和区域一体化进程。优化辽宁省都市圈空间结构，能够合理引导城镇的集聚与扩散，有效调整都市圈城镇体系结构，实现辽宁省都市圈城镇体系的合理化，以及都市圈整体的可持续发展。

二、辽宁省都市圈空间结构优化的原则

（一）突出核心、以点带面的原则

都市圈各要素的相互作用以城镇体系为基础，而空间结构更多的是以城镇为核心的空间分布。集聚着主要发展要素的都市圈中心城市和重点核心城镇在空间结构中的地位和作用显著。辽宁省都市圈中心城市较其他城镇规模大，是都市圈

发展的核心带动力量。另外，辽宁省都市圈内其他重点核心城镇与中心城市的联系较为紧密，在都市圈发展和一体化过程中起着重要作用。对辽宁省都市圈空间结构的优化应突出中心城市和重点核心城镇的龙头作用，应以中心城市为核心，依托重点核心城镇，通过高效的网络体系，强化各种要素的流动，对资源进行有效配置，调整分工与协作，形成以点带面、面面结合的梯度发展模式。

（二）综合部署、共建共赢的原则

都市圈空间结构的形成和发展涉及城镇、产业、人口、经济、自然、社会和基础设施等众多要素，这些要素的分布不仅影响都市圈空间结构，而且也直接影响都市圈整体功能的发挥。辽宁省都市圈现有空间结构是各要素综合作用的结果，还不是十分合理，各要素的流动和配置还不是很成熟。打造合理的辽宁省都市圈空间结构，需要各要素统筹规划、协调发展。所以，优化辽宁省都市圈空间结构应在现有空间布局构架的基础上，对各种要素进行综合部署，从都市圈整体利益出发，在兼顾各方利益的同时，统筹规划、共建共赢，实现辽宁省都市圈整体的发展。

（三）核心-外围一体化原则

都市圈由中心城市及与其有密切联系的核心城镇组成，中心城市对周围地区强大的集聚和扩散作用使都市圈形成了明显的核心-外围地域空间结构，并且这种结构较为稳定。无论是空间结构还是相互作用方面，都市圈各要素一体化趋势明显，而且一体化也是都市圈的最终目的。强大的中心城市以及与周围地区较为紧密的联系，使得辽宁省都市圈具有典型的核心-外围结构特征。但辽宁省都市圈中心城市与核心城镇之间、核心城镇之间以及核心城镇与农村地区之间的联系还较为松散，都市圈核心-外围一体化不显著。所以，强化核心-外围一体化是优化辽宁省都市圈空间结构应该遵循的原则之一。

（四）空间等级组合原则

都市圈是不同规模等级城镇的集合体，合理的城镇体系是都市圈快速有序发展的基础，都市圈不同等级规模的城镇体系存在诸多方面的差异，这些差异也是都市圈进行分工和协作的基础。所以，优化都市圈空间结构，在对城镇规模等级分类的基础上，应对不同等级的城镇进行组合，实现产业、基础设施、人口和经济的一体化。辽宁省都市圈城镇体系结构不合理，严重影响了都市圈整体的发展。

对不同等级的城镇进行调整和组合，能够实现辽宁省都市圈的优势互补，促进都市圈整体的发展，达到优化都市圈空间结构的目的。

三、辽宁省都市圈空间结构优化的价值取向

（一）社会价值取向：效率与公平兼顾

都市圈涉及不同的行政主体，在发展过程中兼顾效率的同时，不能忽略均衡发展的问题。发展都市圈的最终目的是使区域具有较强的竞争力和实现高效一体化。目前，辽宁省都市圈整体实力较弱，中心城市规模较小，吸引和辐射能力不足，城镇间的相互作用差异较大，空间结构有待进一步完善。辽宁省都市圈包含的城镇数量较多，有不同的行政主体。所以，优化辽宁省都市圈空间结构在注重效率的同时，也要兼顾公平；在重点建设中心城市的同时，也要兼顾重点核心城镇以及区域整体发展的需要，使其成为都市圈发展的重要节点；只有这样才能最终实现都市圈的一体化。根据辽宁省都市圈当前空间结构的现状和特征，辽宁省都市圈空间结构优化应重点加快核心圈层要素集聚，同时强化核心圈层的辐射能力，实现紧密圈层和机会圈层的共同快速发展，以防止都市圈内部差距继续扩大。

（二）人地关系价值取向：构建两型社会

都市圈发展过程中，在节约利用资源的同时，要注意对环境的保护，实现都市圈的可持续发展。所以，资源节约型和环境友好型的两型社会符合都市圈未来发展的要求。两型社会的构建能统筹人与自然和谐，是人地关系的价值取向。优化辽宁省都市圈空间结构能够促进实现两型社会，通过对资源的有效配置和高效利用，强化生态文明建设，构建高效的产业链和产业集群，发展产业链附加值高、资源利用率高、无污染或少污染的产业作为都市圈的主导产业，带动辽宁省都市圈经济的整体发展，优化辽宁省都市圈生态环境，促使其成为生态型都市圈。

（三）国家意志取向：振兴东北老工业基地

为了符合振兴东北老工业基地的发展战略，辽宁省都市圈的空间结构优化应当站在全国空间结构转型的高度，重新界定辽宁省都市圈在全国区域经济发展中的作用和地位，进而有效参与全国的分工与协作，提升区域整体竞争力，更好地融入世界经济一体化进程中。因此，辽宁省都市圈未来发展的战略目标应从全球、

全国、区域和都市圈地域的综合视角高度重新制定，即将“融入全球，带动东北崛起”作为辽宁省都市圈空间结构优化的最高战略目标。构建开放型的辽宁省都市圈空间结构格局，整合辽宁省都市圈带动下的多个空间体系，加强辽宁省都市圈间的紧密联系是优化辽宁省都市圈空间结构的首要任务。

第二节　辽宁省都市圈空间结构优化模式

一、辽宁省都市圈空间结构优化的目标

（一）空间结构合理化

1. 都市圈内城市化水平与经济发展水平相适应

辽宁省都市圈城镇数量较多，城市化水平较高，但经济总量相对较小。辽宁省都市圈内仍然以第二产业为主，有待加强第三产业，劳动密集型产业较多。所以，辽宁省都市圈在加快推动城市化建设的同时，也应注重经济的发展，使城市化和经济发展水平相适应。

2. 都市圈空间结构与经济发展水平速度一致

辽宁省都市圈经济发展水平不平衡特征较为明显，表现在两个方面：一方面是都市圈内城镇密度大小与经济发展水平高低相一致。辽宁省都市圈城镇密度大的区域，也是经济发达的区域，而经济较为落后的地区，其城镇密度也相对较小。另一方面，辽宁省都市圈城市化水平高低与经济发展速度快慢相一致。辽宁省都市圈城市化水平高的区域，也是经济发展速度较快的区域，同样，经济发展速度相对较慢的区域，其城市化水平较低。所以，辽宁省都市圈城市化水平和城镇密度与经济发展速度呈现出正相关的特征。因此，辽宁省都市圈空间结构的优化应使都市圈空间结构与经济发展水平相一致。

3. 都市圈空间结构与各产业相对地位协调一致

协调产业相对地位是使都市圈空间结构合理化的重要举措之一，是指协调都市圈内各产业间地位的高低主次以及产业发展的轻重缓急关系。都市圈内产业，特别是第一产业的改造，推动了产业结构的发展，特别是工业化的发展，并带动了第三产业的发展，最终产业相对地位也发生了变化。辽宁省都市圈空间结构的优化，应促进第二、第三产业的发展，以改变产业不合理的局面，使辽宁省都市圈空间结构与产业相对地位协调一致。

（二）城镇与环境的可持续发展

可持续发展是都市圈发展过程始终遵循的原则，也是优化都市圈空间结构重要的参考依据。都市圈的可持续发展是在促进都市圈发展的前提下，注重资源环境的保护，建立合理的生产和消费模式。辽宁省都市圈空间结构的优化，应在保证都市圈社会经济发展的基础上，协调人类活动与资源环境的关系，协调城镇与生态系统，以确保辽宁省都市圈空间结构的高效性。

二、都市圈空间结构优化的一般模式

区域空间结构优化整合的早期研究建立在霍华德的“田园城市”理论、沙里宁的“有机疏散”理论等基础之上。之后，国内许多学者进行了深入研究。综合国内外学者对区域空间结构优化的研究，总的来说，不同区域的空间结构应具有不同类型的轴线与节点，不同区域空间结构优化需要采用不同的模式，集中表现为以下 5 种模式[202]。

（一）“雁行”型模式

“雁行”型模式是以中心城市作为都市圈的“发展极”，其他不同功能和规模的重点核心城镇作为“协调极”，利用发达的铁路、公路、水路、航空网构成的交通网络来联络，形成高层次的、整体的经济网络，都市圈空间结构如同空中飞行的“群雁”，如图 6-1 所示。“发展极”处于都市圈整体发展的“领头雁”位置，居于绝对主导地位，是都市圈城镇相互作用的牵引中心和辐射源，负责引导人流、

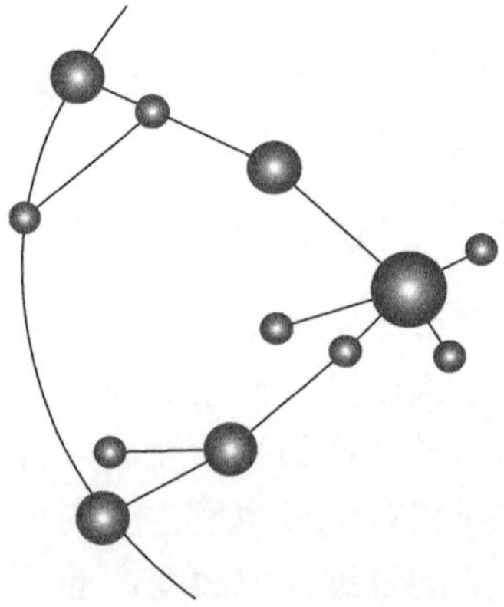

图 6-1 “雁行”型模式

物流、资金流、信息流在都市圈城镇体系中互动运行；“发展极”作为创新区，通过技术创新、产品创新、观念创新等，不断地向其他大城市推出新技术、新产品、新观念；“发展极”与其核心城镇形成一定的分工体系和发展梯度，有利于人流、物流、资金流、信息流的增值循环。“协调极”在“发展极”的牵引下，配合“发展极”的发展[203]。

（二）“双子座”型模式

对于双核型都市圈来说，都市圈内的双中心城市无论是在城市经济力量、城市规模与吸引能力的强弱，还是在区域中所起的作用大小，都在都市圈的形成发展过程中起到“双核心的作用”，如果充分发挥双城效应，那么可以产生特别的效果。针对这种以两个中心城市为核心的都市圈进行的空间优化称为“双子座”型模式[204]，如图 6-2 所示。在“双子座”型模式中，两个中心城市在空间距离上邻近，区域自然条件基本相同，社会、文化发展水平也比较接近。但由于两个城市的实力都比较强，因此中心城市的主次关系不明确，相互制约、合作的愿望比较淡薄。但是当面临资金不足、资源匮乏、基础设施滞后等共同的困境时，单靠哪个城市都不能很好地解决问题。只有通过竞争性的合作，取长补短，把整合深入各个层面、各个环节中，发挥“双城”的整体优势，才能解决共同的困境，从而带动整个都市圈的发展。

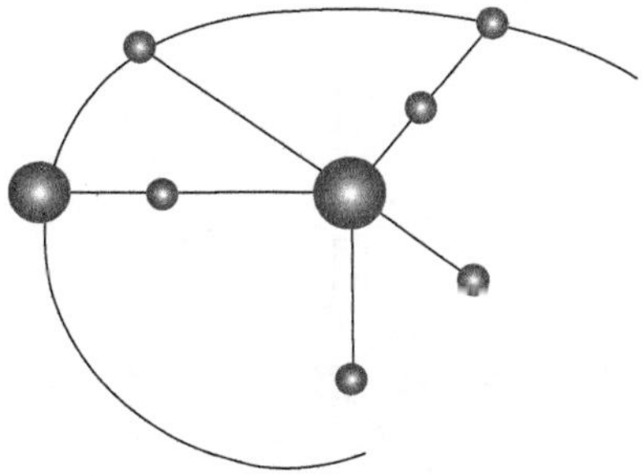

图 6-2　“双子座”型模式

（三）“走廊”型模式

“走廊”型模式主要指都市圈发展在一些都市圈城市发展地带的重要交通枢纽或城镇节点，沿着交通条件比较优越或用水、用地条件好的发展轴线展开，呈走廊串珠状连网发展的一种模式[205]，如图 6-3 所示。沿着交通走廊或经济发展廊道发展是目前我国都市圈空间发展的主要模式之一，在经济发展廊道上，核心城镇构成了都市圈发展的节点，逐步发展为中小城市，这些节点城市都与中心城市有着密切的经济联系和文化交流。

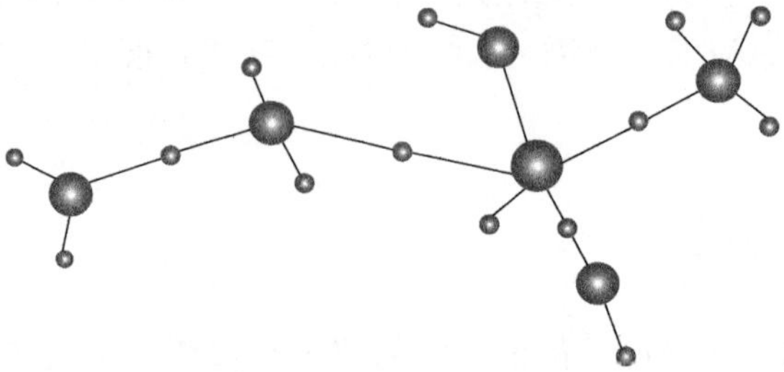

图 6-3　“走廊”型模式

（四）“同心圆”圈层状模式

“同心圆”圈层状模式主要指都市圈发展以中心城市为中心，以圈层状的城市空间分布为特点逐步向外发展，形成“核心-外围”的圈层模式，从核心到外围依次分为核心圈层、紧密圈层和机会圈层既是一种圈层状城镇组合形式，也是都市圈最常见的空间结构类型，如图 6-4 所示。一般来说，核心圈层是都市圈经济、社会发展的中心，经济发展水平相对较高，是推动都市圈区域发展的增长极；紧密圈层是受核心圈层影响较大并与之保持紧密联系的圈层；机会圈层是外围辐射圈层，是随着核心圈层和紧密圈层的发展所能扩散和辐射到的区域。

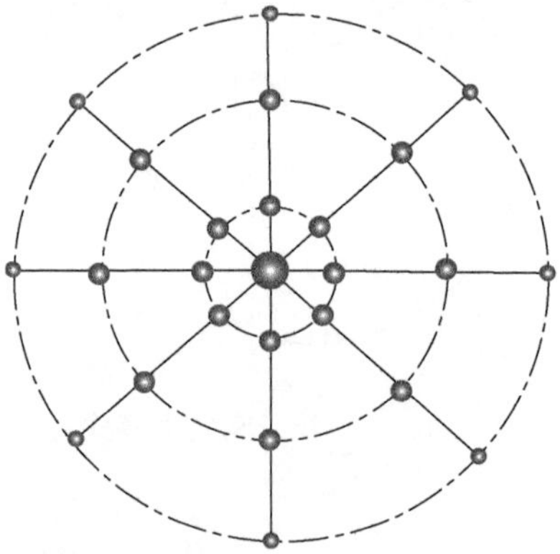

图 6-4　“同心圆”圈层状模式

（五）“多圈层”状模式

“多圈层”状模式主要指在都市圈中培育多个自立、互补、相互联系、分散化的中心城市，如图 6-5 所示。各都市圈形成明显的区域职能分工网络，核心城市根据自身的基础和特色，承担不同的职能分工，最终形成优势互补并能发挥整体集聚优势的网络型都市圈，这也是都市圈发展的高级阶段[204]。

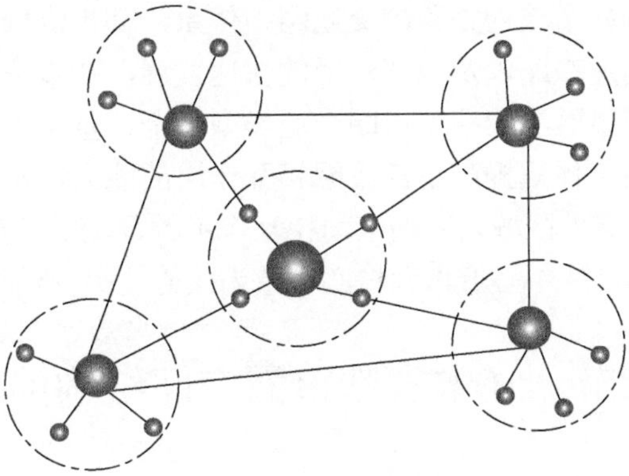

图 6-5　“多圈层”状模式

三、辽宁省都市圈空间结构优化模式的选择

辽宁省都市圈空间结构具有明显的圈层结构特征，即都市圈根据核心城镇与中心城市联系的紧密程度划分成核心圈层、紧密圈层和机会圈层。辽宁省都市圈空间结构优化模式的选择是在辽宁省都市圈三个圈层的基础上，根据各都市圈空间结构的发展现状及实际情况，选择“同心圆”圈层状模式、“雁行”型模式、“双子座”型模式或“走廊”型模式，在总体上应体现城市空间发展的中心集聚、轴线拓展、网络联系格局。所以本书根据辽宁省都市圈空间结构现状及空间结构演化的趋势，认为辽宁省都市圈空间结构优化应以“同心圆”圈层状模式为主，各都市圈根据自身的发展条件及特点，辅以“雁行”型、“走廊”型模式。

1. “同心圆”圈层状模式

该模式的优点是可以随城镇及区域发展的时序而制定灵活、连续的城市体系发展规划，但中心城市面临巨大的向心压力，尤其是目前中国处于以集聚城市化为主的发展阶段，这种组合模式容易很快被中心城市的蔓延所吞没。

2. “雁行”型模式

目前，辽宁省都市圈除沈阳都市圈中心城市首位度较高外，大连都市圈、鞍山都市圈、锦葫都市圈和丹东都市圈首位度都较低，带动作用有限，有必要提高其首位度。另外，辽宁省都市圈紧密圈层中的“协调极”数量较少，规模不大，功能较为单一，协调作用有限。

3. “走廊”型模式

辽宁省都市圈具备了较为完善的交通网络体系，都市圈内通达性较好，特别是近几年高速公路、高速铁路以及快速轨道的快速发展，初步形成了立体化的交通运输网。其中，沈阳都市圈和锦葫都市圈交通类型齐全，基础设施完备，交通承载能力高。完善的交通网络体系提高了都市圈相互作用的能力，从而导致都市圈内各城镇之间以及都市圈与圈外区域之间的空间相互作用频繁，经济联系日益紧密。“走廊”型模式是以辽宁省都市圈中心城市和核心城镇为核心，沿交通线进行要素布局。

第三节　辽宁省都市圈空间结构的优化

一、沈阳都市圈空间结构的优化

沈阳都市圈中心城市首位效应明显，中心城市沈阳市集聚作用较强，“点-轴”系统发育较为完善，但城际联系较弱。沈阳都市圈空间结构应选择以“同心圆”圈层状模式为基础，兼以“雁行”型模式和“走廊”型模式为辅的空间优化模式，最终形成“一核五心多节点五轴”的空间结构格局，即“一核五心多节点”的城镇体系与五条“城镇-产业共生”的发展轴带都市圈空间结构，如图 6-6 所示。

1)“一核”：即核心圈层，沈阳都市圈属于单核型都市圈，单一中心城市沈阳市在工业生产、人口、用地规模、科教、文化、交通、基础设施建设等方面都在沈阳都市圈中处于垄断地位，中心城市沈阳市不仅是沈阳都市圈发展的核心，也是辽宁省甚至是东北地区的增长极，是“雁行”型模式的“发展极”，也是“走廊”型模式最重要的交通枢纽城市。沈阳都市圈核心圈层应以“金廊、银带”为骨架，构建“一主、四副”的中心城市空间结构，“一主”指沈阳市主城，包括三环内用地及浑南区；“四副”指主城综合服务职能拓展和城市核心生产职能发展的主要区域，包括铁西产业新城、蒲河新城、浑河新城和永安新城[156]。

2)“五心”：即紧密圈层中与中心城市联系比较紧密、交通条件优越的抚顺市、新民市、辽中区、灯塔市和溪湖区五个次一级核心城镇。沈阳都市圈人口规模体系断层，缺少大中城市，使得中心城市的辐射与传递受阻。抚顺市、新民市、辽中区和溪湖区与中心城市沈阳市的交通联系方便，铁路和公路网络发达，既能主动接受都市圈中心城市的辐射带动，又能自身集聚发展壮大，还能加强彼此的网络联系，形成功能互补、水平联系和交互增长的城市网络，同时进一步突出各自的主导职能和地方特色，避免城市职能类同。

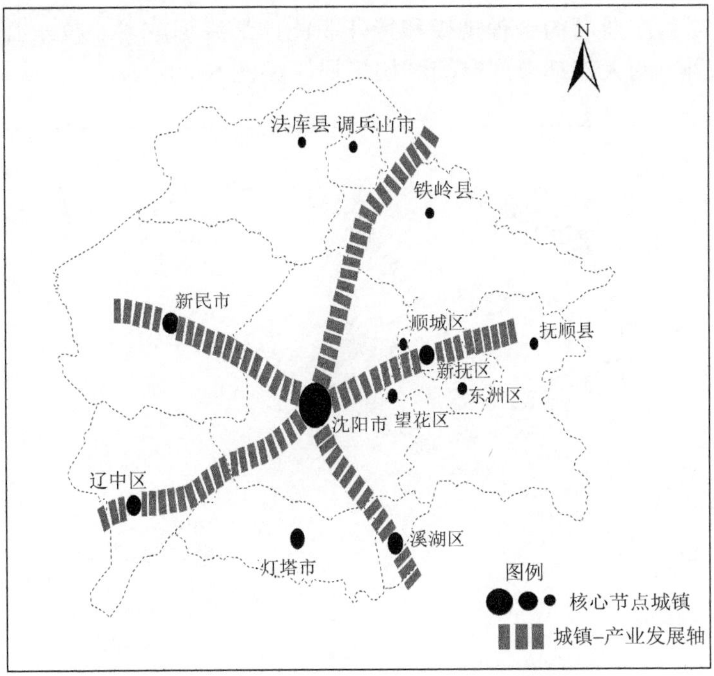

图 6-6　沈阳都市圈空间结构优化示意图

3)“多节点”：指除了沈阳都市圈核心城镇与中心城市外的其他节点城镇，其中以机会圈层中的建制乡镇为主，也包括紧密圈层中除核心城镇外的其他建制乡镇。这些城镇是中心城市及核心城镇功能外溢的蓄水池，对承接中心城市的产业转移以及吸引农村劳动力具有重要作用，可以延绵密集的小城镇网络，使城镇间的联系和传递多层次化。

4)“五轴”：即五条“城镇-产业共生”的发展轴带，分别是沈阳-抚顺发展轴、沈阳-新民发展轴、沈阳-辽中发展轴、沈阳-溪湖发展轴以及沈阳-铁岭发展轴。沈阳都市圈中大部分城镇和许多工业企业集中在交通轴线上，其空间结构优化应充分发挥这种优势，使城镇和产业沿交通轴线逐步推进，逐步形成五条“城镇-产业共生”发展轴带。

二、大连都市圈空间结构的优化

根据大连都市圈空间结构的发展现状，结合都市圈优化的原则和目标，大连都市圈空间结构优化在注重“同心圆”圈层状模式的同时，加强“雁行”型模式和“走廊”型模式的建设，进一步强化沿哈大交通走廊和沿海两翼的城镇集聚，明确各级城镇和产业区的合理规模和特殊职能，最终形成“一核三心多节点、一轴两翼两组团”的大连都市圈空间结构格局，如图 6-7 所示。

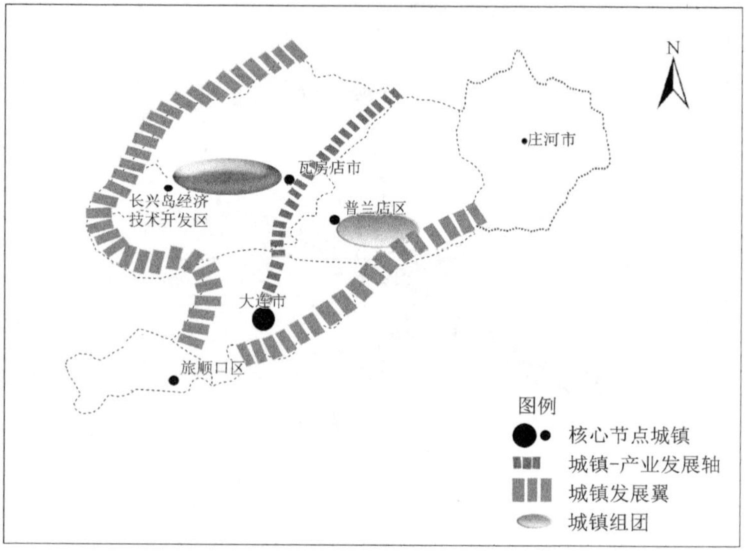

图 6-7 大连都市圈空间结构优化示意图

1）“一核”：即核心圈层，以大连市主城区为主，包括中山区、西岗区、沙河口区、甘井子区、金州区。它们是大连都市圈发展的主体，人口、经济的集中地，大连市域政治、经济、文化中心，东北地区金融会展、航运物流业、先进装备制造业中心的载体。大连都市圈核心圈层应按“西拓北进”的思路向西拓至旅顺区、北进至金州区，构筑“两城”的空间格局。“两城”，即主城区与新市主城区。

2）“三心”：即与中心城市大连市有紧密联系的旅顺口区、普兰店区和瓦房店市三个次一级核心城镇。大连都市圈城镇数量较少，城镇间联系不大，机会圈层中的城镇更多表现的是与都市圈核心城镇的联系，而非是与大连都市圈中心城市具有较为紧密的联系。人口规模较大、经济发展较好的旅顺口区、普兰店区和瓦房店市有较大的发展潜力，能主动接受都市圈中心城市的辐射带动，又能自身集聚发展壮大，带动周围城镇的发展，加强都市圈城镇网络联系。

3）“多节点”：指除了大连都市圈核心城镇与中心城市外的其他节点城镇。大连都市圈城镇数量少，其“多节点”城镇主要分布在机会圈层中的普兰店区和瓦房店市周边，这些城镇是大连都市圈承接产业转移配套、吸引农村劳动力的重要组成部分。

4）一轴：指哈尔滨-大连“城镇-产业共生”发展轴，该轴在我国城镇体系规划中已被确定，是我国经济发展轴之一，也是东北地区重要的发展轴。大连都市圈处于该轴线的最南端，该轴线也集聚了大连都市圈主要的产业、城镇和人口等，是大连都市圈产业、城镇和人口等密度最高的轴线。

5）两翼：指大连都市圈渤海和黄海沿线的城镇发展带。大连都市圈沿海地区交通发达，地势平坦，且有较广阔的发展腹地，适宜城镇的建设和发展。大连都市圈可将产业和城镇沿着“两翼”地区进行布局，加强沿海地区与腹地间的联系，协调大连都市圈经济发展，提升整体竞争力。

6）“两组团”：指普湾新区组团和渤海区域城市组团。普湾新区组团是以普兰店的丰荣、太平、铁西三个街道和普兰店经济开发区为中心，以炮台镇、复州湾两个街道为重要节点，以普兰店区外围乡镇为拓展区而组成的；渤海区域城市组团是以瓦房店市主城区和长兴岛经济技术开发区为主，通过沈大高速公路、哈大铁路和202国道等沈大交通走廊，将复州城、炮台镇等重点城镇串联起来。

三、鞍山都市圈空间结构的优化

鞍山都市圈中心城市整体实力较弱，根据鞍山都市圈城镇分布及自然条件、经济发展水平、社会状况，鞍山都市圈空间结构优化在注重“同心圆”圈层状模式的同时，加强“雁行”型模式和“走廊”型模式的建设，最终形成“一核三心多节点、一带、二线”的鞍山都市圈空间结构格局，如图6-8所示。

1）“一核”：即核心圈层，以鞍山市主城区为主，是鞍山都市圈的核心功能区、鞍山都市圈发展的主体，人口、经济的集中地。鞍山都市圈核心圈层应以主城为中心，做强做美中心城市，拓展鞍山市东西两翼，间隔分布，形成多层次、开敞组团的空间结构。

2）“三心”：指与中心城市鞍山市有紧密联系的海城市、台安县和辽阳县三个副中心城镇。

3）“多节点”：指除了鞍山都市圈重点核心城镇与中心城市外的其他节点城镇。鞍山都市圈城镇数量少，其“多节点”城镇主要分布在机会圈层中，这些城镇是鞍山都市圈承接产业转移配套、吸引农村劳动力的重要组成部分。

4）“一带”：指鞍山-海城发展带，该发展带贯穿鞍山市都市圈南北地区，重点发展甘泉镇、南台镇、海城市、西柳镇、耿庄镇。

5）“二线”：指东西向发展轴线和西北向发展轴线。东西向发展轴线依托海岫铁路、海沟铁路和大盘公路等交通系统形成经济发展轴，该轴线重点对牛庄镇、牌楼镇、析木镇等核心城镇进行建设；西北向发展轴线主要依托鞍羊公路而形成经济发展轴，该轴线重点对腾鳌镇、新台子镇、西佛镇等核心城镇进行建设。

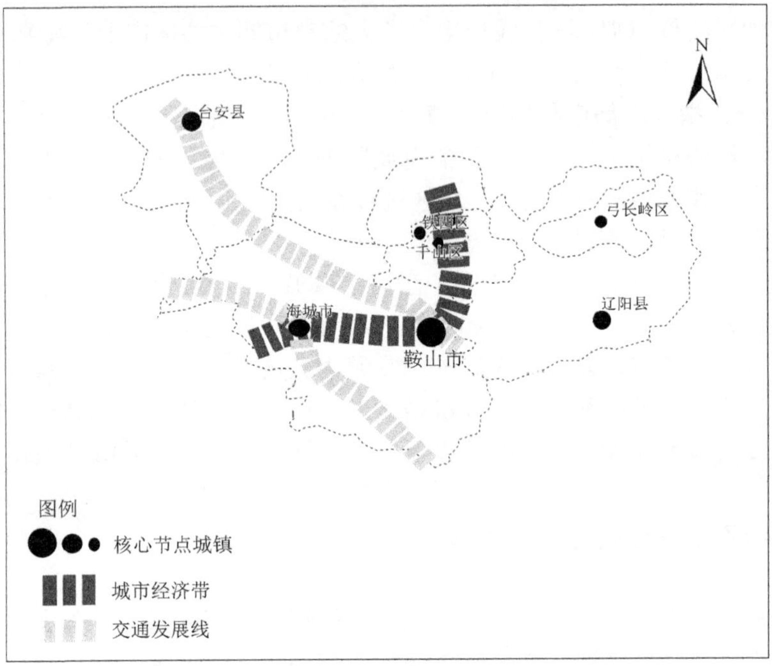

图 6-8 鞍山都市圈空间结构优化示意图

四、锦葫都市圈空间结构的优化

锦葫都市圈属于双核型都市圈，锦州市和葫芦岛市属于弱核型中心城市。锦葫都市圈城镇体系发达，城镇数量多，但缺少大中城市，中心城市对核心城镇的辐射带动作用明显，形成了“两核六心、一带四线”的锦葫都市圈空间结构格局，如图 6-9 所示。

1)“两核”：指锦葫都市圈中心城市锦州市和葫芦岛市，两中心城市交通便利，经济联系较为紧密，功能互补性较强，是锦葫都市圈发展的核心，也是辽西地区经济发展水平较高的区域。锦葫都市圈核心圈层应以锦州市和葫芦岛市为中心，分别构建以都市圈中心城市锦州市为中心的“一轴、二城、四星”空间格局和以都市圈中心城市锦州市、葫芦岛市为中心的“二市变三心”组团式格局。其中，“一轴”是指从锦州市主城区开始，向南至滨海新区而形成的经济发展轴；“二城”是指锦州市主城区和滨海新城；“四星”是以汤河子镇、双羊镇、薛家镇和八角台镇为中心的工业新区；而“三心”是指以葫芦岛市为中心而分割而成的三个组团，即以连山区为核心的连山组团、以葫芦岛新市主城区为中心的新葫芦岛组团和以兴城市为中心的兴城组团。

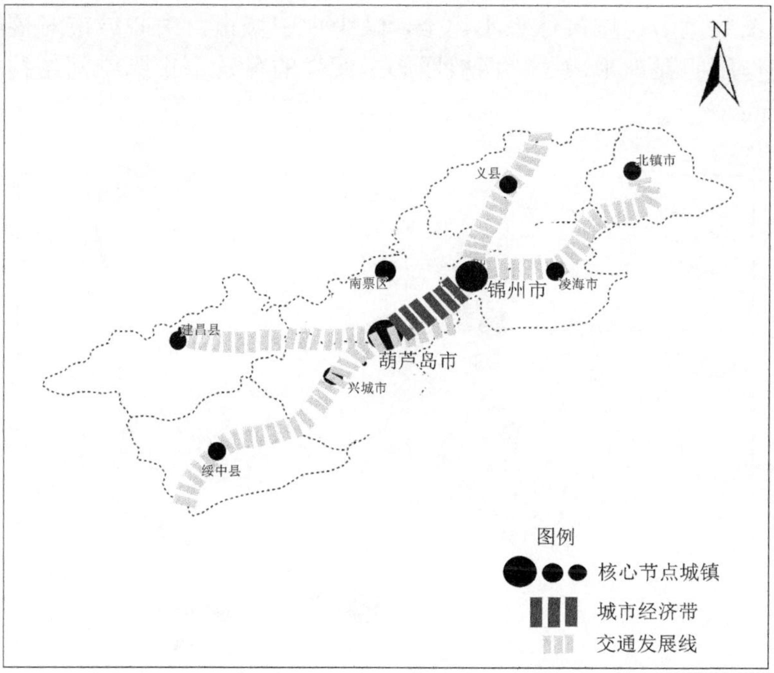

图 6-9　锦葫都市圈空间结构优化示意图

2）“六心”：指与中心城市联系较为紧密的绥中县、建昌县、南票区、凌海市、义县及北镇市六个次一级核心城镇。由于锦葫都市圈铁路和公路网络发达，这些城镇既能主动接受都市圈中心城市的辐射带动，又能自身集聚发展壮大，还能加强彼此的网络联系，形成功能互补、水平联系和交互增长的网络城市。

3）“一带”：是指以锦州市和葫芦岛市为中心，通过渤海大路而形成的两城市间的城镇连绵带。这条城镇连绵带上有滨海新区和北港工业园区等众多组团结构。

4）“四线”：指辽西走廊的一部分，依托良好的交通运输网络而形成的城镇发展轴线，包括依托京沈高速和铁路、秦沈铁路和 102 国道形成的高桥镇—前所镇—西甸子镇—万家镇—新葫芦岛—兴城镇—沙后所镇—东辛庄—绥中镇发展线、建昌县—药王庙镇—郭家镇—葫芦岛市发展线、锦州—凌海市—沟帮子—北镇市发展线、锦州—义县—高台子镇发展线。

五、盘营都市圈空间结构的优化

盘营都市圈是双核型都市圈，盘锦市和营口市属于弱核型中心城市。盘营都市圈城镇数量多，城镇体系不健全，缺少大中城市，中心城市对核心城镇的辐射带动作用明显，形成了“两核四心一线”的盘营都市圈空间结构格局，如图 6-10 所示。

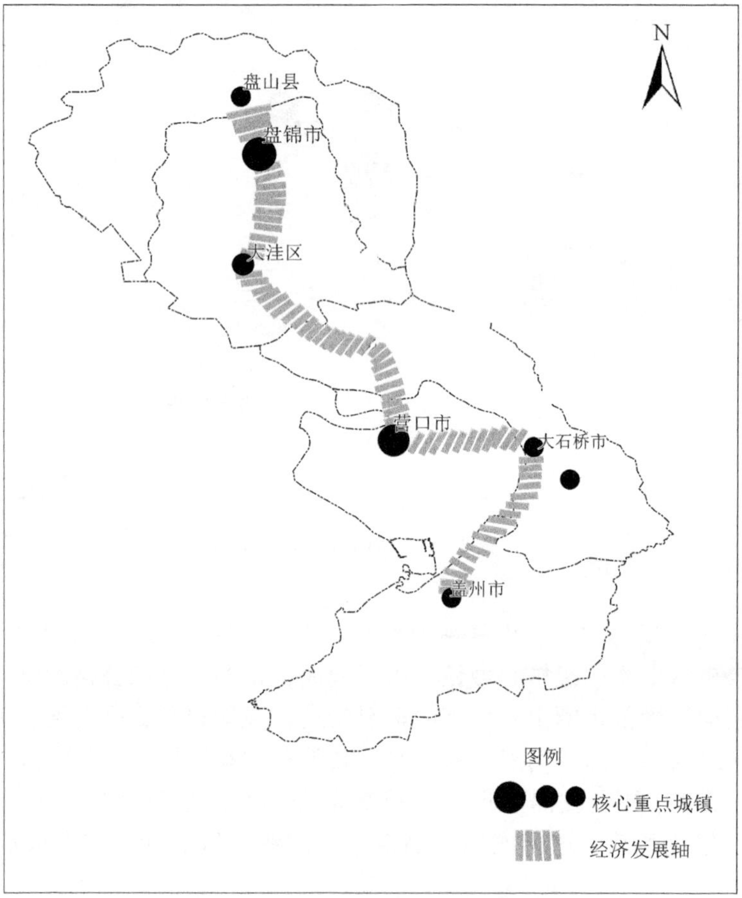

图 6-10　盘营都市圈空间结构优化图

1）“两核”：指盘营都市圈中心城市盘锦市和营口市，两城市距离较近，交通条件良好，经济联系较为紧密，功能互补性较强，是盘营都市圈发展的核心。盘营都市圈核心圈层应以盘锦市和营口市为中心，分别构建以盘锦市和营口市为中心的“两核”空间格局。

2）“四心”：指与中心城市联系较为紧密的盘山县、大洼区、大石桥市、盖州市四个次一级核心城镇，它们是盘营都市圈重要的城市节点。

3）“一线”：指沿着丹锡高速形成的发展轴线，连接着盘山县、新兴镇、盘锦市、大洼区、大石桥市、永安镇、青石岭镇和盖州市，是盘营都市圈主要的经济发展轴线和城镇连绵带。

六、丹东都市圈空间结构的优化

处于发展初级阶段的丹东都市圈，城镇体系不健全，城际联系弱，但作为特殊类型的都市圈，丹东都市圈已形成了“一核三心、一带二线”的空间结构格局，如图 6-11 所示。

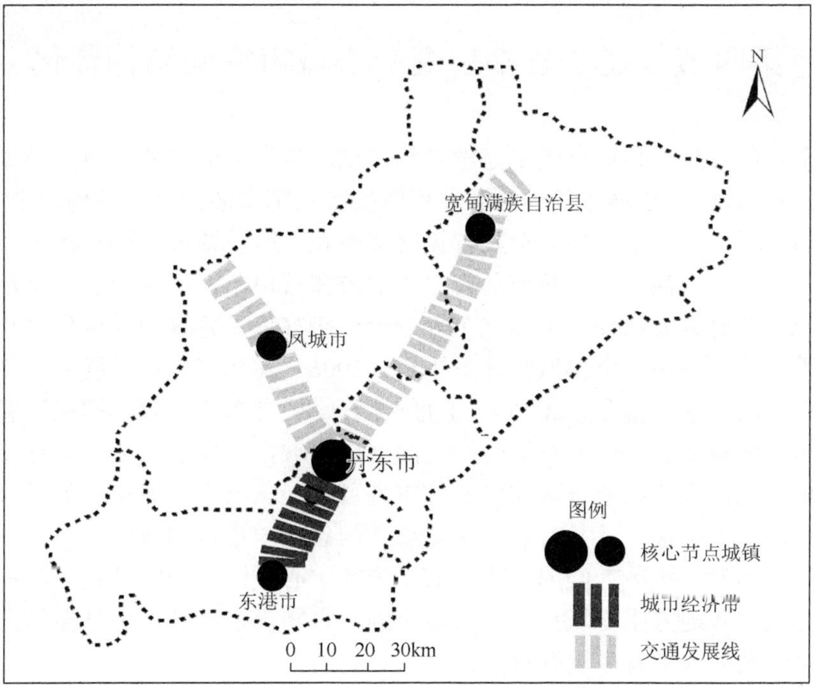

图 6-11　丹东都市圈空间结构优化图

1）“一核”：即核心圈层，以丹东市主城区为主，是丹东都市圈发展的核心，也是“雁行”型模式的“发展极”，“走廊”型模式最重要的交通枢纽城市。丹东都市圈核心圈层应以“一轴两带，一核五片”为总体空间结构，“一轴”是指沿鸭绿江的城市发展轴，“两带”是指滨江多功能生态景观带和浅山生态保育带，“一核”是指以新区组团为核心，“五片”是指老城组团、新区组团、金山组团、前阳南片区和临港东区五个城市功能片区。

2）“三心”：指与中心城市具有紧密联系的东港市、宽甸满族自治县和凤城市三个次一级核心城镇。这些城镇既能主动接受都市圈中心城市的辐射带动，又能自身集聚发展壮大，还能加强彼此间的网络联系。

3）“一带”：指丹东至东港发展带，该带依托本区良好的港口优势，形成块状分割，并依托优势产业，构成合理的工业企业布局，形成地域生产综合体。

4）“二线”：是凤城市、宽甸满族自治县及众多重点城镇，沿着沈丹高速和丹通高速而形成的两个城镇发展轴线。这两条发展线利用沿线良好的资源条件，进行集中布局，改变以前松散的空间布局结构，逐步构建以矿产资源加工为主的工业区两条经济发展轴线。

第四节　辽宁省都市圈中心城市空间结构优化

辽宁省都市圈中心城市既是辽宁省都市圈经济发展的中心，也是带动都市圈发展的核心力量，中心城市的地位和作用直接影响都市圈的空间结构和未来发展。辽宁省都市圈中心城市包括 2 个副省级城市和 6 个地级城市，即沈阳市、大连市、鞍山市、丹东市、锦州市、葫芦岛市、盘锦市和营口市，这些中心城市是我国城镇体系中的重要组成部分。中国城市规划设计研究院受建设部（现住房和城乡建设部）委托，在编制《全国城镇体系规划（2006—2010 年）》过程中，首次使用了国家中心城市这个概念。2016 年 4 月 27 日，经国务院同意，国家发展和改革委员会与住房和城乡建设部在联合印发的《成渝城市群发展规划》指导文件中，明确提出了成都市要以建设国家中心城市为目标。国家中心城市指处于城镇体系最高位置的城镇层级，是具有重要区域意义的省会城市及副省级城市，是在全国具备引领、辐射、集散功能的城市。低于国家中心城市层级的城镇可以被看作是区域中心城市和地方中心城市。中心城市的培育将促进区域经济社会的发展，对缩小地区间发展水平有着重要意义。

中心城市侧重于对地区城镇体系的影响，这符合都市圈中心城市对周围核心城镇紧密作用的内涵。以建设国家区域中心城市为目标，加强辽宁省都市圈城镇体系建设，重点对辽宁省都市圈各中心城市进行建设，以增强辽宁省在东北地区重要的经济、科技、文化、创新、对外交往中心和综合交通枢纽的功能。

一、国家中心城市的打造——沈阳都市圈

沈阳市地处东北亚经济圈和环渤海经济圈的中心，是长江三角洲、珠江三角

洲、京津冀地区通往关东地区的综合枢纽城市。同时，沈阳市也是东北地区最大的中心城市，是正在建设中的沈阳都市圈的核心城市，具有重要的战略地位，也是“一带一路”向东北亚、东南亚延伸的主要节点。

“十三五”时期，沈阳市经济社会发展的总目标是加快建设国家中心城市，重点围绕区域合作、创新驱动、实体经济、两型发展，实现东北老工业基地全面振兴，具体措施如下。

（一）强化沈阳都市圈城镇间的经济联系，更好地融入国家战略布局

重点强化沈阳都市圈中心城市沈阳市的经济实力，通过吸引外部资金，引入先进设备和理念，实现中心城市的产业升级改造，使沈阳市成为名副其实的国家中心城市。另外，强化沈阳都市圈城镇的融入意识，特别是加快中心城市与沈阳都市圈重点城市抚顺市间的一体化发展，从广阔的视野出发，把沈阳都市圈建设成为国际性的大都市圈。

（二）重视科技创新，打造动能转换新引擎

科技创新首先需要的是人才，沈阳都市圈应做好参与全球经济竞争的准备，通过在全球范围内引进人才，做到包容有序，从而引领全球的创新活动。另外，沈阳都市圈应利用好都市圈内众多高校及科研院所密集的优势，加快对沈阳都市圈内知名大学的建设，更好地吸引国内外人才。此外，沈阳都市圈应加快科技创新，着眼于世界前沿科技和尖端科技，追踪国内外当前及未来宏观发展战略的核心技术，重点打造一批生物、能源、职能等先进研究领域，培育属于自己的核心技术。

（三）重塑沈阳都市圈的实体经济，培育世界级产业集群

沈阳都市圈是东北重工业基地，有着辉煌的过去和良好的经济发展条件。因此，沈阳都市圈应在原有的基础上，加快沈阳都市圈产业的升级改造，特别是对重工业的产业改造，依托沈阳都市圈众多大专院校及科研院所，加快融入国家大的发展战略中来。例如，沈阳都市圈尽快更好地融入国家的“一带一路”和“中蒙欧经济走廊”中去，重点发展云技术、新材料、新能源、航空航天等产业，培育出世界级的产业集群。

（四）加快推进沈阳都市圈改革开放步伐，推进沈阳都市圈与国家“一带一路”倡议的对接

沈阳都市圈应重点依托中心城市沈阳市作为国家级中心城市的优势，利用其广阔的市场和资源优势，构建辐射全国甚至是世界的城市环境。在国家“一带一路”倡议的大背景下，沈阳都市圈成为国际跨国公司的战略要地，进而推动沈阳都市圈与世界的交流与合作。

二、区域中心城市的打造——大连都市圈、锦葫都市圈

新的全国城镇体系规划划定了 10 个国家中心城市和 100 个区域中心城市作为国家重点发展地区，由国家统筹进行撤县设区，扩大城市规模。辽宁省“十三五”规划中提出：建设沈阳国家中心城市，以沈抚同城为重点，加快沈本、沈铁、沈辽鞍营、沈阜同城化一体化步伐，建设大连东北亚国际航运中心，以丹东、锦州为两翼建设辽东地区中心城市和辽西地区中心城市。所以，在“十三五”期间，大连市和锦州市可作为区域中心城市来打造，大连市可以通过产业升级、创新和优化产业结构、深化改革等措施，率先实现大连老工业基地的全面振兴，率先全面建成小康社会；锦州市可以通过突出第三产业和强化交通网络建设，更好地发挥区域中心城市的辐射带动作用。

三、省级中心城市的打造——鞍山都市圈、盘营都市圈、丹东都市圈

鞍山市、盘锦市、营口市和丹东市虽然有独特的发展优势，但和全国同类城市相比，这两个城市的发展速度较慢，发展优势不明显。但丹东市作为全国唯一的沿海、沿边城市，又是全国沿边重点开发开放试验区，也是亚洲唯一一个同时拥有边境口岸、机场、高铁、河港、海港、高速公路的城市，在“十三五”期间，可作为地区中心城市来打造。鞍山市作为东北老工业的重要工业城市，有着辉煌的历史，但当前传统产业偏高，具有较高集成能力和制造水平的产业不多，使得鞍山市在区域中的地位有所下降，不过凭借其雄厚的基础和当前的发展速度，能够成为地区中心城市。营口市作为临海城市和重要的工业城市有着广阔的发展前景。

第五节　辽宁省都市圈空间结构优化的措施

都市圈空间结构的优化主要是完善经济空间结构，强化都市圈内各要素相

互作用的关系，形成具有密切联系的、一体化倾向明显的网络型空间结构。辽宁省都市圈空间结构优化是从产业、人口、城镇、自然资源等要素出发，在相关理论的指导下，有目的、有意识地对当前空间结构的现状进行人为干预和引导，使各要素达到最佳的空间配置，促使辽宁省都市圈进一步发展。本节从产业措施、基础设施建设措施以及制度措施的角度，构建辽宁省都市圈空间结构优化的措施。

一、产业措施——辽宁省都市圈空间结构优化的根本

区域产业结构优化是指通过对区域内的产业整理与整顿，使产业在区域空间布局上趋于合理化。辽宁省都市圈产业结构以重工业为主，第三产业依然较弱，产业结构明显不合理。因此，应充分考虑辽宁省都市圈当前发展水平，加快沈阳都市圈的产业升级与改造，不断调整和优化产业结构。

（一）优化辽宁省都市圈的产业结构

1. 第一产业优化

辽宁省都市圈第一产业的优化和调整，主要利用先进的科技水平，提高粮食单产，重点发展绿色有机农业，逐步扩大有机农业的种植面积，改变传统的农业生产技术条件，从而提高辽宁省都市圈农产品的结构及质量；此外，应加快推进辽宁省都市圈第一产业与旅游、生态等产业的融合，从而优化辽宁省都市圈第一产业结构。

2. 第二产业优化

第二产业结构直接影响区域整体经济发展水平，辽宁省都市圈第二产业比重较高，但第二产业结构不合理。辽宁省都市圈应尽快建立现代工业体系，以实现整个区域的经济发展；通过产业转移，充分利用劳动力和资源优势，提高第二产业的比例；利用现代化技术，运用高科技实现第二产业结构的升级，提高产业的集约化程度；加快培育新的经济增长点和产业集聚，继续发挥辽宁省都市圈重工业优势，提高其竞争力。

3. 第三产业优化

随着经济的快速发展，辽宁省都市圈第三产业发展迅速，但第三产业比例还较低，还需加快发展。辽宁省都市圈应加快发展信息服务业和现代金融业等附加

值较高的服务业；依托辽宁省都市圈较好的交通网络系统，重点培育物流企业，形成现代化的物流园；依托辽宁省都市圈众多优良的旅游资源，大力发展滨海旅游、红色旅游、工业旅游等旅游产业。

（二）建立辽宁省都市圈的产业关系

产业关联效应是指产业间相互供给、相互需求以及相互拉动投资的效应。现实中存在不同类型的产业关联模式，主要有垂直分工模式、水平分工模式和网络分工模式。根据辽宁省都市圈城市经济与产业关联现状特点，辽宁省都市圈应建立中心城市与县市级城镇的水平分工、中心城市和县市级城镇与其周边城镇之间的垂直分工，最终形成产业网络关联，加强城际空间联系。

1. 建立中心城市与县市级城镇的水平分工

根据上述辽宁省都市圈空间结构优化的方案，中心城市与重点核心城镇相互间的产业分工关系应该采取水平分工模式，形成具有各自地域优势的专业化分工体系，实施错位发展（表 6-1）。辽宁省都市圈中心城市在重点突出和保持高新技术、工程机械、科技文化等产业发展外，还应注重电子信息、现代金融业、商贸服务业等高级形态的第三产业，更多地参与地区与国际的分工和竞争，更有力地带动辽宁省都市圈的发展。其他县市级城镇不仅要发挥作为都市圈次一级中心城市的地域组织作用，还要形成一批基于区域分工的主导产业，主要突出其制造业和高新技术产业的生产功能。

表 6-1　辽宁省都市圈城市主导产业分工

名称	地区	主导产业
沈阳都市圈	沈阳市	汽车及零部件、装备制造、电子信息、医药化工、食品及农产品深加工、民用航空、钢铁、有色金属深加工、现代金融业、商贸服务业
	抚顺市	煤炭、电力、机械加工、石油化工、石油、冶金
	新民市	药业、灯饰灯具、农产品深加工
	辽中区	铸锻造、有色金属、先进装备部件、新材料
	溪湖区	冶金、机械、化工、轻工、电子、有色金属、煤炭
大连都市圈	大连市	交通运输装备制造业、石化产业、电子信息制造业、现代物流业、软件及信息服务业、旅游业、现代金融业、商贸服务业
	旅顺口区	船舶、机械
	瓦房店市	轻纺、机械、食品工业
	普兰店区	船舶制造及配套产业、石化产业、精细化工、装备制造等产业

续表

名称	地区	主导产业
鞍山都市圈	鞍山市	钢铁、石化、纺织、建材业等
	海城市	机械制造、纺织、食品工业等
	辽阳县	矿业、建材、机械加工和轻工业
	台安县	食品、农产品加工
	锦州市	精细化工、冶金产业、机电产业、汽车零部件、建材产业
锦葫都市圈	葫芦岛市	石化、造船、冶金、机械制造
	绥中县	生物与新医药、新能源、新材料、装备制造业、煤化工
	建昌县	生态农业
	凌海市	临港工业、化工塑料、健康食品、仓储物流
	义县	煤炭、精细化工、冶金冶炼
	北镇市	工业炉及配套、精细化工、纸塑包装、农副产品深加工
盘营都市圈	营口市	临港工业、纺织、造船、食品
	盘锦市	生态农业、食品工业
	大洼区	生态农业
	盘山县	农副产品
	大石桥市	农产品深加工
	盖州市	工业农副产品深加工
丹东都市圈	丹东市	装备制造业、农副产品加工业、矿产资源开采及深加工业
	东港市	临港工业、现代仓储和商贸服务业
	凤城市	矿业、精密制造、装备制造加工、农产品深加工

2. 建立中心城市和县市级城镇与其周边城镇之间的垂直分工

辽宁省都市圈中心城市及县市级城镇的经济与社会发展层次高于都市圈其他建制乡镇。因此，辽宁省都市圈中心城市县市级城镇与其周边城镇之间的产业分工关系应该采取垂直分工模式。周边城镇只生产经营其具有比较优势的产业链环节，主要从事一般制造业和零部件专业化生产，配合其中心城市和县市级城镇的生产。

（三）组建都市圈产业集群

产业的集群效应在辽宁省都市圈发展中具有举足轻重的作用，产业集群在一定程度上促进了城市规模的扩张以及城市之间的联系，增强了各城市的综合实力和竞争力，实现了各城市基于特色经济的增长。从现实优势和未来发展看，辽宁省都市圈应按照产业园区—产业链—产业集群—产业带的基本框架，积极培育若干有规模、有特色、有竞争优势的产业园区与产业集群。

1. 重点培育一批重点产业园区

产业园区是产业聚集和产业集群的重要载体。培育一批产业集聚发展的重点园区并落实到辽宁省都市圈内的具体措施如下：借助辽宁省众多高校和科研院所的技术力量，推进辽宁省都市圈高新技术发展，重点建设在中心城市和重点核心城镇的高新技术开发区。例如，沈阳都市圈对沈阳工业园区的建设，重点打造铁西工业园区，加强对仪器仪表工业园、铁西模具工业园、地铁工业园的建设，重点发展机械加工、电子、制动机、输变电、化工、橡胶、模具、家具、玻璃深加工、食品等行业；另外，将抚顺高新技术产业开发区打造成国家级的先进能源装备高新技术产业化基地，打造新民经济开发区的医药产业集群及辽中区产业园区的装备制造。大连都市圈重点打造大连高新技术产业园区的电子信息、机电一体化、新材料、生物工程、高效节能与环保等重点高新技术产业和旅顺三源工业园区的船舶制造、轨道交通、重大装备制造和港航物流等主导产业。鞍山都市圈重点打造通尊科技产业园、激光产业园、金融设备产业园内的钢铁深加工、菱镁新材料、装备制造业、纺织服装业及新型的激光、高端阀门、能源电池、精细化工等新行业；海城产业园重点打造医药、食品、服装、装备制造等行业。锦葫都市圈重点打造锦州和葫芦岛产业园区的电子信息、生化制药、新材料等行业；打造绥中产业园区的电子信息、新能源、新材料与先进制造业；打造建昌产业园区的食品产业，打造兴城临海产业园区的输配电产业，打造义县凌北产业园区的健康食品、新型冶金材料、精细化工、矿产资源开发及深加工产业，打造凌海大有临海经济产业园区的食糖系列产品、生姜深加工、海产品深加工、稀有金属产品和清洁能源等产业。丹东都市圈重点发展丹东临港产业园区的商贸、会展、物流、仪器仪表、医疗器械、船舶制造、港口物流等产业。

2. 注重构建高效益的产业链和产业集群

辽宁省都市圈产业集群内企业间的联系仍以横向联系为主，纵向联系没有建立起来。横向联系属于专业化分工的初始阶段，表现为量的扩张，专业化分工水平不高，上下游产业联系不紧，产业链较短，效益不突出。纵向联系则是进一步专业化分工的结果，属于一种深层次的分工，表现为质的扩张，上下游产业联系紧密，产业链延长，效益明显。辽宁省都市圈为此要发展一群具有特色或优势产业价值链的下游产业区，积极发展加工链；追溯产业价值链的上游产业区，延长供应链；引进相关的上下游产业，保证核心产业对相关加工或服务的需求能得到及时有效的满足，努力形成有特色、有竞争优势的产业集群，重点打造先进制造业、高新技术产业、生产性服务业、旅游业等大产业集群，见表 6-2。

表 6-2　辽宁省都市圈主要产业集群空间

名称	集群类型	产业名称	城镇	政策引导
沈阳都市圈	先进制造业	工程机械、汽车制造、电气设备、铸件、机床	沈阳市	积极培育，全力发展
	高新技术产业	研发、电子信息、生物制药	沈阳市、抚顺市	积极培育
	生产性服务业	物流、金融服务、商贸服务	沈阳市、抚顺市、新民市	积极培育
	石化产业	基础化工、精细化工、化工装备制造	抚顺市、新民市、辽中区	稳步提升
	文化创意产业	教育及培训、新闻出版、广播电视业、文化艺术	沈阳市	全力发展，壮大规模
	旅游业	文化旅游、休闲旅游、红色旅游、生态旅游、工业旅游	沈阳市、抚顺市	全力发展，打造品牌
	特殊产业	陶瓷、烟草、服装、塑料	新门市、辽中区、法库县、铁岭县	稳步提升
大连都市圈	先进制造业	数控机床、制冷产品、汽车用特殊钢、轿车板材、铝材、海洋结构物、船舶配套产品	大连市、旅顺口区	积极培育，全力发展
	高新技术产业	软件、信息技术服务、集成电路、数字视听、半导体照明、新型平板显示、医药、航天航空材料	大连市	积极培育
	生产性服务业	物流、金融服务、商贸服务	大连市	积极培育
	旅游业	会展旅游、休闲旅游、生态旅游、度假疗养旅游	大连市、旅顺口区	全力发展，打造品牌
	特殊产业	海产品、农产品、饮料、家具、服装	普兰店区、瓦房店市、长兴岛经济技术开发区	稳步提升
鞍山都市圈	先进制造业	精品板材、管材、重轨、型钢、轧辊、造球机、拆炉机、振动筛	鞍山市	积极培育，全力发展
	高新技术产业	变压器、高中低压控制柜、新型平板显示、半导体照明	鞍山市	积极培育
	特殊产业	布匹、针织服装、耐火材料、镁建材、镁化工	鞍山市、海城市	稳步提升
	旅游业	休闲旅游、温泉疗养旅游	鞍山市、海城市	全力发展，打造品牌
锦葫都市圈	先进制造业	电动汽车、安全气囊、汽车发电机、启动机、减震器、船舶海洋工程装备制造及配套	锦州市、葫芦岛市	积极培育，全力发展
	高新技术产业	硅、硅片、太阳能电池及组件、泡沫材料、石油化工	锦州市、葫芦岛市	积极培育

续表

名称	集群类型	产业名称	城镇	政策引导
锦葫都市圈	特殊产业	球墨铸管、硅锰合金、钛铁、钒铁、泳装产品、海洋产品	锦州市、义县、兴城市、葫芦岛市	稳步提升
	旅游业	休闲旅游、海岛旅游	锦州市、葫芦岛市、兴城市	全力发展，打造品牌
盘营都市圈	先进制造业	船舶制造、海洋工程	盘锦市、营口市	积极培育，全力发展
	高新技术产业	石油化工、生物制药	盘锦市、营口市	积极培育
	特殊产业	海洋产品	盘锦市、营口市、大石桥市	稳步提升
	旅游业	休闲旅游、海岛旅游	营口市、大石桥市	全力发展，打造品牌
丹东都市圈	先进制造业	客车、皮卡、曲轴、车桥、铜阳极板、铜拉杆、电线、电缆、各类铸件	丹东市	积极培育，全力发展
	高新技术产业	自动化系统、燃气表、射线仪器	丹东市	积极培育
	旅游业	休闲旅游、边境旅游	丹东市、东港市	全力发展，打造品牌

3. 构建产业带

产业带实质上是各个中心以线状基础设施为媒介交互作用的产物，是具有带状空间结构的产业集群。辽宁省都市圈应努力打造三大产业带，集聚产业集群。

（1）沈阳都市圈产业带

1）沈阳-抚顺产业带。该产业带为沈阳都市圈中最重要的经济带，由中心城市沈阳市与抚顺市及中间城镇所组成，是沈阳都市圈产业空间发展的重要纽带。该产业带依托沈阳市、抚顺市以及区域内密集的核心城镇，依托京沈抚高速和沈抚二号线交通干线，将成为以机械、石化、生产性服务业、金属及加工产业为主体的产业带。

2）沈阳-新民产业带。该产业带主要依托中环高速新民段、沈胡快速干道、沈阜大道、沈环线、沈新城际铁路等交通干线，形成以金属及加工、化工装备制造业为主的重产业走廊。

3）沈阳-辽中产业带。该产业带主要依托沈环线、沈盘线、小小线公路及秦沈高速电气化铁路等交通干线，发展以化工、纺织、装备制造业为主的产业走廊。

4）沈阳-本溪溪湖区产业带。该产业带主要依托两高一铁交通，发展以生产性服务业、金属及加工产业为主的产业走廊。

5）沈阳-铁岭产业带。该产业带主要依托京哈铁路、哈大公路等交通干线，发展以食品加工、轻工业为主的现代化绿色农业产业带。

（2）大连都市圈产业带

1）哈大产业带。该产业带由哈大铁路、哈大客运专线、沈大高速公路等交通组成，途经大连市、金州区、普兰店区、瓦房店市，贯穿整个大连都市圈中部地带，重点发展石化、生产性服务业、金属及加工等产业。为促进大连都市圈的发展，大连都市圈应以中心城市大连市为核心，依托哈大发展轴线，完善基础设施的建设，加快产业升级与改造，加快外围城镇的发展，将瓦房店市、普兰店区建设成为区域次中心城市，提升哈大产业带的带动能力。

2）沿渤海翼产业带。通过加快对大连都市圈渤海沿线重点核心城镇的建设，形成一批具有较强竞争力的沿渤海翼产业带，使该产业带成为大连都市圈未来发展最具潜力的地区之一。

3）沿黄海翼产业带。通过加快对大连都市圈黄海沿线重点核心城镇的建设，依托该沿线独特的旅游资源，以及众多的临港经济区，形成沿黄海翼产业带，使该产业带成为大连都市圈知名的旅游等产业线。

（3）鞍山都市圈产业带

1）鞍山市-海城市产业带。该产业带主要依托沈大和丹锡高速以及长大等铁路交通，发展以针织服装、旅游、钢铁为主的产业走廊。

2）鞍山市-辽阳县产业带。该产业带主要依托国道202以及哈大铁路等交通，发展以石化、纺织为主的轻产业走廊。

3）鞍山市-台安县产业带。该产业带主要依托京沈高速公路和秦沈高速电气化铁路等交通，发展以新型农业为主的产业走廊。

（4）锦葫都市圈产业带

1）绥中县-锦州市-葫芦岛市 北镇市产业带。该产业带主要依托京哈、京沈、秦沈等铁路以及国道102线等交通，发展以机械、船舶海洋工程、海洋产品、石油化工、旅游等为主的产业走廊。

2）锦州市-义县产业带。该产业带主要依托锦阜高速和锦阜铁路等交通，发展以精细化工产业、新型冶金产业、资源开发与深加工产业等为主的产业走廊。

3）锦州市-凌海市产业带。该产业带主要依托京沈铁路、秦沈高速铁路、京哈高速公路、锦阜高速公路和锦朝高速公路等交通，发展以电路、生物产业以及绿色低碳、高端装备与材料、数字创意、温泉疗养旅游等为主的产业走廊。

4）葫芦岛市-建昌县产业带。该产业带主要依托兴建高速和承秦铁路等交通，发展以生态农业、食品为主的产业走廊。

5）葫芦岛市-兴城市产业带。该产业带主要依托京哈高速公路、辽宁滨海大道、秦沈客运专线、沈山铁路等交通，发展以旅游、服装、生态农业及清洁能源为主的产业走廊。

（5）盘营都市圈产业带

1）盘山县-盘锦市-大洼区发展轴产业带。该产业带主要依托 G4513 线、丹锡高速等交通，发展以石油天然气装备、海洋工程装备和塑料新材料为主的产业走廊。

2）营口市-大石桥市-盖州市发展轴产业带。该产业带主要依托营大专线和 G305 线等交通，发展以冶金、石化、装备制造、镁质材料、纺织服装、新型建材为主的产业带。

3）盘锦市-营口市产业带。该产业带主要依托滨海路，发展以海洋产业和渔业等为主的产业走廊。

（6）丹东都市圈产业带

1）丹东市-凤城市产业带。该产业带主要依托沈丹铁路、凤上铁路、东北东部铁路通道、沈丹公路、沈丹高速公路等交通，发展以生态农业、烟草、食品为主的产业走廊。

2）东港市-丹东市-宽甸满族自治县产业带。该产业带主要依托鹤大高速、沈丹高速公路、丹大高速公路及东部铁路通道等交通，并以大东港和丹东港为基础，发展以边境旅游、对外贸易为主的产业走廊。

二、基础设施建设措施——辽宁省都市圈空间结构优化的基础

基础设施建设是优化都市圈空间结构的基础，也是构成都市圈空间结构的重要因素之一，更是推动都市圈空间格局变化的基础动力。对基础设施中现代交通基础设施的建设是辽宁省都市圈空间结构优化的基础。

（一）培育综合交通节点

综合交通枢纽是都市圈综合交通的节点，是实现都市圈空间结构网络化的核心之一。按照现有交通区位条件以及空间结构优化设想，辽宁省都市圈可以重点培育以下交通枢纽。

1. 以都市圈中心城市为核心的主要交通枢纽

辽宁省都市圈中心城市的主要交通枢纽是由铁路、公路、水路和航空组成的

多功能综合交通枢纽，是都市圈综合交通体系的最高节点。中心城市重点建设节点城市的交通网络体系，形成高等级的客货交通枢纽网络。

2. 以都市圈县市级城镇为主的次要交通枢纽

辽宁省都市圈县市级城镇的交通枢纽主要是由铁路、公路组成的多功能区域性交通枢纽。多功能区域性交通枢纽建设中，以建设现代物流为中心，以集装箱集疏运系统为建设重点，打造畅通的集装箱运输网络通道和集疏运系统，充分发挥现代物流业对经济增长的推动作用。

（二）建设网络化基础设施链路

目前，辽宁省都市圈之间和都市圈内部基础设施的空间分布不均衡，最密集的铁路、高速公路等区域设施在沈阳都市圈最为集中，在各都市圈内部的分布也有较大差距。辽宁省都市圈基础设施表现出以中心城市为中心，呈放射状分布，对区域资源开发与城镇发展带来不利的影响。本书充分结合辽宁省都市圈的地域情况，深入分析辽宁省都市圈空间结构优化的需要，考虑从以下几个方面来加强都市圈内城市之间的联系，构建辽宁省都市圈网络城市空间结构系统。

1. 构建辽宁省都市圈中心城市间的快速交通

辽宁省都市圈中心城市间现有的交通以铁路和公路为主，主要有京哈高速、鹤大高速、丹阜高速、沈海高速、京沈铁路、哈大铁路、沈大高速，沈丹高速等，网络交通量以沈阳市和大连市为两核，呈射线向外递减。几年来，各中心城市间的公路，特别是高速公路的作用明显加强。

2. 完善现有的从中心城市到次一级核心城镇的放射状快速交通

目前，辽宁省都市圈需要对其各城市的基础设施进行综合平衡，大力发展铁路、高速公路等，完善从中心城市到次一级核心城镇的放射状快速交通，特别是中心城市到县市级城镇的快速交通，弥补县级及城镇与中心城市之间快速交通设施缺乏的局面。

3. 建立核心城镇之间的快速交通

完善辽宁省都市圈次一级城镇间的快速交通，建立亚核心节点之间的链路连接。只有当城市间通过高效的交通网络实现资源的优化配置，才能真正有效地促进各城市间的职能优化与分工，实现从封闭式单中心空间格局向开放式多核心网络化格局的转变，从而推动整个都市圈的全面协调发展。

（三）完成基础设施无障碍连接

都市圈网络城市系统的构建需依赖于网络化基础设施的建设，同时，也需要基础设施对接过程中以及对接后的畅通无阻，可以从以下几个方面入手实现。

1. 加强都市圈内基础设施一体化建设

一方面，加强基础设施建设各部门之间的联系协调，避免重复建设，严防各部门在建设时间、建设路线上各自分头实施。另一方面，减少行政区划对区域间基础设施建设的影响，加强地区间交通对接能力，防止断头路的出现。

目前，都市圈内许多城市均在加紧编制新一轮的城市总体规划，这一态势更迫切地要求加强都市圈的统一规划与协调。在我国，都市圈（城市群）规划并不是城市规划体系中的一部分，不具有法定地位与效应。这更加需要我们在编制规划期间，加强与各地方政府的沟通与协调，听取地方的意见；另外，也需要各城市在编制城市总体规划时，能站在区域的角度考虑城市未来的发展，从资源节约与环境友好的角度，积极与辽宁省都市圈总体规划对接，统筹考虑，统筹发展，防止重复建设与浪费。

2. 实现区域内城市间交通、通信的无缝连接

交通、通信网络对区域发展有着重要的导向作用，也是加强都市圈空间单元相互联系的重要渠道。因此，在实现都市圈内城市间基础设施无障碍连接的过程中，交通与通信的无缝连接显得尤为重要，应实现两方面的连接：一方面，应实现城市间交通的无缝连接，可以从“软件”与“硬件”两个方面加以保障；另一方面，应实现城市间通信的无缝连接，推进都市圈电话区号统一进程，实现圈域范围内城市之间电话本地化（取消漫游费与长途话费），并加强城市之间的信息高速公路建设，以信息化促进都市圈网络系统的整合。建设以地理信息系统为主干的城市信息系统，通过互联网形成更大的信息系统，为都市圈经济一体化提供强大的支持和智能工具。

三、制度措施——辽宁省都市圈空间结构优化的保障

都市圈空间结构的形成与演变有它特有的规律性，这是由市场机制和都市圈

自身生长发育特点决定的，但任何一个都市圈的发展都脱离不了政府政策与制度的影响。都市圈经济是区域经济的一种类型，其空间地域范围跨越了现有行政区范围，离不开城市政府之间的协调组织。国外城市群发展的经验证明，政府行为对实现空间结构高度化与合理化有着不可替代的作用；国内大多数城市群区域合作的框架均带有行政力量推动的色彩。在都市圈空间结构演变与优化的过程中，政府宏观调控既要考虑市场机制和城市群自演化机制的作用，也要考虑政府宏观调控的作用，以弥补市场机制的缺陷。

（一）建立多层次的协调机构

目前，国外以及我国东南沿海地区都市圈的成功经验为辽宁省都市圈协调制度的建立提供了示范。例如，美国采用的是“市县合并”“建立大都市区政府”“建立地方政府联合组织”“设立特别区以及专门机构”“政府间签订协议”等方式，英国采用一种“多头分散管理”的组织模式，日本都市圈规划协调机制的主要特色在于通过强有力的规划行政体制进行自上而下的规划协调。综合考虑辽宁省都市圈所处的地域环境、体制背景、经济发展状况以及行政单位组成，本书认为其应该建立多层次的协调机构。

1. 建立辽宁省都市圈统一协调机构

辽宁省都市圈网络城市系统作为辽宁省区域的一个子系统，只有在与其他系统相互联系、相互调节、相互耦合的状况下，系统才能持续稳定发展。因此，需要建立辽宁省都市圈与辽宁省其他城市之间的一个统一协调机构。

首先，加快都市圈规划建设管理的制度化，考虑建立辽宁省都市圈建设管理协调会，建立负责日常联络和组织工作的协调办公室，逐步建立中心城市轮流负责的协调组织行动。每个都市圈都应成立相应的都市圈建设管理协调办公室，省住房和城乡建设厅负责业务指导，共同促进都市圈城市在规划、建设领域之间的协调。

其次，积极促进具有跨区域协调职能的有关部门的建设。跨区域的协调部门对都市圈一体化建设的内容主要涉及共同市场体系的建设、区域性交通设施的对接、流域水环境和相邻地区生态环境的共同保护、信息资源共享等。为了有效、便捷地促进都市圈各部门建设一体化的管理，各管理部门体系内需要指定部门、人员负责协调与都市圈建设有关的事务，为都市圈一体化的协调和管理提供重要支撑。

最后，成立综合性的都市圈协调机构，下辖综合协调办公室。当各专业领域的部门内部跨区域的协调机构建立完善起来以后，部门之间的协调就变得相对容易，可由具有都市圈一体化建设协调职能的机构来进行横向沟通。由于横向沟通涉及部门间的利益关系，在某些领域往往难于达成一致意见，这种情况就需要更高层面的机构来进行协调，或者需要更高一级政府来赋予某一机构综合协调的权限。成立辽宁省都市圈建设管理协调机构，该机构虚设，由分管全省规划、建设等有关领域的主管省长牵头，各城市政府分管市长及具有跨区域管理职能的省级部门主要领导为成员，下辖综合协调办公室，负责具体事务。

2. 建立都市圈政府协调机构

国内外都市圈发展的经验表明，都市圈的组织方式需要采取自上而下与自下而上相结合的方式。都市圈组织机构既需要建立区域性的权威机构，以指导制定政策并保证政策的落实，为产业集群的形成提供保障，同时也需要来自各成员城市自发的积极性。因此在建立都市圈政府协调结构时，建议采取以下模式。

1）设立专门的城市群联合管理行政机构，该机构由省政府牵头，超越各市之上。极具指导性的领导机构能动用经济和行政手段来协调各市的行动，坚持财政统一、市场统一、规划统一等原则，以此消除行政区划带来的壁垒。

2）设立都市圈城市市长级别的市长联席会议机制，并定期举行会议，使之成为都市圈经济发展议事决策、权威的指导机构和协商结构。

3）设立各城市政部门之间的协调会，包括交通、科技、旅游、金融等多个专业部门，并建立对口联系协调机制。

3. 设立都市圈内联合商会和行业协会

网络城市系统的成员主体并非只有政府组织。随着市场经济改革、政府管理体制改革的深入，企业、非政府组织（NGO）逐渐成为市场经济的行为主体，政府与企业、非政府组织之间也将形成多元主体间伙伴关系，实现资源共享的承诺，谋求共同发展。多元伙伴关系的建立，能使各城市以互利合作的方式互相开放，从而走向良性、有序竞争基础上的区域合作。

因此，辽宁省应该积极引导和支持行业协会、商会等民间组织、中介机构发挥桥梁作用，组建辽宁省各都市圈内各种联合商会与行业协会，联络圈内主要企业，沟通行业信息，筹划行业内和跨行业的企业合作与开拓国内国际市场的有关活动，形成多重力量促进协作的局面。

（二）建立网络化的组织结构

1）建立平等的合作机制，摒弃原有的行政级别，建立市与县之间平等对话的机制。辽宁省都市圈内的城市均属于辽宁省省域范围之内，行政建制对其空间组织建构影响较大。城市之间的行政级别差异往往决定了它们在政策获取与话语权方面的差异。都市圈网络城市系统要求空间单元之间不能仅存在垂直关系，也应该存在水平关系。因此，辽宁省应建立都市圈各空间单元之间平等的合作机制，多层式的空间组织模式为网络化的空间组织模式。

2）建立利益共享的分配与补偿机制，为都市圈各空间单元的发展提供公平的环境。政府调节也有一定的不足和缺陷。为达到整体优化的效果，政策与机制的制定必须顺应市场化的发展趋势，重视个体的理性行为，不能以行政命令强制性地要求各个利益个体完全服从整体利益。因此，构建辽宁省都市圈网络城市系统，需要都市圈内各个空间单元的共同发展。一方面，要坚持机会均等、公平竞争的原则，为区域内各地区发展创造一个公平竞争的环境；另一方面，要根据利益兼顾、适当补偿的原则，对参与区域分工和合作而蒙受损失的空间单元，通过多种途径在资金、技术、人才和政策上给予一定的支持和相应的补偿。

第七章 结　　论

都市圈是经济发展和城市化的结果，已成为常见的地理空间类型，日益受到学术界和地方政府的重视，它们也对其开展了各种研究和实践工作。但到目前为止，对辽宁省都市圈的研究比较少，只有少数学者对沈阳都市圈和大连都市圈进行了研究，其研究的内容大多集中于都市圈空间范围的界定、都市圈发展现状的分析。而系统地研究沈阳都市圈和大连都市圈空间结构及其演化以及辽宁省其他地区的都市圈还未有学者涉及。随着辽宁省经济的快速发展，沈阳都市圈和大连都市圈早已形成，以鞍山市、锦州市、葫芦岛市、盘锦市、营口市以及丹东市为中心的都市圈也初具规模。正确认识辽宁省都市圈空间特征及其演化规律，可以更好地指导都市圈的发展。

第一节 主 要 结 论

本书对都市圈及其空间结构的基础理论进行综合分析，确定辽宁省都市圈体系，重点对辽宁省都市圈空间范围、空间结构现状特征、影响因素、演化特征进行研究，对辽宁省都市圈空间结构优化的目标，以及具体措施进行探讨，并得出以下结论。

1）本书根据都市圈空间范围界定的原则、原理与方法，构建了判定都市圈形成的指标体系，以辽宁省 2 个副省级城市和 12 个地级城市为都市圈中心城市的候选城市，并以 2016 年统计数据为基础，计算得出辽宁省已经形成了分别以沈阳市、大连市、鞍山市、锦州市与葫芦岛市、盘锦市与营口市和丹东市为中心城市的沈阳都市圈、大连都市圈、鞍山都市圈、锦葫都市圈、盘营都市圈和丹东都市圈。以辽宁省都市圈中心城市为中心，运用断裂点模型、场强模型、经济联系强度模型以及经济隶属度模型，划定出辽宁省都市圈的空间范围，即辽宁省都市圈空间范围是由与中心城市的场强≥0.3、经济联系强度≥3、经济隶属度≥0.2 的城镇所在的区域组成的，最终确定辽宁省都市圈空间范围的半径为 45～80km，其中沈阳都市圈半径上限的经济距离为 70km，大连都市圈半径上限的经济距离为 80km，鞍山都市圈半径上限的经济距离为 50km，锦葫都市圈半径上限的经济距离为 50km，盘营都市圈半径上限的经济距离为 45km，丹东都市圈半径上限的经济距离为 48km。

2）都市圈作为城镇的集合体，是由中心城市和与其有着密切社会经济联系或较紧密互动的城镇体系所构成的一种经济圈或势力圈。辽宁省都市圈城镇体系是都市圈内经济活动的集聚-扩散地和主要载体，对外有着自身的影响力。辽宁省都市圈城镇体系是由与中心城市的场强≥0.3、经济联系强度≥5、经济隶属度≥0.5的城镇组成的，即辽宁省都市圈由45个城镇构成沈阳都市圈城镇体系、23个城镇构成大连都市圈城镇体系、28个城镇构成鞍山都市圈城镇体系、45个城镇构成锦葫都市圈城镇体系、22个城镇构成盘营都市圈城镇体系、26个城镇构成丹东都市圈城镇体系，且辽宁省都市圈圈层结构特征明显，见表3-28～表3-33和图3-8～图3-13。

3）辽宁省都市圈空间圈层结构特征明显、城镇空间分布不均衡且城镇体系结构不合理、城际联系较弱，特别是核心城镇之间的联系较少、“一点极化”突出，依托交通形成放射状点-轴系统。产业状况、交通因素、自然条件、政策机制对辽宁省都市圈空间结构及都市圈人口空间布局、经济空间布局、城镇空间布局和城际关系的形成起到了关键性作用。另外，辽宁省都市圈空间结构的演化是以中心城市为主导的，集聚与扩散共同作用是导致辽宁省都市圈空间结构演变的主要力量。

4）本书根据都市圈空间结构优化的原则以及辽宁省都市圈空间结构优化的价值取向和优化目标，确定了辽宁省都市圈空间结构优化的一般模式，即辽宁省都市圈空间结构优化应体现城市空间发展的中心集聚、轴线拓展、网络联系格局，其优化以“同心圆”圈层状模式为主，各都市圈根据自身的发展条件及特点，辅以“雁行”型、“走廊”型的空间优化模式。本书最终确定沈阳都市圈空间结构应以“同心圆”圈层状模式为基础，兼以“雁行”型模式和“走廊”型模式为辅的空间优化模式，最终构建“一核五心多节点五轴”的空间结构格局；大连都市圈空间结构优化在注重“同心圆”圈层状模式的同时，应加强“雁行”型模式和“走廊”型模式的建设，最终构建“一核三心多节点、一轴两翼两组团”的都市圈空间结构格局；鞍山都市圈采用“雁行”型模式和“走廊”型模式，最终构建“一核三心多节点、一带、二线”的都市圈空间结构格局，锦葫都市圈构建“两核六心、一带四线”的都市圈空间结构格局；盘营都市圈构建“两核四心一线”的都市圈空间结构格局；丹东都市圈构建“一核三心、一带二线”的空间结构格局。最后，本书从产业措施、基础设施建设措施和制度措施等方面提出辽宁省都市圈空间结构优化的措施。

第二节　特色与创新之处

本书具有以下的特色或创新：

1）基于“构建—结构—过程—优化”的分析思路，创新了都市圈空间结构及其演化研究的分析框架，可为类似研究提供借鉴。

本书按照区域空间结构及其演化的一般规律，按照“构建—结构—过程—优化”的研究范式，创新了都市圈空间结构及其演化的分析框架，形成了串联的本书结构。本书通过构建都市圈中心城市的指标体系，来确定辽宁省都市圈的中心城市，运用相关模型界定辽宁省都市圈空间范围，并依据都市圈区域一体化的本质内涵，构建辽宁省都市圈城镇体系，以此作为分析辽宁省都市圈空间结构及其演化的节点；从人口空间结构、城镇空间结构、城际空间联系结构和经济空间结构角度分析了辽宁省都市圈空间结构的现状特征，解析了影响辽宁省都市圈空间结构的一般因素；针对都市圈空间范围及各圈层在不同时间点的变化情况，分析了辽宁省都市圈空间结构演化的一般过程、特征及趋势；根据辽宁省都市圈空间结构现状特征及其演化的特点与趋势，提出了辽宁省都市圈空间结构优化的原则、价值取向、目标、模式及政策建议。这一分析框架适用于类似区域都市圈空间结构及其演化的分析研究，因而具有一定的特色与创新成分。

2）开创性地以建制乡镇为研究都市圈的最小地理单元，为都市圈空间结构及其演化研究提供了理论支撑。

本书基于建制乡镇为最小的地理单元，进行了都市圈空间范围、城镇体系、空间结构、空间结构演化以及优化模式的研究，可为都市圈空间结构及其演化提供理论支撑。本书根据都市圈是以经济联系为纽带，依托其周围不同规模等级的城镇体系、具有分工明确与协作高效经济一体化区域的本质内涵，以建制乡镇为都市圈最小的地理单元，并对辽宁省都市圈空间范围、空间结构、空间结构演化以及空间结构优化进行了分析，阐述了都市圈空间结构及其演化的特征与一般规律。对都市圈空间结构及其演化的类似研究都是以县市为最小地理单元，以建制乡镇为最小地理单元的研究并没有见到，因而具有明显的特色与创新成分。

3）进一步集成了都市圈空间结构及其演化研究的方法与技术。

本书借助 GIS 平台，提取辽宁省都市圈空间结构及其演化的信息数据，建立了本书的分析数据库，发挥了 GIS 的空间分析功能；在辽宁省都市圈空间范围的界定方面，采用了断裂点模型、城市场强模型、经济联系强度模型和经济隶属度模型等方法；在辽宁省都市圈空间结构分析方面，采用了层次分析、主成分分析、分形分析等方法；在辽宁省都市圈空间结构演化方面，采用了空间联系强度、均衡发展指数、经济变异系数的定量分析方法；机理分析采用了因子分析的方法。总体上看，本书较好地集成了都市圈空间结构及其演化分析的技术与方法，能满足从不同侧面分析都市圈空间结构及其演化的特征与机制的需要，可为此类研究提供参考。

参 考 文 献

[1] 高汝熹，罗明义. 城市圈域经济论. 昆明：云南大学出版社，1998.

[2] Lee D. A Social Geography of City. New York：Harper & Row，1983.

[3] 董晓峰，史育龙，张志强. 都市圈理论发展研究. 地球科学进展，2005，20（10）：1067-1074.

[4] 张伟. 南京都市圈空间结构研究. 现代城市研究，2003，18（4）：51-54.

[5] 谢守红. 大都市区空间组织的形成演变研究. 上海：华东师范大学，2003.

[6] 周一星. 城市地理学. 北京：商务印书馆，1995.

[7] 陈睿. 都市圈空间结构的经济绩效研究. 北京：北京大学，2007.

[8] 许丰功，易晓峰. 西方大都市政府和管治及其启示. 城市规划，2002，26（6）：77-79.

[9] Coffey W. The evolution of Canada's metropolitan economies. Montreal Institute for Research on Public Policy，1994，11（5）：32-35.

[10] 李国平，孙铁山，张文忠，等. 首都圈结构、分工和营建战略. 北京：中国城市出版社，2004.

[11] 罗成书. 杭州都市圈形成与发展研究. 杭州：浙江大学，2010.

[12] 袁家冬，周筠，黄伟. 我国都市圈理论研究与规划实践中的若干误区. 地理研究，2005，25（1）：112-120.

[13] 李廉水，Stough R R. 都市圈发展：理论演化·国际经验·中国特色. 北京：科学出版社，2006.

[14] Aguilar A G，Ward P M. Globalization，regional development，and mega-city expansion in Latin America：analyzing Mexico city's peri-urban hinterland. Cities，2012，20（1）：3-21.

[15] Williams G. Institutional capacity and metropolitan governance：the Greater Toronto Area. Cities，1999，16（3）：171-180.

[16] Williams G. Metropolitan governance and strategic planning：a review of experience in Manchester，Melbourne，and Toronto. Progress in Planning，2011，52：1-100.

[17] Blatter J K. Geographic scale and functional scope in metropolitan governance reform：theory and evidence from Germany. Journal of Urban Affairs，2012，28（2）：121-150.

[18] Stein R. Economic specialization in metropolitan areas revisited：transactional occupations in Hamburg，Germany. Urban Studies，2013，40（11）：2187-2205.

[19] Hackler D. High-tech location in five metropolitan areas. Journal of Urban Affairs，2003，25（5）：625-640.

[20] 杨建荣. 论中国崛起世界级大城市的条件与构想. 财经研究，1995，163（6）：45-51.

[21] 王建. 美日区域经济模式的启示与中国都市圈发展战略的构想. 战略与管理，1997，（2）：1-15.

[22] 王建. 中国区域经济发展战略研究. 管理世界，1996，（4）：175-189.

[23] 吴云清，杨山. 都市圈的范围界定在大城市规划中的应用——以南京市为例. 城市规划，

2002，26（6）：26-29.
[24] 张召堂. 中国首都圈发展研究. 北京：北京大学出版社，2005.
[25] 张京祥. 城镇群体空间组合. 南京：东南大学出版社，2000.
[26] 邹军，陈小卉. 城镇体系空间规划再认识——以江苏为例. 城市规划，2001，25（1）：30-33.
[27] 邹军，王学锋，陈小卉，等. 都市圈规划. 北京：中国建筑工业出版社，2005.
[28] 张伟. 都市圈的概念、特征及其规划探讨. 城市规划，2003，27（6）：47-50.
[29] 高汝熹，罗守贵. 2006 中国都市圈评价报告. 上海：上海三联书店，2007.
[30] 埃比尼泽·霍华德. 明日的田园城市. 金经元译. 北京：商务印书馆，2000.
[31] Gottmann J. Megalopolis，or the urbanization of the northeastern seaboard. Economic Geography，2007，33（7）：1957-1964.
[32] 于洪俊，宁越敏. 城市地理概论. 合肥：安徽科学技术出版社，1983.
[33] 徐琴. 从世界都市圈的发展经验谈中国的都市圈建设. 南京工业大学学报（社会科学版），2002，（5）：56-59，65.
[34] 李军芳. 兰州都市圈结构特征及其优化研究. 兰州：西北师范大学，2008.
[35] 孙一飞. 城镇密集区的界定——以江苏省为例. 经济地理，1995，15（5）：56-40.
[36] 周一星. 确定城市性质需要解决的几个问题. 经济地理，1987，7（3）：222-225.
[37] 储东涛. 区域经济学通论. 北京：人民出版社，2003.
[38] 董晓峰. 都市圈理论发展研究. 地球科学进展，2005，20（10）：1067-1074.
[39] Bounds M. Social theory and the urban question. Australian Planner，2014，51（4）：368-369.
[40] Friedmann J，Miller J. The urban field. Journal of the American Institute of Planners，1965，31（4）：312-319.
[41] Scott A J. Global City-Regions：Trends，Theory，Policy. New York：Oxford University Press，2001.
[42] Haggett P. Location Analysis in Human Geography. London：Edward Arnold，1965.
[43] 陆大道. 区域发展及其空间结构. 北京：科学出版社，1995.
[44] 崔功豪，魏清泉，刘科伟，等. 区域分析与区域规划. 北京：高等教育出版社，1999.
[45] 陆玉麒. 中国区域空间结构研究的回顾与展望. 地理科学进展，2002，21（4）：468-476.
[46] 王铮. 地理科学导论. 北京：高等教育出版社，1993.
[47] 杜能. 孤立国同农业和国民经济的关系. 北京：商务印书馆，1986.
[48] 韦伯. 工业区位理论. 北京：商务印书馆，1997.
[49] 沃尔特·克里斯塔勒. 德国南部中心地原理. 北京：商务印书馆，1998.
[50] 凯文·林奇. 城市形态. 林庆怡，译. 北京：华夏出版社，2001.
[51] Isard W. Location and Space Economy. Cambridge：MIT Press，1960.
[52] Boventer E. The relationship between transportation costs and location rent in transportation problems. Journal of Regional Science，2006，3（2）：27-40.
[53] 倪瑛. 西方区域经济理论发展问题研究. 贵州财经学院学报，2006，（1）：51-55.
[54] Bartlett W. On the dynamic instability of induced-migration unemployment in a dual economy. Journal of Development Economic，2011，12：85-95.
[55] 约翰斯顿. 地理与地理学家. 唐晓峰，译. 北京：商务印书馆，2010.
[56] Thirwall M P. The Economics of Growth and Development：Selected Essays of Thirwall.

England：Edward Elgar Publishing Company，1995.
[57] Johansson B，Quigley J M. Agglomeration and networks in spatial economies. Regional Science，2014，86：22-28.
[58] Jorgenson D. Surplus agriculture labor and the development of a dual Economy. Oxford Economic Paper，1970，（11）：19-23.
[59] Myint H. Organizational dualism and economic development. Asian Development Review，1985，9（8）：11-19.
[60] 黄翔. 重庆市城乡统筹评价及其影响因素研究. 重庆：重庆大学，2010.
[61] Morrill R L. 社会的空间组织. 薛益忠，译. 台北：幼狮文化事业公司，1985.
[62] 宋德勇，胡宝珠. 克鲁格曼新经济地理模型评析. 经济地理，2005，25（4）：445-448.
[63] Castells M. The Urban Question. London：Edward Arnold，1977.
[64] Bhaskar R. A Realist Theory of Science. Brighton：Harvester，1978.
[65] Castells M. The City and the Grassroots. London：Edward Arnold，1985.
[66] 张京祥. 西方城市规划思想史纲. 南京：东南大学出版社，2005.
[67] 张捷，赵民. 新城规划的理论与实践：田园城市思想的世纪演绎. 北京：中国建筑工业出版社，2005.
[68] 许学强，周一星，宁越敏. 城市地理学. 北京：高等教育出版社，2009.
[69] 俞鹏程，赵伟. 论武汉城市圈的区域经济可持续发展. 科技创业月刊，2012，（5）：11-12.
[70] Haggett P. Geography：a modern synthesis（revised third edition）. New York：Harper & Row Publishers，1983.
[71] Hirschman A O. Strategy of Economic Development. New Haven：Yale University Press，1958.
[72] Williamson J G. Regional inequality and process of national development：a description of the patterns. Economic Development and Culture Change，1965，11（9）：223-231.
[73] 黄亚平. 城市空间理论与空间分析. 南京：东南大学出版社，2002.
[74] 张宝通. 对我国区域经济发展新格局的构想. 经济地理，1991，11（1）：21-26.
[75] 张金锁. 康凯区域经济学. 天津：天津大学出版社，1998.
[76] 张海峰. 山东半岛城市群生态环境与经济协调发展模式研究. 青岛：中国海洋大学，2005.
[77] 唐中立，张加恭. 广东省区域经济发展差异演变及其空间结构分解. 红河学院学报，2008，（2）：45-49.
[78] 陆大道. 关于“点-轴”空间结构系统的形成机理分析. 地理科学，2002，22（1）：1-5.
[79] 魏后凯. 我国区域经济发展的新趋势. 中国经济快讯，2001，（8）：27-28.
[80] 陆大道. 我国跨世纪持续发展的若干重大问题. 中国软科学，1995，（7）：38-44.
[81] Friedmann J. Regional planning as a field of study. Journal of the American Institute of Planners，1963，29（3）：168-175.
[82] 张京祥，邹军，吴启焰，等. 论都市圈地域空间的组织城市规划. 城市规划，2001，25（5）：19-23.
[83] Yeates M. The North American City. New York：Harper Collins Publisher，1989.
[84] 陈小卉. 都市圈发展阶段及其规划重点探讨. 城市规划，2003，27（6）：55-57.
[85] 薛峻菲，顾朝林，孙加凤. 都市圈空间成长的过程及其动力因素. 中国城市化研究，2006，30（3）：53-56.

[86] 季斌，张贤，孔善右. 都市圈成长能力评价指标体系研究. 现代城市研究，2007，22（6）：68-74.
[87] 张强. 都市圈中心城市功能与组织研究. 兰州：兰州大学，2008.
[88] 杨勇，罗守贵，高汝熹. 都市圈的发展演化阶段分析. 科技进步与对策，2007，24（5）：62-65.
[89] 任桐. 都市圈空间范围界定. 长春：东北师范大学，2006.
[90] Session S. The Global City. 2nd Edition. Princeton：Princeton University Press，2001.
[91] Hall P. Back to China-with no apologies. Town and Country Planning，2005，74（7）：220-221.
[92] Castells M. The Information Age：Economy，Society and Culture. Vol. I：The Rise of Network Society. Oxford：Blackwell，1996.
[93] Friedmann J. The world city hypothesis. Development and Change，1986，17（1）：69-93.
[94] Sassen S. The global city：New York，London，Tokyo. Princeton：Princeton University Press，1991.
[95] 石崧. 全球城市区域缘起、内涵及对中国的启示//全球化与大都市发展论坛国际会议论文集. 上海：华东师范大学出版社，2007：13-21.
[96] Harvey D. The Condition of Postmodernity—An Enquiry into the Origins of Culture Change. Oxford：Basil Blackwell，1989.
[97] 张京祥，黄春晓. 管治理念及中国大都市区管理模式的重构. 南京大学学报（哲学 • 人文科学 • 社会科学），2001，38（5）：111-116.
[98] 张京祥，庄林德. 管治及城市与区域管治——一种新制度性规划理念城市规划. 城市规划，2000，24（6）：36-37.
[99] 杨凯源. 城市管理、城市管治与城市经营的比较. 经济师，2002，（5）：59-60.
[100] 卢为民，刘君德，黄丽. 世界大都市组织与管理的新模式、新思维和新趋势. 城市问题，2001，20（6）：71-73.
[101] 胡萍，卢姗国. 外区域管治的实践及其对我国的启示. 上海城市管理职业技术学院学报，2007，16（4）：27-30.
[102] 冯 • 贝塔郎菲. 一般系统论：基础、发展、应用. 北京：清华大学出版社，1987.
[103] 邓锋，张宇. 从系统论原理对我国土地管理问题的分类. 企业导报，2010，（8）：52-54.
[104] 窦学伦. 系统论简介. 宁夏教育，1998，（4）：10-11.
[105] 何添锦. 我国城市群发展存在的问题及对策研究. 经济论坛，2005，（21）：34-36.
[106] 程艳艳，朱腾刚，王利红，等. 城市群可持续发展初步研究. 现代企业教育，2008，（2）：123-124.
[107] 吴亚平. “两型社会”探究. 武汉工程职业技术学院学报，2008，20（1）：72-76.
[108] 臧淑英，吕弼顺，李继红. 哈尔滨大都市圈的形成与发展. 经济地理，2002，22（4）：470-473.
[109] 史育龙，周一星. 戈特曼关于大都市带的学术思想评介. 经济地理，1996，（3）：32-36.
[110] 周一星. 关于明确城镇概念和城镇人口统计口径的建议. 城市规划，1986，3：10-15.
[111] 郭熙保，黄国庆. 试论都市圈概念及其界定标准. 当代财经，2006，6：79-83.
[112] 孙娟. 都市圈空间界定方法研究——以南京都市圈为例. 城市规划汇刊，2003，4：73-77.
[113] Alkaabi K A，Debbage K G. The Geography of air freight：connections to U. S. metropolitan economies. Journal of Transport Geography，2011，19（6）：1517-1529.

[114] 胡序威，周一星，顾朝林，等. 中国沿海城镇秘籍地区空间集聚与扩散研究. 北京：科学出版社，2000.
[115] 高汝熹，吴晓隽. 上海大都市圈结构与功能体系研究. 上海：上海三联出版社，2006.
[116] 冯章献. 基于一日交流圈的沈阳大都市圈空间范围界定与整合发展研究. 长春：东北师范大学，2006.
[117] 李璐. 都市圈物流规划中的预测研究. 上海：上海交通大学，2007.
[118] 刘承良，余瑞林，熊剑平，等. 武汉都市圈经济联系的空间结构. 地理研究，2007，26（1）：197-209.
[119] 余瑞林，刘承良，丁明. 武汉对外经济联系腹地变动与都市圈范围的界定. 资源开发与市场，2009，25（1）：23-27.
[120] 沈洁，张京祥. 都市圈规划：地域空间规划的新范式. 城市问题，2004，（1）：24-26.
[121] Castells M. The Rise of the Network Society. Cambridge，MA：Blackwell Publishers，1996.
[122] Masataka K. A realist theory of peace. Japan Forum，2012，24（4）：397-411.
[123] Fellmann J，Zollinger H. Isolated talocalcaneal interposition fusion：a prospective follow-up study. Foot & Ankle International，1997，18（10）：616-621.
[124] Simmons L，Bok M，Churchill N. Urban economic development. Journal of Poverty，2001，5（2）：87-114.
[125] Myrdal G. Economic Theory and Underdeveloped Regions. London：Duckworth，1957.
[126] 富田和晓，藤井正，王雷. 新版图说大都市圈：大都市圈. 北京：中国建筑工业出版社，2015.
[127] 金本良嗣，德冈一幸. 日本的都市圈设定基础. 应用地域学研究，2002，（7）：1-15.
[128] 山田浩之，香川大学，德冈一幸，等. 论战后日本地价的变动特征. 中国房地产，1994，（5）：71-74.
[129] 富田和晓，藤井正. 图说大都市圈. 东京：古今书院，2001.
[130] Taylor P J. World City Network：A Global Urban Analysis. London，New York：Routledge，1997.
[131] 孙冬益. 都市圈空间结构研究综述及其未来趋势. 湖南财经高等专科学校学报，2009，25（119）：60-61，94.
[132] 木内信藏. 都市地理学研究. 东京：古今书院，1951.
[133] 山田浩之，成方休. 城市规划问题. 世界经济与政治论坛，1985，（5）：28-33.
[134] 成田孝三，马黎明. 日本的经济增长与地区间差别. 日本问题资料，1992，（11）：33-35.
[135] 杨大伟，段汉明. 西安都市圈的复杂性与适应性耦合机制研究. 西安航空技术高等专科学校学报，2007，（6）：28-31.
[136] 曼纽尔·卡斯泰尔. 信息化城市. 南京：江苏人民出版社，2001.
[137] Mills E S. An aggregate model of resource allocation in a metropolitan area. American Economic Review，1967，57（2）：197-210.
[138] Fishman R. Beyond Style：The Designer and Society//The Rise and Fall of Suburbia. Design Quarterly，1991，（153）：13-16.
[139] 盛广耀. 城市化模式及其转变研究. 北京：中国社会科学出版社，2008.
[140] 陈修颖. 区域空间结构重组：理论基础、动力机制及其实现. 经济地理，2003，（4）：14-19.

[141] 邢宗海. 都市圈空间结构演化特征及调控机制——以济南都市圈为例. 城市发展研究，2013，20（5）：25-28.
[142] 顾朝林. 经济全球化与中国城市化发展. 北京：商务印书馆，1999.
[143] 年福华，姚士谋，陈振光. 试论城市群区域内的网络化组织. 地理科学，2002，22（5）：68-73.
[144] 景哲. 关中城市群发展模式研究. 西安：西安理工大学，2005.
[145] 姚士谋，朱英明，陈振光，等. 中国城市群（第二版）. 合肥：中国科学技术大学出版社，2001.
[146] 刘敏. 近年来我国城市空间结构研究述评. 城市问题，2008，（11）：20-25.
[147] 朱政，郑伯红，贺清云. 珠三角城市群空间结构及影响研究. 经济地理，2011，31（3）：404-408.
[148] 李国平，王志宝. 中国区域空间结构演化态势研究. 北京大学学报（哲学社会科学版），2013，（3）：148-157.
[149] 朱英明. 城市群经济空间分析. 北京：科学出版社，2004.
[150] 陈建军. 江西省城市土地集约利用与二三产业发展的关系研究. 南昌：南昌大学，2015.
[151] 刘耀彬，陈志，杨益明. 湖北省城市体系空间结构发展研究. 华中科技大学学报（城市科学版），2003，（3）：35-42.
[152] 李文强，罗守贵. 都市圈产业结构与空间结构演化的互动关系及协调机理研究. 上海交通大学学报（哲学社会科学版），2011，（4）：50-55.
[153] 李国平，孙铁山. 网络化大都市城市空间发展新模式. 城市发展研究，2013，20（5）：83-89.
[154] 李颖. 沈阳都市圈生成与发育的实证研究. 大连：东北财经大学，2003.
[155] 周筠. 大连都市圈地域系统发育研究. 长春：东北师范大学，2006.
[156] 王媛玉. 沈阳都市圈经济空间结构研究. 长春：吉林大学，2016.
[157] 国川，刘春涛. 沈阳城市空间结构的演变及其作用机制分析. 辽宁师范大学学报（自然科学版），2014，37（4）：572-577.
[158] 刘晓逸. 沈阳城市空间结构发展模式及其引导策略研究. 沈阳：沈阳建筑大学，2012.
[159] 温贺. 大连城市地域空间结构实证研究. 大连：辽宁师范大学，2003.
[160] 罗海明，张媛明. 美国大都市区划分指标体系的百年演变. 国际城市规划，2007，22（5）：58-64.
[161] 程云龙，刘小鹏. 都市圈空间界定方法的应用研究——以成都都市圈为例. 城市发展研究，2011，18（8）：64-67.
[162] 张乐，马永俊. 浙中城市群核心城市经济联系强度及影响因素. 湖南师范大学自然科学学报，2013，（3）：89-93.
[163] 高汝熹，杨勇. 都市圈形成要素分析. 当代经济管理，2006，28（4）：69-72，115.
[164] 欧向军，顾晓波，刘国平. 基于经济联系强度的徐州都市圈空间重组分形研究. 青岛科技大学学报（社会科学版），2012，18（2）：27-31.
[165] 陈大鹏，孙飞. 西安都市圈空间界定的定量研究. 城市发展研究，2012，19（10）：43-48.
[166] 程钰，刘雷，任建兰，等. 县域综合交通可达性与经济发展水平测度及空间格局研究——对山东省 91 个县域的定量分析. 地理科学，2013，33（9）：1058-1065.
[167] 孙斌栋，胥建华，冯卓琛. 辽宁省城市中心性研究与城市发展. 人文地理，2008，100（2）：

77-81.
[168] 李国平，范红忠. 生产集中、人口分布与地区经济差异. 经济研究，2003，24(11)：201-204.
[169] 张果，任平，黄强，等. 成都市城镇集聚效益及都市圈分工模型研究. 四川师范大学学报（自然科学版），2006，29（6）：752-755.
[170] 辽宁省人民政府官方网站：http://www.ln.gov.cn/zfsj/tjnj/index.html.
[171] 辽宁省统计局官方网站：http://tjj.ln.gov.cn/tjsj/sjcx/ndsj/.
[172] 中华人民共和国国家统计局. 第六次人口普查数据. 北京：中国统计出版社，2011.
[173] 赖德胜，李长安，孟大虎，等. 2015 中国劳动力市场发展报告——经济新常态背景下的创业与就业. 北京：北京师范大学出版社，2015.
[174] 沈阳市统计局官方网站：http://tjj.shenyang.gov.cn.
[175] 大连统计年鉴：https://www.yearbookchina.com/navibooklist-n3020013174-1.html.
[176] 鞍山市统计信息网：http://tjj.anshan.gov.cn.
[177] 锦州市地方志办公室. 锦州年鉴. 沈阳：辽宁民族出版社，2015.
[178] 葫芦岛市统计局官方网站：http://tjj.hld.gov.cn.
[179] 中国国家数据官方网站：http://data.stats.gov.cn/.
[180] 中国统计数据库官方网站：http://www.shujuku.org/category/dongbei/liaoning-statistical-yearbook/.
[181] 国家统计局. 中国城市统计年鉴 2015. 北京：中国统计出版社，2015.
[182] 王学锋. 都市圈规划的实践与思考. 城市规划，2003，27（6）：51-54.
[183] 邹军.都市圈与都市圈规划的初步探讨——以江苏都市圈规划实践为例. 现代城市研究，2003，（4）：30-36.
[184] 韩刚，袁家冬. 论长春都市圈的地域范围与空间结构. 地理科学，2014，34(10)：1202-1209.
[185] Cowell G R. An introduction to Urban Historical Geography. London：London Edward Arnold，1995.
[186] 刘继生，陈彦光. 河南省城镇体系空间结构的多分形特征及其与水系分布的关系探讨. 地理科学，2003，23（6）：713-720.
[187] 焦世泰，王世金. 基于分形理论的城市区域空间结构优化研究——以兰州白银城市区域为例. 西北师范大学学报，2011，47（3）：103-109.
[188] 陈希孺. 基尼系数及其估计统计研究. 统计研究，2004，（8）：58-60.
[189] Porter M. The Competitive Advantage of Nations. New York：The Free Press，1990.
[190] 刘继生，陈彦光. 城镇体系空间结构的分形维数及其测算方法. 地理研究，1999，12（2）：171-178.
[191] 王士安，娄延安. 崛起的世界第六大城市群. 北京：中国建筑工业出版，2005.
[192] 朱英明，于念文. 沪宁杭城市密集区城市流研究. 城市规划汇刊，2002，26（1）：31-33.
[193] 石贤光. 基于引力模型的中原城市群空间范围界定. 现代经济，2007，6（10）：16-17.
[194] Hamilton D K. Developing regional regimes：a comparison of two metropolitan areas. Journal of Urban Affairs，2004，26（4）：455-477.
[195] Charney I. Re-examining suburban dispersal：evidence from suburban Toronto. Journal of Urban Affairs，2005，27（5）：467-484.
[196] Lobo J，David P. Stratification and spatial segregation of human capital as determinants of metropolitan productivity in the United States. Urban Studies，2002，39（3）：529-547.

[197] 顾朝林. 中国城市发展的新趋势. 城市规划，2006，30（3）：26-31.
[198] 刘耀彬. 湖北省城市体系空间结构测度及其优化. 地域研究与开发，2008，27（1）：32-35，63.
[199] 曹小曙，阎小培. 经济发达地区交通网络演化对通达性空间格局的影响. 地理研究，2003，22（5）：305-312.
[200] 陈修颖. 区域空间结构重组——理论与实证研究. 南京：东南大学出版社，2005.
[201] 翁加坤. 广东省城镇空间结构演化进程研究. 南京：南京大学，2013.
[202] 姚士谋，朱英明，陈振光. 信息环境下城市群区的发展. 人文地理，2001，16（8）：16-18.
[203] 罗世俊，叶舒娟，王秉建. 泛长江三角洲城市群空间整合发展研究. 经济问题探索，2008，（12）：43-48.
[204] Bourncl L S，Simmons J W. Systems of City. New York：Oxford University Press，1978.
[205] Roberts M J，Ullman E L. American Commodity Flow. Seattle：University of Washington Press，1957.